Manuela Sanne
Aus der Puste

Die Autorin, geboren in Paderborn und aufgewachsen in Höxter an der Weser, lebt mit Kind, Kegel und zwei Katern in Wuppertal. Als Buchhändlerin und Schriftstellerin hat sie ihre liebsten Hobbys zum Beruf gemacht: Lesen und Schreiben.

Manuela Sanne

Aus der Puste

Kriminalroman

PIPER

Mehr über unsere Autoren und Bücher:
www.piper.de

Wenn Ihnen dieser Krimi gefallen hat, schreiben Sie uns unter Nennung des Titels »Aus der Puste« an empfehlungen@piper.de, und wir empfehlen Ihnen gerne vergleichbare Bücher.

Wir produzieren nachhaltig
www.piper.de

ISBN 978-3-492-50449-2

Redaktion: Christiane Geldmacher
Satz auf Grundlage eines CSS-Layouts
von digital publishing competence (München)
mit abavo vlow (Buchloe)
Covergestaltung: Alexa Kim »A&K Buchcover«
Covermotiv: Depositphotos.com (aleksangel; lifeonwhite; Esbenklinker; natlit; aopsan; Nicemonkey; valphoto)
Printed in Germany

1
Metamorphosen

»Willst du wohl zugehen!«

Rosa Fink verpasste ihrem neuen Koffer einen Fußtritt, obwohl der keine Abhilfe schaffte. Angeblich war dieses Modell handlich, aber dennoch für einen dreiwöchigen Urlaub mehr als ausreichend. Mit diesen Worten hatte ihr ein Verkäufer im Brustton der Überzeugung das Ding empfohlen. Aber was wusste der schon! Es ging hier nicht um irgendeinen Urlaub, sondern um einen besonderen. Betört durch den gemeinsam gelösten Katzenfall hatte Rosa Ende Mai Sebis Heiratsantrag endlich angenommen. Nach acht Ablehnungen in den Vorjahren war die Neuauflage ihrer Hochzeit nun beschlossene Sache. Morgen würden sie gemeinsam nach Dangast reisen und dort noch einmal den Bund fürs Leben schließen. Doch sie hatte eine nicht verhandelbare Bedingung gestellt: *diesmal keine Verwandtschaft.* Ihr zukünftiger Ex war sofort einverstanden gewesen, was mit den traumatischen Erfahrungen bei ihrer ersten Hochzeit vor achtzehn Jahren zusammenhing. Die Vermählung mit Sebastian alias Sebi hatte damals im engsten Familienkreis stattgefunden.

Leider hegten Waltraud und Heinrich Fink, Sebis politisch konservative, erzkatholische Eltern und ihre Eltern Klaus und Renate keinerlei Sympathie füreinander. Ihr Vater war überzeugter Atheist mit starkem Linksdrall – und wer ihn kannte, wusste, dass er gern provozierte. In dem Wuppertaler Restaurant, in dem sie einen Raum für das Mittagessen mit anschließendem Kaffeetrinken reserviert hatten, nahm das Unheil seinen Lauf. Als Sebis Mutter Waltraud ihr Bedauern darüber kundtat, dass die *Kinder* nicht kirchlich geheiratet hatten, begann Klaus reflexhaft, gegen die Kirche, den Papst und Gott zu poltern.

Rosas Mutter Renate ermahnte ihn, sich doch wenigstens beim Essen zusammenzureißen, und die Trauzeugen, Sebis Schwester Stephanie und Rosas Bruder Thorsten, bemühten sich erfolglos, unverfängliche Gesprächsthemen zu finden. Es folgte angespanntes Schweigen bei Tisch. Beim Anschneiden der Hochzeitstorte leitete Klaus mit einer eigentlich recht harmlosen Stichelei eine weitere Eskalation ein. Jetzt fuhren auch Sebis Eltern, die bisher lediglich verkniffen geguckt und sich ansonsten zurückgehalten hatten, harte Geschütze auf. Sebis Bruder Christoph verschluckte sich an einem Stückchen Torte, als der Satz fiel, sie hätten ihrem Sebastian eine Frau aus katholischem Hause gewünscht. Für Rosa war es keine Überraschung, dass Waltraud und Heinrich sie als Schwiegertochter ablehnten. Aber einen solchen Wunsch bei der Hochzeit laut auszusprechen, war ihr gegenüber äußerst uncharmant, Provokation hin oder her. Das fand auch Sebi. Den schönsten Tag ihres Lebens hatten sie sich beide anders vorgestellt.

Während Christoph sich die Torte aus der Luftröhre hustete und der Rest der Familie verbal aufeinander eindrosch, stahlen sie sich mit einer Flasche des eisgekühlt bereitstehenden Sekts davon und eröffneten bereits am späten Nachmittag ihre Hochzeitsnacht. Wenigstens diese gestaltete sich dann schön. Vom Hörensagen wussten sie, dass die Abwesenheit des Brautpaares den Gästen erst eine halbe Stunde später aufgefallen war, woraufhin man die Kaffeetafel abräumen ließ und die Hochzeitsfeier für beendet erklärte.

Seither verband die Elternpaare eines, nämlich eine robuste gegenseitige Abneigung. Die Scheidung ihrer Kinder hatten beide Parteien herzlich wenig bedauert, die Fortsetzung des Verhältnisses über die Scheidung hinaus dafür umso mehr. Der Scheidungsgrund – das Fremdgehen Sebis und seine dabei in außerehelicher Sünde gezeugte Tochter Frieda – bedeutete natürlich einen herben Schlag für Waltraud und Heinrich Fink. Sie pflegten kaum persönlichen Kontakt zu ihrer inzwischen zehnjährigen Enkelin. Zum Geburtstag, zu Ostern und zu Weihnachten schickten sie Geldscheinkarten mit frommen Motiven. Außerdem hatten sie ein Sparkonto für Frieda eingerichtet, in das sie regelmäßig einzahlten, um ihrer großelterlichen Pflicht und Schuldigkeit Genüge zu tun.

Aus all diesen Gründen sollte die zweite standesamtliche Trauung heimlich, still und leise während eines Urlaubs am Jadebusen erfolgen. Allerdings beabsichtigte Rosa, der Familieneintracht eine zweite Chance zu geben. Sie hatte ihren Bruder Thorsten sowie Sebis Geschwister Christoph und Stephanie eingeweiht und der liebe Sebi wusste nichts davon. Sie wollte ihn nach der Trauung mit einer Videocollage überraschen, in der alle Geschwister und die Eltern gratulierten. Scheidungsgrund Astrid war ebenfalls in die Aktion involviert, da Rosa als krönenden Abschluss des Videos einen Gruß von Frieda vorgesehen hatte. Das fertig geschnittene Video würde Christoph auf einer Downloadseite für schnelle Datenfreigabe bereitstellen. Schließlich sollte beim abendlichen Hochzeits-Dinner ein Beamer, den Frau Janssen ihr zugesichert hatte, die Videogrüße auf eine weiße Wand im Restaurant projizieren.

Während Rosa hinter Sebis Rücken die Überraschung vorbereitete, war er zuerst geradezu übereifrig seinem Versprechen nachgekommen, sich um alle Formalitäten zu kümmern. Er hatte eine beglaubigte Abschrift aus dem Eheregister mit einem Vermerk zur Auflösung ihrer vorherigen Ehe besorgt, die Eheschließung beim Wuppertaler Standesamt angemeldet und darüber informiert, dass die Trauung im Nordseebad Dangast erfolgen sollte. Danach war Sebi so erschöpft von der Erledigung des Papierkrams gewesen, dass er wieder das tat, was er am besten konnte: nämlich nichts. Und das so lange, bis es im Urlaubszeitraum keine freien Termine mehr beim für Dangast zuständigen Standesamt in Varel gab. Das einzige Datum, das man noch anbieten konnte, war Freitag, der 14. September. Als Sebi Rosa eröffnete, dass sie erst am Tag vor ihrer Abreise heiraten würden, versuchte er seinen Schnitzer in bekannter Manier schönzureden. *Sieh es so, wir verbringen vorgezogene Flitterwochen in Dangast* – das war mal wieder so typisch für Sebi! Auf ihre Erklärung, dass man Flitterwochen nicht vorziehen könne, da sie per Definition die Zeit unmittelbar nach und nicht vor einer Hochzeit umfassten, reagierte er mit schuldbewusstem Blick und der Bitte, ihm noch dieses eine Mal zu verzeihen. Sie tat es. Was blieb ihr auch anderes übrig?

Rosa konzentrierte sich wieder auf das Kofferproblem. Kein einziges Teil, das aus der Mitte herausquoll, konnte sie entbehren. Alles musste mit. »Und bist du nicht willig, so brauch ich Gewalt!«, kündigte sie an, bevor sie das verhasste Übergewicht an Hüften, Po und Oberschenkel zielführend einsetzte. Sie ging in die Knie und hockte sich auf den Koffer. Als Nächstes stopfte sie die Textilien mit der einen Hand nach innen und zog gleichzeitig mit der anderen Hand den Reißverschluss Millimeter für Millimeter weiter zu, bis er rundum geschlossen war.

Rosa stand auf und betrachtete zufrieden ihr Werk. Dieses Problem war dank ihrer Rettungsringe gelöst, dafür deutete sich nun ein anderes an. Wo blieb Sebi nur? Er hätte längst hier sein sollen, um sie abzuholen. Aber das kannte sie schon, er kam gern zu spät und redete sich mit dem akademischen Viertel heraus. Bevor es morgen früh losginge, wollten sie noch Monika besuchen, um sich von Rudi und Ruby zu verabschieden. Drei lange Wochen lagen vor ihnen, in denen sie die Kätzchen nicht sehen konnten. Bei ihrer Rückkehr vom Wattenmeer würden die Kleinen dann zwölf Wochen alt sein und dürften endlich bei ihr einziehen. Der getigerte Zuwachs war ein heikles Thema zwischen ihr und Sebi, weil sie mindestens bis zur Abklärung seiner möglichen Katzenhaarallergie ihre Wohnung behalten wollte. Trotz Eheschließung – und vielleicht sogar dauerhaft, auch ohne Allergie. Räumliche Trennung war angeblich das Glücksgeheimnis vieler Promi-Paare. Living Apart Together nannte sich das alternative Beziehungsmodell mit getrennten Wohnungen in derselben Stadt. Sebi und sie praktizierten genau das bereits seit acht Jahren höchst erfolgreich. Warum überstürzt etwas daran ändern? Das Living-Apart-Together-Prinzip war ihr schon deswegen sympathisch, weil man sich bei Bedarf aus dem Weg gehen und die Zeit für sich allein genießen konnte. Es gab keine Diskussionen darum, wer für welche Hausarbeit zuständig war. Eigentlich also ein Idealzustand, den sie so lange wie möglich aufrechterhalten wollte.

Sie griff gerade nach ihrem Handy, um Sebi Dampf zu machen, als es zu vibrieren begann.

»Hallo Schatz, bist du startklar?«

»Natürlich! Seit einer Viertelstunde. Wo steckst du denn?«

»Guck mal raus, dann siehst du mich.«

Tatsächlich zeigte ihr ein Blick aus dem geöffneten Fenster, dass Sebi in diesem Moment vorfuhr und mit quietschenden Reifen an der gegenüberliegenden Straßenseite stoppte. Nach einem kurzen Hupen stieg er aus, schaute nach oben und winkte ihr fröhlich zu, als er sie entdeckte. Rosa seufzte beim Anblick seines mit pinken Hibiskusblüten bedruckten Hemdes. Wenn das sonnige Spätsommerwetter anhielt, stand zu befürchten, dass er dieses oder ein anderes aus seiner reichhaltigen Sammlung an schrillen Hawaiihemden auch auf dem Standesamt tragen würde.

Auf der Fahrt zum Wuppertaler Zooviertel, in dem Monika ihre kleine Hobby-Katzenzucht betrieb, trat Sebi kräftig ins Gaspedal. Dabei konnte sein Punktekonto in Flensburg nicht mehr viel verkraften, nachdem er bei der Rettungsaktion im Frühjahr, als er Rosa aus dem Keller befreit hatte, geblitzt worden war.

»Denk an die Geschwindigkeitsbegrenzung im Burgholztunnel, oder möchtest du deine Fotosammlung erweitern?«, warnte Rosa ihn. »Auf die paar Minuten kommt es nicht an. Du hättest dich vorher mehr beeilen und mich pünktlich abholen sollen. Jetzt verspäten wir uns auf jeden Fall, da kannst du noch so rasen.«

»Habe mich ein bisschen mit der Zeit verkalkuliert«, gab Sebi zu. »Ich war in Ronsdorf bei Maik und musste danach noch kurz unter die Dusche springen.«

Rosa wunderte sich. Sebi duschte normalerweise direkt morgens, entweder vor oder nach dem ersten Kaffee des Tages. Und auch, wenn Maik Sebis langjähriger bester Freund war, würde er ihn doch nicht ungeduscht besuchen.

»Hat das Treffen mit Maik dich dermaßen ins Schwitzen gebracht?«

»Kann man so sagen. Ich bin mit ihm und Sascha einmal um die Talsperre gelaufen.«

Ihre ungläubig hochgezogenen Brauen deutete er wohl als fragenden Blick, weil er die Erklärung nachschob: »Sascha, mein alter Kumpel vom Polizeidienstsport. Der ist spontan auch noch vorbeigekommen.«

Ein Missverständnis, denn an Sascha konnte sie sich noch erinnern. Mit ihm hatte Sebi alle zwei Jahre für das Deutsche Sportabzeichen trainiert. Sebi war damals recht sportlich gewesen, in den meisten Disziplinen hatte er gute Leistungen abgeliefert. Aber nicht im Laufen. Da hatte ihm damals schon die Ausdauer gefehlt.

»Du läufst freiwillig? Ich staune. Warum das denn?«

»Ich muss dringend etwas für meine Fitness tun. Schließlich heirate ich bald, da möchte ich in Topform sein.«

Rosa fiel es schwer zu glauben, dass er sich wegen der bevorstehenden Hochzeit im Laufschritt um die Ronsdorfer Talsperre schleppte. Es war nur eine kleine Talsperre und somit auch nur eine kurze Runde, aber bei der Hitze zurzeit konnte das nicht gesund sein. »Also meinetwegen musst du dir das nicht antun. Für dein Alter bist du noch einigermaßen gut in Schuss. Du hast dich jedenfalls besser gehalten als Maik. Aber der ist auch schon über fünfzig.«

»Was heißt hier für mein Alter und einigermaßen?« Sebis empörter Seitenblick sprach Bände. »Meinst du, nur weil ein Mann fünfzig wird, muss er seine Ansprüche an sich selbst herunterschrauben?«

Deutete sich da so etwas wie eine Midlife-Crisis anlässlich des runden Geburtstags im nächsten Jahr an? Um Sebis Kondition war es in der Tat nicht besser bestellt als um ihre, aber Rosa fand, dass er sich davon abgesehen passabel gehalten hatte. Trotz der hundert Kilo, die er auf die Waage brachte, ließen sich bei ihm keine so gravierenden Problemzonen erkennen wie bei ihr, was auch daran lag, dass er das Glück hatte, groß zu sein. Ein großer, kräftig gebauter Kerl, dessen Schultern immer noch wesentlich breiter waren als seine Hüften. Aber das Thema konnte sie jetzt nicht vertiefen, denn er setzte schon den Blinker, um in die Hubertusallee abzubiegen. Von hier aus waren es nur noch ein paar hundert Meter bis zur Seitenstraße oberhalb des Zoos, wo Monika wohnte.

Vor ihrer Garage parkte ein roter Kastenwagen, aus dessen Laderaum jemand in Poloshirt und Jeansshorts Umzugskartons hievte. Erst auf den zweiten Blick identifizierte sie den Mann als Thilo Nowak. Jener Thilo, den sie im Frühjahr nach dem spurlosen Verschwinden seines Katers Maurice kennengelernt hatte, war klein und schmächtig gewesen. Klein war er immer noch, aber nicht mehr schmächtig. In kürzester Zeit hatte Thilo sich eine ziemlich athletische Statur zugelegt. Er winkte ihnen zu und präsentierte dabei einen beeindruckenden Bizeps. Auch Sebi war die Verwandlung nicht entgangen, denn er raunte: »Der hat in letzter Zeit wohl ziemlich viele Kisten geschleppt.«

Wie sich herausstellte, nachdem Thilo den Leihwagen entladen und mit Sebis Hilfe die Kartons in den ersten Stock getragen hatte, gab es für seine Metamorphose andere Gründe als Kistenschleppen. Er betrieb seit Juni Krafttraining, joggte regelmäßig, trank Proteinshakes und nahm jede Menge Nahrungsergänzungsmittel zum Muskelaufbau ein. Rosa bekam aber nur am Rande mit, wie sich die Männer darüber unterhielten, denn ihre Aufmerksamkeit galt Rudi und Ruby. Den Namen Ruby hatte sie ausgesucht und Sebis Vorschlag, seinen Bruder dann der Einfachheit halber Rudi zu nennen, eigentlich inakzeptabel gefunden. Aber dann war es bei Rudi geblieben. Die Tigerchen waren jetzt sieben Wochen alt. Sie wuchsen wahnsinnig schnell und wurden immer aktiver. Abgesehen von der Farbe ähnelte Ruby ihrer blauen Mutter La Belle. Rudi hingegen war eine Kopie seines Erzeugers Otto. Die Unterschiede ließen sich von Woche zu Woche deutlicher erkennen. Ruby besaß die typische kräftige Statur, die breite Kopfform und die Murmelaugen der Rasse Britisch Kurzhaar, während ihr Bruder hochbeiniger und schlanker wirkte. Auch die Tigerzeichnung war bei ihm stärker ausgeprägt. La Belle ließ ihre Kitten keine Sekunde aus den Augen, blieb aber entspannt, da sie Monika in der Nähe wusste. Außerdem kannte sie Rosa und Sebi von den wöchentlichen Besuchen.

Auf dem Kratzbaum im Wintergarten entdeckte Rosa nicht nur Monikas zweite blaue Katze Luna, sondern dicht neben ihr lag Thilos ebenfalls blauer Kater Maurice. Das überraschte sie, denn in ihrem Katzen-Ratgeber stand, dass es schwer war, erwachsene Katzen aneinander zu gewöhnen. »Toll, dass sie sich so gut vertragen«, bemerkte sie verwundert.

»Ja, Thilo und ich dachten, wir versuchen es mal mit der Vergesellschaftung. Maurice fühlt sich schon zu Hause hier. Anfangs gab es Gefauche, aber er hat schnell akzeptiert, dass er als kastrierter Kater in der Hierarchie unter La Belle und Luna steht. Mit seiner Unterwürfigkeit hat er bei den Damen Sympathiepunkte gewonnen.«

»Ach, so ist das.« Rosa musste sich ein Lachen verkneifen. Sie ging davon aus, dass auch Maurices Besitzer auf Sympathiepunkte bei einer gewissen Dame aus war. Deshalb, nach neuer Frisur und modernen Klamotten, nun auch der Zuwachs an Muskelmasse. Für alle war es offensichtlich, nur Monika hatte noch nicht realisiert, dass er sich vom Leben unter einem Dach im selben Haus mehr als nur räumliche Nähe und ein gemeinschaftlich betriebenes Hobby versprach. Rosa war sehr gespannt auf die weitere Entwicklung zwischen Thilo und der hübschen, stets elegant gekleideten Züchterin, auf deren Kleidung erstaunlicherweise nie ein Katzenhaar haftete. Insgeheim hatte sie ihr den Spitznamen *Herzogin Kate* verpasst. Diesem Namen machte sie auch heute mit einem marineblauen knielangen Sommerkleid und Pumps in passender Farbe alle Ehre. Monikas grazile Körpermitte wurde von einem schmalen geflochtenen Ledergürtel betont, der nicht länger zu sein schien als ein Schnürsenkel. Rosa sah an sich herunter und schätzte, dass sie für ihre nicht vorhandene Taille mindestens die dreifache Gürtellänge benötigen würde. Ernüchtert richtete sie ihren Blick wieder auf Thilo, der immer noch mit Sebi auf der Couch saß. Nun, da er begann, Wert auf seine äußere Erscheinung zu legen, konnte sie sich ihn und Monika durchaus als Paar vorstellen.

Sie versuchte, die Kätzchen mit einem Federwedel zu sich zu locken, aber Rudi und Ruby hatten ihren eigenen Kopf. Zielstrebig staksten sie auf die Couch zu und schnupperten an Sebis Beinen. Da er ihnen jedoch kaum Beachtung schenkte, begann Rudi an einer der nackten Waden hochzuklettern, die so einladend über ihm aufragten.

»Aua! Lässt du das wohl sein, du kleiner frecher Kater«, schimpfte Sebi. »Du hast ganz schön scharfe Krallen.« Er hob den Übeltäter auf seinen Schoß, und beugte sich nach unten, um die Wade genauer zu untersuchen. Indes versuchte Ruby, ermutigt durch Rudis Erfolg, am anderen Bein nach oben zu gelangen. In letzter Sekunde zog Sebi das Knie hoch, nahm Ruby und setzte sie neben ihrem Bruder ab. Zufrieden kuschelte sie sich in Sebis Schoß an ihr Brüderchen und beide begannen, vor Wonne zu schnurren.

»Diese Fellmonster haben meine Beine zerfetzt«, behauptete Sebi und guckte mitleidheischend.

Er sollte sich mal nicht so anstellen, Rosa hatte andere Sorgen. »Sie sind so zuckersüß. Ich weiß gar nicht, wie ich drei Wochen überstehen soll, ohne Rudi und Ruby zu besuchen.«

Monika fand tröstende Worte: »Du musst es positiv sehen. Wenn du wiederkommst, dauert es nicht mehr lange, bis du die süßen Racker ein ganzes Katzenleben lang um dich haben wirst.«

Rosa bemerkte, dass Sebi dem wenig Tröstliches abgewinnen konnte. Er verzog das Gesicht, als hätte er in eine saure Zitrone gebissen. »Was ist los, Sebi, tut es so weh? Man sieht kaum etwas von den Verletzungen«, fragte sie, seine Leidensmiene absichtlich missverstehend.

Thilo, dem der ironische Unterton entging, fragte: »Gegen Tetanus bist du doch geimpft, oder?«

Sebi nickte, woraufhin Thilo vorschlug, die Kratzer mit einer desinfizierenden Wund- und Heilsalbe zu versorgen, um einer Entzündung vorzubeugen.

Eine solche prophylaktische Maßnahme fand Rosa jedoch angesichts der nahezu unversehrten Haut etwas übertrieben und kam Sebi zuvor, indem sie entschied: »Nein, lass mal, so schlimm ist es nicht. Wir müssen dann jetzt leider auch los.«

Das ließ Sebi sich nicht zweimal sagen. »Richtig, ich muss noch packen.«

Er bettete die Kätzchen behutsam auf ein Sofakissen. Thilo wollte auch aufbrechen, um noch eine Fuhre Sachen aus seiner alten Wohnung in Barmen zu holen. Sie verabschiedeten sich von Monika, und nach einem letzten Blick auf die schlummernden Kätzchen folgte Rosa Sebi zum Auto. Thilo lehnte sich aus dem Fenster seines Kastenwagens und rief Sebi zu: »Wir sehen uns dann spätestens in vier Wochen.« Warum er dabei so übertrieben grinste, erschloss sich Rosa ebenso wenig wie der Sinn seines nachfolgenden Rufs: »Und denk an die Anmeldung, sonst bekommst du keine Medaille!«

»Welche Anmeldung? Welche Medaille?« Rosa nahm auf dem Beifahrersitz Platz, während Sebi ihre Fragen beantwortete. »Am Samstag, dem 22. September findet der 52. Wuppertaler Volkslauf rund um die Ronsdorfer Talsperre statt. Thilo und ich sind dabei.«

Jetzt war es an Rosa, breit zu grinsen. »Ach, du liebe Zeit. Und nur, weil du jetzt einmal nach ewiger Zeit wieder gelaufen bist, rechnest du dir Chancen aus, eine Medaille zu gewinnen?«

»Nein, Schatz, jeder vorangemeldete Teilnehmer bekommt eine Medaille, nicht nur ich. Thilo auch. Und sogar Bernd.«

Jetzt war Rosa ein paar Sekunden baff, was nicht sehr häufig geschah. Als sie sich wieder gefangen hatte, sagte sie: »Nicht dein Ernst, oder? Du willst mich verschaukeln. Dein Ex-Chef ist weit über sechzig, stark übergewichtig, kurzatmig und unter Bluthochdruck leidet er auch. Der nimmt doch nie und nimmer an einem Volkslauf teil.«

Sebi schien sich prächtig zu amüsieren. Er hob drei Finger und sagte: »Doch, wirklich wahr. Allerdings läuft er nicht, er wandert. Du wirst dich wundern, Bernd hat mächtig abgespeckt, seit du ihn das letzte Mal gesehen hast.«

Thilo trainierte sich Kondition und Muskeln an, Sebi lief seiner Midlife-Crisis davon und Bernd mutierte zum Wandersmann. Wenn das so weiterging, wunderte Rosa allmählich gar nichts mehr. Auch nicht, dass sie selbst als Bewegungsmuffel aus allen Nähten zu platzen drohte.

2
Geheimniskrämer

Sebi hoffte inständig, dass sich Wiebke Janssen während der Urlaubswochen unter ihrem Reetdach nicht verplapperte. Als Stammgast der kleinen Pension *Zum Jadebusen* wusste er um das Risiko, das er mit dieser Komplizenschaft eingegangen war, denn die verwitwete Zimmerwirtin redete gern und viel. Es würde ihr äußerst schwerfallen, ein Geheimnis für sich zu behalten. Doch ohne ihre Unterstützung wäre es unmöglich gewesen, alles Notwendige von Wuppertal aus zu organisieren. Rosa glaubte, er hätte Frau Janssen in die Hochzeitspläne eingeweiht, damit sie sein Versäumnis ausbügelte.

Obwohl sie sich nach wie vor siezten, kannten sie Wiebke Janssens komplette Familiengeschichte. Diese hatte sie ihnen über die Jahre verteilt in der Erwartung erzählt, im Gegenzug auch prickelnde Details ihrer unkonventionellen Beziehung zu erfahren. Begünstigt durch ein alkoholisches Getränk namens Friesengeist hatte sich ihre Erwartung in diesem Frühjahr auch endlich erfüllt.

Jedenfalls wusste Sebi, dass Frau Janssens lange verstorbener Mann Hinnerk zu Lebzeiten mit einem gewissen Jasper Teschen befreundet gewesen war und die Patenschaft für dessen Tochter Marie übernommen hatte. Die inzwischen fünfunddreißigjährige Marie lebte in Varel, und wie es der

Zufall wollte, war sie dort als Standesbeamtin tätig. Aus diesem Grund hatte er Frau Janssen auf sie angesetzt. Sie sollte ihre Beziehungen spielen lassen und Marie Teschen angeblich bitten, den Finks ausnahmsweise noch einen Termin für die Trauung zu geben. Im Großen und Ganzen entsprach das sogar den Tatsachen – bis auf eines: Es gab kein Versäumnis seinerseits. Wiebke Janssens Auftrag als Mitwisserin der geplanten Überraschung hatte gelautet, das Datum der Trauung unbedingt auf den vorletzten Ferientag zu legen.

Bislang gab sie sich wirklich Mühe, Stillschweigen zu bewahren. Beim Einchecken kam ihr kein verräterisches Wort über die Lippen, nicht die kleinste Anspielung. Allerdings musste er ihr bei Gelegenheit einschärfen, das ständige Zwinkern und Blinzeln in alle Richtungen zu unterlassen, bevor es Rosa auffiele. Noch hatte diese den Tick nicht bemerkt, was vielleicht daran lag, dass sie ihre volle Aufmerksamkeit auf Frau Janssens verändertes Erscheinungsbild richtete. Die Wandlung war in der Tat erstaunlich. Seit Rosa und er ihre Urlaube am Wattenmeer verbrachten, also seit neun Jahren, wohnten sie in der Pension *Zum Jadebusen.* Genauso lange kannten sie ihre Wirtin als rundliche Person mit roten Apfelbacken, gelbstichiger Dauerwelle und karierter Kittelschürze. Rosa hatte bei einem ihrer ersten Aufenthalte versucht, die Schürzen zu zählen, dann aber einsehen müssen, dass es eine unlösbare Aufgabe war. Der Bestand an karierten Exemplaren, aus dem die dralle Mittsechzigerin immer wieder neue, sich sehr ähnelnde Modelle hervorzauberte, schien unerschöpflich zu sein.

Doch die Frau Janssen, die sie kannten, gab es nicht mehr. Bei ihrer Ankunft am Mittag wurden sie von einer auf wundersame Weise erschlankten und insgesamt modernisierten Version ihrer selbst empfangen. Keine blondierten Pudellöckchen mehr, Wiebke Janssen hatte sich eine fransige Kurzhaarfrisur schneiden und flotte silberne Strähnchen färben lassen. Noch erstaunlicher aber war, dass die obligatorische Kittelschürze fehlte. Auf Karos hatte sie dennoch nicht gänzlich verzichtet, denn sie trug eine karierte Bluse. Darunter eine Jeans und an den Füßen Sneakers anstelle der üblichen Gesundheitslatschen.

»Moin, Frau Janssen. Alter Friese, Sie sehen fantastisch aus! Die neue Frisur steht Ihnen gut. Macht Sie gleich zwanzig Jahre jünger. Und auch sonst, mein Kompliment«, bewunderte Sebi ihren neuen Look, woraufhin sie ungeachtet ihres Alters bis unter die Haarspitzen errötete.

Rosa schien indes mehr auf den Gewichtsverlust fokussiert zu sein. Der zeichnete sich in den weniger üppigen Körperkonturen deutlich ab. Ihre Wangen wirkten jedoch rund, rosig und straff wie eh und je. Meist ging mit dem Abnehmen in höherem Alter ein Plus an Falten im Gesicht einher, aber davon war bei Frau Janssen nichts zu sehen.

Nach einem flüchtigen *Moin* sagte Rosa: »Jetzt staune ich aber. Im Frühjahr wollten Sie mir noch meine Diät ausreden und nun haben Sie selbst eine gemacht! Sie haben doch bestimmt zehn Kilo abgenommen?«

»Nicht ganz. Es sind acht Kilo seit Juni«, verkündete Frau Janssen mit sichtlichem Stolz und wischte sich die Hände in alter Kittelschürzen-Gewohnheit an ihrer Bluse ab. »Aber ich halte keine Diät, ich bewege mich nur viel mehr. Ich gehe spazieren.«

Sebi, der Rosa in- und auswendig kannte, wusste ihren Gesichtsausdruck zu interpretieren. Sie glaubte nicht an den ursächlichen Zusammenhang zwischen Spazierengehen und Abnehmen. Wie vorausgeahnt, meldete sie sofort Zweifel an. »Sie meinen, Sie haben allein durch Spaziergänge so viel Gewicht verloren? Das ist ja zu schön, um wahr zu sein.«

Frau Janssen gab zu, auch auf das *Schnökern* zwischendurch zu verzichten. Sie und ihr Mann hatten früher eine eigene Konditorei betrieben. Heute profitierten nur noch die Pensionsgäste von den Backkünsten der Konditormeisterin – und sie selbst. Normalerweise fanden immer zahlreiche

Kostproben des Teigs und fertige Gebäckstücke aus eigener Herstellung den Weg in ihren Magen. Das verkniff sie sich seit drei Monaten.

»Fällt mir schon etwas schwer, denn ich bin eine Zuckersnuut. Aber ich lasse keine Hauptmahlzeit aus. Ich frühstücke reichlich, wie sich das gehört, dann gibt es natürlich um elf Uhr die Teepause, das Elführtje. Mittags halte ich mich gewiss nicht zurück und abends lange ich noch mal kräftig zu.«

Für Sebi hörte sich das nach einer durchaus reichhaltigen Tagesverpflegung an. Er hätte das Gespräch jetzt gerne beendet und sich aufs Zimmer begeben, aber Rosa wollte es genauer wissen. Sie rasselte mehrere Fragen zu den Spaziergängen herunter. Seit wann, wo, warum, wie weit, mit wem? Das Thema hatte offenbar beträchtliches Interesse bei ihr geweckt. Frau Janssen gab bereitwillig Auskunft.

»Angefangen hat das, als Bernd, also Herr Ammermann, bei mir logiert hat. Ihr Mann, oder vielmehr Ihr Zukünftiger …« Sie blinzelte ihm zu, bevor sie fortfuhr. »… hat ihm ja netterweise meine Pension empfohlen. Be… Herr Ammermann sollte auf Rat seiner Ärztin ein tägliches Bewegungsprogramm an der Seeluft absolvieren. Darüber kamen wir ins Schnacken, und ich habe ihm von den Terrainkurwegen erzählt. Die sind bei den Kurgästen sehr beliebt. Nun ja, und er fragte mich, ob ich die Wege kenne. Einer von ihnen, die *Grüne Mitte*, liegt ja quasi direkt vor der Tür. Ein Rundgang von ungefähr zwei Kilometern, teils mit herrlichem Ausblick auf Watt und Wasser. Den bin ich dann mit ihm gegangen.«

Gegen einen herrlichen Ausblick hätte Sebi auch nichts einzuwenden gehabt. Nach der dreistündigen Autofahrt täte es jetzt gut, rauszugehen, Seeluft zu schnuppern und sich eine frische Brise um die Nase wehen zu lassen. Stattdessen stand er nun schon seit geraumer Zeit in der Rezeption herum. Und Rosa lauschte aufmerksam Frau Janssens weitschweifigen Ausführungen, anstatt das Ganze abzukürzen.

Wenn er nicht unhöflich erscheinen wollte, blieb ihm nichts anderes übrig, als ebenfalls zuzuhören.

»Herr Ammermann war regelrecht begeistert, und er wollte unbedingt auch die anderen Wege erkunden. Eigentlich hatte ich keine Zeit, das Haus war voll, es gab jede Menge zu tun. Aber er ist auch ein früher Vogel, genau wie ich, und Agnes war bereit, morgens zwei Stunden früher anzufangen. So bin ich täglich in aller Herrgottsfrühe mit Herrn Ammermann spazieren gegangen. Oder gewalkt, wie man ja heute sagt. Am nächsten Tag habe ich ihm Alt-Dangast gezeigt, wo der windgeschützte Weg mitten durch das alte Bauerndorf führt, mit weiten Feldern und Weideland drum herum. Wir haben die Streckenlänge langsam gesteigert. Zum Schluss haben wir uns sogar in den Wind auf den Deichrücken gewagt und sind dann über den Terrainweg *Achtern Diek* zurückmarschiert. Das sind zusammen mit Hin- und Rückweg fast acht Kilometer.«

Sebi war beeindruckt, und Rosa wohl auch, denn sie stieß einen anerkennenden Pfiff aus. »Alle Achtung, jetzt verstehe ich. Also kein gemütliches Spazierengehen, sondern Walking. Wie ich gehört habe, hat Bernd, also Herr Ammermann, das in Wuppertal noch intensiviert, er wandert nun. Und Sie sind also auch dabeigeblieben?«

Sebi stöhnte leise und verlagerte sein Gewicht von einem Fuß auf den anderen. Es war ihm unbegreiflich, dass Rosa immer neue Fragen stellte, die Frau Janssen zur Fortsetzung ihrer Schilderung motivierten. Schon nickte sie eifrig und erzählte weiter: »Ja, tatsächlich, aber erst, nachdem ich mich einer Walking-Gruppe angeschlossen habe. Herr Ammermann und ich haben uns beim Gehen immer so nett über die Polizeiarbeit unterhalten, da verging die Zeit wie im Flug. Was der B... der Herr Ammermann da so alles erlebt hat! Ich muss sagen, so etwas aus erster Hand zu hören, ist höchst aufregend.«

Den kurzen Seitenblick, mit dem Wiebke Sebi bedachte, interpretierte er als unausgesprochenen Vorwurf, sie nie allzu großzügig mit erlebnis- und faktensatten Polizei- oder Detektivgeschichten versorgt zu haben. Rosa interpretierte ihn offenbar genauso. Sie grinste von einem Ohr zum anderen, und Sebi ahnte warum. Ihrer Meinung nach hielt er sich aufregende Geschichten grundsätzlich vom Leib, da es ihm an Leidenschaft für seinen Job mangelte. Oft genug hatte sie ihm vorgeworfen, er hätte als Polizist kaum Ehrgeiz erkennen lassen und nur Dienst nach Vorschrift gemacht.

Es war schon etwas Wahres daran, das musste Sebi eingestehen. Während sich bei den Kollegen Überstunden ohne Ende angesammelt hatten, war sein Arbeitszeitkonto auf wundersame Weise immer ausgeglichen gewesen. Für andere mochte der Polizeidienst eine Berufung sein – er hatte darin nie mehr als einen Beruf wie jeden anderen gesehen. Die finanzielle Unabhängigkeit nach einer überraschend hohen Erbschaft war ihm da sehr gelegen gekommen. Seine kinderlose, verwitwete und sehr vermögende Patentante Hilde hatte ihm genug Geld vermacht, um seinen Beamtenstatus aufzugeben und fortan komfortabel vom Erbe leben zu können. Die Detektei hatte er eröffnet, weil ihm eine Firmengründung laut Finanzberaterin steuerliche Vorteile brachte – und um sich nicht mit damals Anfang vierzig wie ein Vorruheständler zu fühlen. Nach der Anmietung eines Büros und der praktischerweise direkt darüber befindlichen Wohnung hatte er darauf gehofft, dass möglichst wenig Klienten mit Arbeit drohen würden. Genau das war eingetreten. Aus seiner Sicht war die Detektei Fink eine echte Erfolgsstory. Rosa sah das allerdings anders.

»Allein war das Spazierengehen dröge«, hatte sich Wiebke Janssen inzwischen wieder Rosa zugewendet. »Wahrscheinlich hätte ich es schleifen lassen, wenn ich nicht dem Oli und seinen Watt-Walkies begegnet wäre. Sie erzählten mir, dass sie sich immer dienstags, donnerstags und sonntags treffen. Da habe ich mich dann angeschlossen. Ulla, Dortje, Beeke-Luise, Uwe und Fridbert, alle ungefähr in meinem Alter. Bis auf den Oli, der ist noch ein Jungspund, keine vierzig, und ...«

Nun blieb Sebi keine andere Wahl, er musste den Vortrag unterbrechen, bevor sie noch bis in den Nachmittag hier herumstanden. »Oh, jetzt meldet sich meine Blase. Tja, daran merkt man's, im Gegensatz zu diesem Oli bin ich kein Jungspund mehr. Aber ich freue mich schon, heute Abend in Ihrem Restaurant mehr über Oli und die Watt-Walkies zu erfahren.«

Rosa warf ihm bei dem letzten Satz einen amüsierten Blick zu. Sie durchschaute das Manöver natürlich und ahnte, dass sich seine Freude in gewissen Grenzen hielt.

»Wenn Sie mir eben meinen Zimmerschlüssel geben, gehe ich schon mal mit den Koffern vor«, versuchte er, seinen Abzug zu forcieren. Erst jetzt bemerkte er, dass Frau Janssen wie zur Salzsäule erstarrt dastand, die flache Hand gegen den Mund gedrückt und unter ihren rosigen Apfelwangen erbleicht.

»Herrjemine«, murmelte sie. »Das ist mir noch nie passiert ...«

»Geht es Ihnen nicht gut? Frau Janssen, was ist denn los?«, erkundigte sich Rosa, während Sebi für alle Fälle einen der Stühle aus der Sitzgruppe am Fenster heranschaffte.

Aber dieser wurde nicht benötigt, da schlagartig wieder Leben in Frau Janssen kam. Sie hatte keinen Schwächeanfall erlitten, sondern lediglich die Tischreservierung vollkommen vergessen. Das war tatsächlich ein Novum. Sebi und Rosa bestellten gewohnheitsmäßig am ersten Urlaubsabend das gemütliche Candle-Light-Dinner, obwohl zur Pension nur ein Frühstücksraum gehörte. Dieser wurde an den Wochenenden aber kurzerhand zum privaten Restaurant für Gäste umfunktioniert. Ganz selten stellte Frau Janssen den

Raum auch für kleine geschlossene Gesellschaften zur Verfügung – und dies war nun geschehen.

»Es ist mir so peinlich. Wie unangenehm! Bitte sehen Sie es mir nach, es war gewiss keine böse Absicht«, entschuldigte sie sich bekümmert. »Wenn es Sie nicht stört, dass es turbulenter zugeht als sonst, bekommen Sie natürlich Ihren Tisch. Ich schiebe ihn dann noch etwas weiter nach hinten, ganz in die Nische. Da sind Sie etwas entfernt von der Gruppe und können hoffentlich Ihr Menü trotzdem genießen. Was meinen Sie?«

Die Aussicht, umgeben von einer lärmenden Gesellschaft an den Katzentisch verbannt zu essen, begeisterte Sebi zwar nicht sonderlich, aber er wollte die Schuldgefühle seiner Zimmerwirtin nicht ins Unermessliche steigern. Gekonnt schwindelte er nach einem Blick zu Rosa, die ihr Einverständnis durch ein Kopfnicken signalisierte: »Kein Problem, Frau Janssen, ist schon in Ordnung. Das stört uns kein bisschen.«

Es war schon Nachmittag, als Sebi endlich das Wattenmeer sah. Mit Rosa an seiner Seite spazierte er zum Kurhaus, um in gewohnter Manier den Urlaub mit einem Stück Rhabarberkuchen zu beginnen. Leider war ihre Laune nicht die beste, obwohl normalerweise schon der Gedanke an den Dangaster Rhabarberkuchen Glücksgefühle in ihr auslöste.

»Ich sollte es Frau Janssen nachtun und auch nicht mehr so viel schnökern«, gab sie missmutig von sich, als sie auf dem Deich in Richtung Friesendom wanderten. Von diesem Kunstwerk aus war es nicht mehr weit bis zum Kurhaus, um das herum einige weitere Kunstobjekte auf sie warteten. Rosa war immer aufs Neue entzückt, den Grenzstein zu sehen. Viereinhalb Tonnen Granit, phallusförmig steil an der Hochwassergrenze aufragend. Wahrhaftig ein Stein des Anstoßes, der dem Vernehmen nach beim Aufstellen für einen Skandal gesorgt hatte. Doch den lauten Aufschreien der Empörung zum Trotz stand die Skulptur immer noch. Inzwischen war der Phallus ebenso wie der Friesendom ein Wahrzeichen des Nordseebads Dangast.

»Ist dir aufgefallen, dass sie sehr bemüht war, *Herr Ammermann* und nicht *Bernd* zu sagen?«, fragte Sebi, nicht ahnend, dass Rosa diese harmlose Frage zum Anlass nehmen könnte, ihre schlechte Laune an ihm auszulassen.

»Mir ist nur aufgefallen, dass alle um mich herum fit und schlank werden. Guck dir Thilo an, wie trainiert der aussieht. Wenn du weiterläufst, geht's bei dir wahrscheinlich auch schnell gewichtstechnisch runter. Und jetzt speckt sogar noch die Janssen ab! Nur ich nehme immer weiter zu und passe wahrscheinlich in keines der Kleider, die ich für die Trauung eingepackt habe. Aber was heißt Kleider, das sind Säcke. Größe 44! Ehrlich, ich finde das ungerecht. Die Janssen geht spazieren und verliert damit mal eben acht Kilo. Spazieren ...« Sie grummelte leise vor sich hin. Bevor Sebi etwas erwidern konnte, fügte sie mit Trotz in der Stimme hinzu: »Also nein, für mich kein Kuchen. Du kannst ja welchen essen. Du bewegst dich und kannst es dir leisten, ich nicht.«

Sebi überlegte kurz, ob er sagen sollte, was er dachte. Sie sollte aufhören, ständig mit ihrer Figur zu hadern. Im Laufe der Jahre hatte sie etwas zugelegt, na und? Er kannte Rosa schlank und er kannte sie mollig. Beides hatte seinen Reiz für ihn. Wenn er ehrlich war, fand er die kurvige Rosa sogar noch attraktiver. Aber sie würde das nicht gelten lassen, von ihr käme sofort Widerspruch. Sie würde ihm Machohaftigkeit unterstellen, außerdem darauf hinweisen, dass sie zuallererst sich selbst gefallen wollte und nicht anderen, schon gar nicht ihm ... sie hatten diese Art der Unterhaltung schon etliche Male geführt. Dünnes Eis, auf das er sich nicht begeben wollte, schon gar nicht in den vorgezogenen Flitterwochen. Das Beste würde es wohl sein, einfach gar nichts zu diesem Themenkomplex zu sagen.

Er schaute angelegentlich aufs schlickige Watt. »Schau mal, ein Austernfischer. Wusstest du, dass man ihn auch Halligstorch nennt?«

»Das ist ja mal wieder typisch, dass du nichts dazu sagst und versuchst, vom Thema abzulenken«, knurrte Rosa.

Wie er es machte, war es verkehrt, dachte Sebi, und versuchte es nun mit einem salomonischen Vorschlag zur Güte. »Was hältst du davon, wenn wir uns ein Stück Rhabarberkuchen teilen? Und wenn wir zurückgehen, machen wir einen Umweg durchs Dorf, damit wir die Kalorien direkt wieder verbrennen.« Er klopfte auf seinen Bauch, der sich etwas mehr wölbte als früher. »Ein halbes Stück bekommt mir auch besser, vor allem, weil es heute Abend ja noch etwas Romantisches aus Frau Janssens Küche gibt.«

Mit der Idee des geteilten Kuchens konnte Rosa sich glücklicherweise anfreunden. Sie suchte schon einmal ein gemütliches Plätzchen auf der Kurhaus-Terrasse, während er für Kaffee und Kuchen anstand. Als er beides auf einem Tablett nach draußen trug, hielt er Ausschau nach Rosa. Schließlich entdeckte er sie. Den Kopf entspannt zurückgelegt und mit geschlossenen Augen genoss sie offensichtlich die Sonne. Sie öffnete die Augen erst, als er das Tablett auf dem Tisch abstellte. Er zerteilte den Rhabarberkuchen mit der Gabel und legte ein Stück auf den zweiten Teller.

»Bekomme ich die größere Hälfte?«, fragte Rosa, und Sebi wusste, dass der Tag gerettet war. Sie schien ihren Frust überwunden zu haben.

»Welche Polizeigeschichten Bernd wohl beim traulichen Wandeln mit Frau Janssen zum Besten gegeben hat? Dass es bei euch besonders spannend zuging, ist mir neu.«

Sebi grinste. »Ach, da gab es schon die eine oder andere Begebenheit. Hast du den Toten hinter dem Lenkrad vergessen?«

»Ist das erste Mal, dass ich davon höre.«

»Habe ich dir das nicht erzählt? Ist schon ein paar Jahre her, wahrscheinlich war das in unserer akuten Trennungsphase. War auch eher lustig, glaubt einem keiner.«

»Schieß los, was hatte es damit auf sich?«

»Da rief mal ein Arzt auf der Dienststelle an. Er hatte auf einem Parkplatz einen Pkw entdeckt, in dem eine Leiche auf dem Fahrersitz hockte. Einen Rettungswagen hatte er nicht gerufen, denn zu retten sei da nichts mehr. Von Berufs wegen könne er beurteilen, wann jemand tot sei, zumal der Verwesungsprozess bereits eingesetzt habe. Die Scheibe auf der Fahrerseite sei einen Spalt runtergekurbelt und es rieche nach Verwesung, ließ er Bernd wissen. Bernd schickte eine Streife zum Parkplatz, genauer gesagt Sascha und mich.«

Aus dramaturgischen Gründen machte Sebi eine Kunstpause.

»Ja, und dann?«, fragte Rosa gespannt nach.

»Wir gehen also zu diesem Pkw, neben dem der Arzt uns erwartet. Die Leiche ist männlich, ihr Kopf liegt auf dem Lenkrad. Aus dem Innenraum stinkt es bestialisch. Wir wollen gerade die notwendigen Maßnahmen einleiten, das volle Programm mit Absperren des Leichenfundorts, Spurensicherung und Forensik, da regt sich die Leiche. Der Typ ist nämlich gar nicht tot, sondern rotzbesoffen und schläft dort seit Stunden einen fetten Rausch aus. Die Ursache des Gestanks ist eine üble Mischung aus Alkohol, Erbrochenem, Mief und Schweiß. Dem Arzt war seine Fehleinschätzung äußerst peinlich.«

»Mein Vertrauen in Tierärzte war ja schon vorher erschüttert, aber Humanmediziner scheinen ihnen in nichts nachzustehen.«

Nun stieg Rosa voll auf den zweiten Frühling von Wiebke Janssen und Bernd Ammermann ein. »Ich weiß gar nicht, warum sie so ein Geheimnis daraus machen, dass sie per Du sind. Bernd nennt sie uns gegenüber ja auch noch brav Frau Janssen und nicht Wiebke. Man muss wohl nicht hellseherisch begabt sein, um zu ahnen, dass die beiden in Zukunft mehr als nur miteinander spazieren gehen möchten«, orakelte sie.

Sebi stimmte ihr zu. »Wir sollten sie heute Abend beim Friesengeist mal ein bisschen ausfragen.« Ihm fiel die geschlossene Gesellschaft wieder ein. »Obwohl ... vielleicht hat sie heute alle Hände voll zu tun und keine Zeit dafür.«

»Das wäre aber wirklich bedauerlich.« Doch dann schüttelte sie den Kopf und sagte im Brustton der Überzeugung: »Nein, die Friesengeist-Zeremonie wird sie sich bestimmt nicht nehmen lassen.«

3
Friesenfüße

»Hier ist ja was los!« So voll hatte Rosa den Raum noch nie gesehen, weder beim Frühstück noch an den Abenden am Wochenende, wenn daraus das Restaurant *Zum Jadebusen* wurde. Für ihre Candle-Light-Dinner nahm Wiebke Janssen normalerweise nur fünf Tischreservierungen von Paaren an. Eine Speisekarte, aus der man auswählen konnte, gab es nicht, und auch keine Rechnung. Die Gäste bezahlten einfach nach dem Essen, indem sie so viel Geld in ein Sparschwein steckten, wie ihnen angemessen erschien.

Frau Janssen servierte stets ein dreigängiges Überraschungsmenü. Alle erhielten die gleichen Vorspeisen und Desserts, das Hauptgericht war aber individuell abgestimmt. Da die Wirtin ihre Gäste persönlich kannte, war sie genau über deren geschmackliche Präferenzen im Bilde – und meist auch noch über viel mehr. Man konnte bei kuscheligem Kerzenlicht speisen und wurde von Frau Janssen mit feiner Kost aus ihrer Küche verwöhnt. Zum krönenden Abschluss pflegte sie Friesengeist zu kredenzen und von Tisch zu Tisch wandernd ausgiebig zu schnacken. Kurz vor Feierabend genehmigte sie sich dann auch das eine oder andere Gläschen des hochprozentigen friesischen Kornbrands. Rosa und Sebi gehörten für gewöhnlich zu den letzten Gästen, und so hatte sich der gemeinsame Umtrunk über die Jahre zum lieb gewonnenen Ritual entwickelt.

Doch für diesen Abend sah Rosa in Sachen Umtrunk schwarz. Im Bemühen, die enorm durstige geschlossene Gesellschaft mit Getränken zu versorgen, flatterte Frau Janssen wie ein aufgescheuchtes Huhn herum. Sie fand noch nicht mal Zeit, ihnen ihren Platz zu zeigen, da gleichzeitig weitere Gäste eintrafen, die zur Gesellschaft gehörten. Für die Gruppe waren sechs Tische in der Mitte des Raumes zusammengerückt und mit karierten Tischdecken ausstaffiert worden. Die restlichen Tische hatte Frau Janssen nebeneinander an der Wand aufreihen lassen. Sie dienten nun als Abstellfläche für ein üppiges norddeutsches Buffet. Rosa erspähte Schüsseln mit Kartoffel-, Herings- und Gurkensalat, Wurst- und Käseplatten sowie Körbe mit Schwarz- und Weißbrot. Aus einem riesigen kupferfarbigen Suppenkessel dampfte es. Davor befanden sich Schalen mit Krabben, Crème fraîche, Dill und Zitronenscheiben.

Das für sie bestimmte Tischchen entdeckten sie schließlich in der Nische neben dem Garderobenständer.

»Da haben wir ja noch mal Glück gehabt, dass es so warm ist, sonst würden uns die Jacken im Essen hängen«, kommentierte Sebi brummig.

Als sie auf die Nische zustrebten, kamen sie an den ebenfalls etwas abseits platzierten Desserts vorbei. Für die Gesellschaft waren Rote Grütze mit Vanillesoße und Mandel-Sahne-Butterkuchen vorgesehen. Neben der gehaltvollen Spezialität aus Frau Janssens Backstube stand noch ein Tablett mit Keksen, die aussahen wie kleine Füße. Im Vorbeigehen stibitzte Sebi zwei Stück vom Tablett und nahm sie mit an ihren Katzentisch. »Die müssen wir probieren. Ich tippe auf Käsefüße.«

Übereinstimmend stellten sie kurz darauf fest, dass es kein Käsegebäck war. Die Füße schmeckten wie Frau Janssens

Friesentaler mit Rum. Der einzige Unterschied war die abgewandelte Form, das Rezept schien aber gleich zu sein. Nach der selbst beschafften Vorspeise warteten sie auf die Dinge, die da kommen würden.

Doch nichts geschah. Die Wirtin war in die Küche entschwunden und kam nicht mehr zum Vorschein. Sebi guckte schon etwas missvergnügt drein, weil sie so lange auf dem Trockenen saßen, als endlich Agnes gemächlichen Schrittes auf ihre Nische zusteuerte. Agnes war als Zimmermädchen in der Pension beschäftigt, gelegentlich half sie aber auch im Restaurant aus. Ohne ein Wort der Entschuldigung für die lange Wartezeit nahm sie die Getränkebestellung auf und brauchte eine weitere gefühlte Ewigkeit, um ihnen zwei Gläser Bier zu bringen. Wenigstens konnten sie jetzt ihren Durst löschen, während sie sich weiter in Geduld übten.

Sebis Laune besserte sich nicht. »Das Bier dürfte einen Hauch kälter sein«, monierte er.

Zehn Minuten später tischte Agnes mit einem »Laat jo nich lang nödigen«, plattdeutsch für »Guten Appetit«, eine Suppe auf. Das tat sie so schwungvoll, dass diese in den tiefen Tellern hochschwappte und am Rand unschöne Schlieren hinterließ.

»Wusste ich's doch, dass es Krabbensuppe gibt. Wahrscheinlich die gleiche wie im Kessel.«

Zu Rosas Vermutung nickte Sebi und knurrte: »Gleich gibt's als Hauptgang die Reste vom Büffet.«

Während er die Krabbensuppe in sich hineinlöffelte, beobachtete Rosa das rege Treiben am langen Tisch.

»Einen von diesen Typen kenne ich. Den habe ich schon mal irgendwo gesehen.«

Rosa, die mit dem Rücken zum Raum saß, drehte sich um und folgte Sebis Blick. Die Gruppe schien jetzt vollzählig zu sein, grob geschätzt zwanzig Leute. Ziemlicher Herrenüberschuss, denn die Frauen ließen sich an den Fingern einer Hand abzählen. Rosa versuchte herauszufinden, wen Sebi schon mal irgendwo gesehen haben wollte, und musterte die Männer am Tisch. Sie wirkten alle windschnittig, obwohl einige die fünfzig weit überschritten. Einer von den Jüngeren kam auch ihr bekannt vor. Sie musste nur kurz überlegen, dann wusste sie, wo er ihr schon mal über den Weg gelaufen war. Er – und vielleicht auch ein paar andere von den sehnigen, sonnengegerbten Gestalten. Es war der friesisch herbe Strandläufer, der ihr im letzten Urlaub zu Sebis Missfallen im Vorbeirennen eine Kusshand zugeworfen hatte. Auch ohne Kappe und Laufklamotten sah er kernig aus. Rechts und links neben ihm saßen zwei der wenigen Frauen. Die zu seiner Rechten war ungefähr in seinem Alter, Ende dreißig oder Anfang vierzig. Sie wirkte genauso hager und durchtrainiert wie die Männer am Tisch. Ihre dünnen hellblonden Haare hatte sie zu einem Pferdeschwänzchen gebunden. Sie schien mit dem Friesen-Adonis liiert zu sein. Mehrmals tastete sie nach seiner Hand, bekam sie aber nicht zu fassen. Er entzog sie ihr jedes Mal, weil er sich mit der Brünetten zu seiner Linken unterhielt und gern gestikulierte. Die Brünette lauschte gebannt. Sie sah ebenfalls sportlich aus, fuhr sich immer wieder mit den Fingern durch ihre lange Lockenmähne und hing an seinen Lippen. So, wie sie jedes seiner Worte aufsog, wusste er entweder etwas ungemein Spannendes zu berichten – oder sie schwärmte für ihn.

Sebi kniff die Augen angestrengt zusammen. Wahrscheinlich kramte er immer noch erfolglos in seinem Gedächtnis. »Das ist der Kusshand-Typ«, klärte Rosa ihn auf. »Der Läufer am Strand, den du im Osterurlaub als unverschämten Kerl bezeichnet hast.«

Als bei Sebi der Groschen fiel, verdüsterte sich seine Miene. »Ach, dieser komische Vogel. Guck da mal nicht so auffällig rüber.«

Der Ratschlag kam zu spät, denn der herbe Friese hatte Rosa soeben erspäht. Er stutzte. Dann grinste er breit und befreite erneut seine Hand, die sich die Pferdeschwanz-Frau soeben zurückerobert hatte. Er winkte ihr lässig zu, als wäre sie eine gute alte Bekannte und rief: »Moin, Strandschönheit!« Die Damen zu seiner Rechten und Linken starrten zu ihr herüber. Aus Höflichkeit lächelte Rosa zurück und griff dann etwas peinlich berührt nach ihrem fast leeren Glas. Als hätte er Augen im Hinterkopf, drehte sich in diesem Moment der Grauschopf um, der dem herben Friesen direkt gegenübersaß. Er stand auf und schwenkte gut gelaunt sein Bierglas. Im Stehen war er nicht viel größer als im Sitzen und trug als einziger aus der Gruppe Sportkleidung. Das ärmellose Trikot und die kurze Laufhose schlackerten um einen spindeldünnen Körper.

Aber er hatte eine kräftige Stimme. »Ob blond, ob rot, ob braun, unser Oli kennt alle schönen Fraun. Prösterchen vom Jupp!«

Dem melodischen Dialekt nach zu urteilen, stammte Jupp nicht aus Norddeutschland, sondern war ein Rheinländer. Um ihn nicht weiter zum Reden zu ermuntern, verzichtete Rosa darauf klarzustellen, dass sie nicht zu Olis weiblichem Bekanntenkreis zählte. Immerhin wussten sie und Sebi jetzt, wie der herbe Friese hieß.

Sebi schien auf diese Information noch weniger Wert zu legen als sie. Er brummelte: »Auf dem Trockenen sitzen, umgeben von Typen, die dich ungeniert anquatschen. So habe ich mir Romantik schon immer vorgestellt. Tolles Candle-Light-Dinner.« Er deutete auf den Tisch. »Bisher hat noch nicht mal jemand die Kerze angezündet geschweige denn uns etwas anderes als lauwarmes Bier und einen Klecks Suppe gebracht. Da wird das Sparschwein nicht fett.«

»Sei mal nicht so kritisch. Frau Janssen hat es gut gemeint. Aber ich fürchte, das ist etwas zu viel für sie. Und Agnes hat das Temperament einer Schlaftablette.«

»Dann bringen wir das Essen schnell hinter uns, bevor der kölsche Jung noch weitere lustige Trinksprüche grölt, während wir verdursten.«

Sebi hielt ihre leeren Gläser demonstrativ hoch. Der Einzige, der es wahrnahm, war Oli. Er schnappte sich zwei frisch Gezapfte vom Tablett, mit dem Agnes soeben herumging, und kam damit zielstrebig auf sie zu.

»Das kann man ja nicht mitansehen. Haut wech, das geht auf uns. Warum sitzt ihr allein in der Ecke? Kommt rüber.«

»Dankeschön, sehr nett.« Rosa nahm das Glas an, das er ihr reichte, und beobachtete amüsiert Sebis Reaktion. Oli hatte auch ihn überrumpelt. Ehe er ablehnen konnte, stand die Bierspende schon vor ihm. Er rang sich ein »Danke« und ein sparsames Lächeln ab, woraufhin Oli ihm verriet, was sie dank Jupp schon wussten: »Ich bin der Oli.« Dann wendete er sich wieder ihr zu. »Und wer seid ihr zwei Hübschen?«

»Ich bin Sebi, und das ist meine Frau Rosa«, übernahm Sebi das Antworten.

Oli klopfte ihm anerkennend auf die Schulter. »Hätte ich mir ja denken können, dass sie vergeben ist.« Sebis Miene verfinsterte sich, und Oli schickte grinsend hinterher: »Keine Sorge, ist nur Spaß. Bin auch vergeben. Also, die Einladung steht. Der Abend ist ja noch jung.« Damit trollte er sich wieder zu seiner Gruppe.

»Oli ... Oli.« In Gedanken murmelte Rosa den Namen. »Hat Frau Janssen nicht heute Mittag einen Oli erwähnt, mit dem sie spazieren geht?«

»Kann sein. So genau habe ich mir das nicht gemerkt.«

»Ich erinnere mich. Oli und die Watt-Walkies.«

»Frag sie doch. Ich habe es nicht mehr zu hoffen gewagt, aber sie ist mit dem Hauptgang im Anmarsch.«

Die Nordseescholle in Speckbutter mit Bratkartoffeln und buntem Sommersalat hob Sebis Stimmung ein wenig. Auch an den warmen Heidelbeerküchlein mit Vanilleeis gab es nichts auszusetzen. Frau Janssen hatte sich vielmals entschuldigt, die Kerze angezündet und die Versorgung mit Getränken übernommen. Aber dennoch – es wollte sich einfach kein rundum wohliges Gefühl der Zufriedenheit einstellen. Auch eine brennende Kerze und hervorragendes Essen machten aus dieser Veranstaltung kein Candle-Light-Dinner, dafür sorgte schon das Gesprächsthema Oli. Geradezu enthusiastisch hatte Frau Janssen bestätigt, dass er derjenige war, der ihre Pfunde zum Schmelzen brachte. Weitere ausführliche Infos waren ihm nicht erspart geblieben, da auf Rosas Eingangsfrage ein reger Austausch über Oli folgte. Mit vollem Namen hieß er Oliver Dauer und arbeitete als Masseur im Kurhaus. Die hellblonde Frau war laut Frau Janssen seine Lebensgefährtin Nele, als Verwaltungsangestellte ebenfalls im Kurhaus tätig.

Lebensgefährtin. Lächerlich. So, wie sein neuer Duzfreund ganz ungeniert mit der jungen Tischnachbarin schäkerte und obendrein Rosa anflirtete, hielt Sebi einen langen gemeinsamen Lebensweg des Paars für unwahrscheinlich.

Inzwischen war klar, dass es sich bei der munteren Gesellschaft nicht um die Watt-Walkies handelte, sondern um den Laufverein Friesenfüße. Der Stelzbock Oli und auch alle anderen am großen Tisch waren nämlich Läufer. *Ultraläufer.* In Frau Janssens Betonung hatte eine Mischung aus Ehrfurcht und leichtem Spott gelegen. Dann war sie von Agnes gerufen worden. Oli wäre abgehakt, hatte Sebi gedacht – und im selben Atemzug seinen Irrtum erkennen müssen, denn Rosa war noch mitten im Thema.

»Flinke Friesenfüße. *Deswegen* hat sie die Fußkekse gebacken. Du läufst doch jetzt auch, weißt du, was Ultraläufer bedeutet?«

»Ultraschnell, ultralangsam ... keine Ahnung. Ich weiß nur, dass *Friesenfüße* ein dämlicher Vereinsname ist.«

»Das musst du als Mitglied des Schachvereins *Mettjäger* gerade sagen.«

Ihr Konter saß. Der Spitzname Mettjäger haftete den Mattjägern seit einem Turnier in der Nachbarstadt Mettman an.

Dort hatte sein Vereinskamerad Patrick am Spieltisch provokativ ein Mettbrötchen mit Zwiebeln ausgepackt und es während der Partie verspeist. Am Ende war er von seinem Mettmaner Gegner mattgesetzt worden.

Der Lärmpegel am Tisch der Ultraläufer stieg. Es war nicht zu überhören, dass man sich dort über den New York Marathon und einen Zwölf-Wochen-Trainingsplan ereiferte. »Die laufen Marathon. Wie kann man sich so etwas nur freiwillig antun?«, kommentierte Rosa. Sebi beging den Fehler, etwas zu lange hinüberzuschauen, denn Oli bemerkte den Blick prompt. »Rosa und Sebi, denn man tau!«, wiederholte er seine Einladung quer durch den Raum.

Jupp und zwei andere Männer schlossen sich ihm an und forderten sie ebenfalls auf, zu ihnen rüberzukommen.

Ehe er dankend ablehnen konnte, sagte Rosa: »Lass uns ein Gläschen mit den Friesen trinken.«

Einerseits sträubte sich in ihm alles dagegen. Andererseits wollte er kein Spielverderber sein, und beim Thema Laufen konnte er als angehender Wuppertaler Volksläufer ein Wörtchen mitreden. »Na gut, aber nur ein Glas.«

Mehrere Gläser Bier später eröffnete Agnes mit einem *Nich' lang schnacken, Kopp in Nacken* die erste Friesengeist-Runde. Sebi wusste inzwischen, dass die fünf Kilometer, die er beim Volkslauf anstrebte, die Ultras nicht beeindruckten. Sogar ein Marathon war für sie ein Klacks, die richtigen Laufdistanzen begannen ab fünfzig Kilometer.

»Aufs Tempo kommt es uns nicht an. Wir laufen einfach nur. Je länger, je lieber«, gab ein Friesenfuß namens Achim zum Besten, der Sebi zuvor schon unangenehm aufgefallen war, als er sich über seinen Fünfkilometer-Wettkampf lustig gemacht hatte. Er saß zur anderen Seite der Brünetten und da er den gleichen Ehering trug wie sie, waren sie miteinander verheiratet. Als Nächstes protzte Achim damit, normalerweise täglich zur Arbeit und zurück zu laufen.

»Mache ich auch«, vermeldete Sebi wahrheitsgemäß. Die Räume seiner Detektei befanden sich allerdings nur eine Treppe tiefer im selben Gebäude wie seine Wohnung, was er nicht erwähnte. Der Typ ging ihm auf den Geist.

»In New York werde ich ausnahmsweise mal wieder den Turbo zünden«, ließ Achim ihn wissen und strafte damit seine eigenen Worte Lügen. Es kam ihm also doch aufs Tempo an. »Als Jugendlicher war ich ein schneller Hirsch, und eine gewisse Tempohärte ist noch vorhanden. Nicht wahr, mein Herzchen?«

Mit einem gewissen Maß an Schadenfreude registrierte Sebi, dass sein Herzchen Gesa gar nicht hingehört hatte, weil sie voll und ganz auf ihren anderen Sitznachbarn konzentriert war.

»Warum die Hetzerei?«, mischte Jupp sich ein. »Gedränge ohne Ende und total überteuert. Da lobe ich mir doch die gemütlichen Landschaftsläufe, bei denen ich Schafe zählen kann.«

Zu Sebis Erstaunen verfolgte Rosa die Unterhaltung ungewöhnlich interessiert.

»Schafe zählen?«

»Außer Landschaft und Schafen gibt's auf manchen Strecken hier in der Gegend nichts zu sehen, deswegen nennen wir es Schafe zählen«, erklärte Oli.

»In Jupps Alter kommt es eh nicht mehr drauf an«, kommentierte Achim mit einem süffisanten Grienen. »Was mich betrifft, ich stehe noch voll im Saft und stürze mich ins New Yorker Getümmel. Sollen er und die anderen weiter Deichschafe zählen.«

Sebi entging nicht, dass Jupp und Oli den Spruch alles andere als lustig fanden. Ein jüngerer Friesenfuß, der sich als Malte vorgestellt hatte, zeigte Achim einen Vogel. Er lachte zwar dabei, aber die negativen Schwingungen waren für Sebi deutlich spürbar. Hier brodelte unter der Oberfläche so einiges. Rosa schien von der Disharmonie in der Gruppe jedoch nichts mitbekommen zu haben. Ihr Blick war schon leicht glasig, ihre Wangen glühten und die rotblonden Locken schienen sich vor Aufregung noch mehr zu kräuseln, als sie plötzlich ausrief: »Ich will auch in New York laufen! Sind doch noch fast zwölf Wochen. Gleich morgen fange ich mit dem Training an.« Rosas Verstand war komplett umnebelt, anders ließ sich diese grobe Fehleinschätzung der eigenen Möglichkeiten nicht erklären.

Jupp versuchte ihr klarzumachen, dass sie die Sache mit den zwölf Wochen falsch verstanden hatte. »Der Zwölf-Wochen-Marathonplan funktioniert nur, wenn man schon Lauferfahrung hat. Als Anfängerin kannst du das vergessen. Lass dir das von ene kölsche Jung mit dreißig Jahren Lauferfahrung auf dem Buckel verzälle.«

Oli bestätigte Jupps Worte, doch Rosa ließ sich nicht beirren. »Oli, du machst mich fit! Ich will nach New York«.

Sebi traute seinen Ohren nicht, als Frau Janssen sie auch noch ermunterte. »Geiht nich, givt nich! Noch eine Runde?«

»Nein, für uns nicht mehr, Frau Janss...Wiebke!« Neun Jahre lang war die Wirtin trotz der herzlichen Verbundenheit mit ihren Stammgästen beim förmlichen Sie geblieben, doch die Friesenfüße hatten erreicht, dass sich alle mit Vornamen anredeten und duzten. Er hielt sich daran, aber die Gedanken waren frei. Deswegen war Oliver Dauer für ihn nicht Oli, sondern der Dauer. Inzwischen hatte Sebi den Überblick über die Zahl der geleerten Gläser verloren. Zu viele für Rosa, das stand fest. Auf keinen Fall noch eine Runde! Er hörte sie leicht nuschelnd sagen: »Ich wollte schon immer mal nach New York. New York, New York ... « Sie summte die Sinatra-Melodie. Eine weitere Runde Friesengeist würde den vollständigen Kontrollverlust bedeuten. Er war zwar angesäuselt, aber im Unterschied zu Rosa vertrug er einiges und fühlte sich noch im Vollbesitz seiner geistigen Kräfte. Auch der Dauer, Nele, Jupp, Achim und Gesa und Malte schienen relativ nüchtern. Sie hatten überwiegend alkoholfreies Bier bestellt und auf den Friesengeist verzichtet.

Der erste Schwung Friesenfüße verließ die Feier. Auch Gesa drängte zum Aufbruch, doch Achim maulte, der Abend habe erst angefangen, er würde dann später bei Malte mitfahren. Kaum war Gesa gegangen, verspürten kurz hintereinander erst Dauer und dann Achim ein dringendes Bedürfnis, was den kölschen Friesenfloh über die schwachen Blasen der jungen Hüpfer witzeln ließ. Achim war schnell wieder zurück, trank ein Pils auf Ex und bestellte gleich ein neues, nachdem er sich den Schaum vom Mund gewischt hatte. Anscheinend wollte er sich jetzt doch die Kante geben. Dann knüpfte er thematisch an das das an, was Jupp vor der allgemeinen Aufbruchstimmung von sich gegeben hatte.

»Schlag dir New York aus dem Kopf, Rosa. Davon bist du in jeglicher Hinsicht meilenweit entfernt«, tat er ungalant kund, um danach noch eine Schippe draufzulegen. »Vor allem bist du zu dick. Bevor du anfängst, richtig zu laufen, musst du abnehmen. Sonst ist das Verletzungs- und Überlastungsrisiko zu groß. Du brauchst eine Anpassungsphase, deine Sehnen, Bänder und Gelenke werden es dir danken.«

»Aber ich will doch durchs Laufen abnehmen. Guckt euch doch alle an, ihr seid dünne Heringe.« Rosa kämpfte mit einem Schluckauf und fuhr fort: »Sogar mein Katzenfreund Thilo hat sich fit trainiert. Ich bin es leid, ein fetter Karpfen zu sein.«

Dauer hatte wieder am Tisch Platz genommen und musste natürlich sofort Süßholz raspeln. »Du bist nicht fett. Du hast nur sehr weibliche Formen. Hör nicht auf den Klugschnacker Achim, etwas mehr auf den Rippen hindert dich nicht am Laufen. Und zum Abnehmen gibt es nun mal nichts Besseres als Bewegung.«

Noch mehr als über Dauers Süßholzraspelei ärgerte Sebi sich aber über Rosas Reaktion. Sie lächelte erfreut. Wenn er sinngemäß das Gleiche über ihre Figur sagte, ignorierte sie es bestenfalls oder tat es als unqualifizierte Männermeinung ab. Seine Antipathie gegen den Friesenschönling wuchs, wenngleich er ihn immer noch eine Nuance sympathischer fand als Turbo-Achim. Der war ein echter Kotzbrocken.

»Ich coache dich gern. Nächstes Jahr bist du topfit und kannst beim Gorch-Fock-Lauf in Wilhelmshaven dabei sein. Halbmarathon. Den schaffst du dann locker, wetten?«

Jetzt übertrieb es der dreiste Dauer. Dieser Meinung war offenbar auch Nele, die ihrem Lebensgefährten einen unmissverständlichen Seitenblick zuwarf. Rosa jedoch war nicht zu bremsen und rief: »Jawoll, ich wette mit dir auf mich! Da bin ich dabei, du kannst mich anmelden!«

Demonstrativ schaute Sebi auf seine neue Apple Watch, die er sich extra für das Lauftraining angeschafft hatte. »Schön, euch kennengelernt zu haben. Aber jetzt werden wir mal Kurs auf unser Zimmer nehmen. Gute Nacht allerseits.«

Rosa sträubte sich zum Glück nicht, als er sie sanft hochzog. Aber sie fragte den Dauer: »Wann beginnt denn das Training? Wir sind drei Wochen hier.«

»Wie wär's mit morgen früh halb sieben? Da gehe ich eine Runde mit den Watt-Walkies. Für den Anfang ist das genau richtig.«

»Ja, komm doch mit«, zeigte sich auch Wiebke von der Idee angetan.

Sebi wollte an Rosas Stelle antworten, dass sie ganz bestimmt ausschlafen und den Sonntagmorgen im Bett verbringen wollten, als sie ihm zuvorkam. »Warum eigentlich nicht? Wiebke, weckst du mich bitte morgen um sechs?«

4
Schnapsidee

»Es ist Punkt sechs, heraus aus den Federn!«

Rosa versuchte, die Aufforderung zu ignorieren. Doch Wiebke kannte kein Erbarmen. Der Rhythmus des penetranten Klopfens an der Tür vermischte sich auf unangenehme Weise mit einem Pochen unter ihrer Schädeldecke. Rosa erinnerte sich dumpf daran, dass sie selbst darum gebeten hatte, aus dem Schlaf gerissen zu werden. *Warum eigentlich nicht? Wiebke, weckst du mich bitte morgen um sechs?* Sie sollte dem Alkohol für alle Male entsagen. Jetzt, im nüchternen Zustand, fielen ihr eine Menge Gründe für das *Warum eigentlich nicht* ein – und kein einziger für das *Warum.*

»Beeil dich, damit wir noch eine Kleinigkeit frühstücken können«, rief Wiebke durch die geschlossene Tür. »Nimm eine leichte Jacke mit, wir gehen über den Deich. Hast du Sportschuhe? Rosa!? Bist du wach?«

»Was ist los?«, fragte Sebi verschlafen und richtete sich halb auf. Nachdem er die Augen kurz geöffnet und einen flüchtigen Blick auf seine Smartwatch geworfen hatte, ließ er sich stöhnend wieder in die Waagerechte fallen. Die Bettdecke rutschte dabei herunter. Rosa sah, wie er die Knie Richtung Bauch zog. Schon Sekunden später drang aus seinem leicht geöffneten Mund ein leiser Schnarchton. Er war schon wieder eingeschlummert – in der von ihm bevorzugten fötalen Haltung. Die hatte er sich angewöhnt, weil bei seiner Körperlänge sonst die Füße immer in der Luft hingen.

Offenbar hatte Wiebke es aufgegeben, ihren Gast aus dem Bett zu scheuchen. Rosa lauschte auf Geräusche aus dem Flur, aber alles blieb ruhig. Wie war sie nur auf die Idee gekommen? Der reichliche Alkoholgenuss. Natürlich. Dafür war das Wort Schnapsidee schließlich erfunden worden. Aber da gab es noch etwas anderes. Sie versuchte, dieses Andere zu ergründen. Nicht allein der Alkohol hatte sie getrieben. Ihr Blick wanderte vom ausgepackten Koffer zum Wandschrank. Darin hingen jetzt die Kleider. Ungeachtet der Tatsache, dass die meisten mindestens eine Nummer zu klein waren, hatte sie alle mitgenommen, die sie besaß. Auch ihr champagnerfarbenes Lieblingskleid, in das sie sich beim besten Willen nicht mehr hineinzwängen konnte. Die anderen saßen um die Taille ebenfalls zu eng. Nur in die Sackartigen passte sie gut hinein. Die waren bequem, aber unförmig, und sie sah darin noch dicker aus, als sie war.

Jetzt fiel ihr wieder ein, warum sie den Wunsch geäußert hatte, sich in der Frühe wecken zu lassen. Wiebke hatte acht Kilo in drei Monaten wegspaziert. Bis zur Trauung waren es noch knapp drei Wochen. Mit Frühsport könnte sie das schöne champagnerfarbene Kleid anpeilen. Darin zu heiraten, war ein Ziel, für das es sich zu kämpfen lohnte.

Zu allem entschlossen sprang Rosa auf. Die Erschütterung registrierte sogar Sebi und ächzte im Schlaf. Sie deckte ihn zu, bevor sie zum Wandschrank ging. Was zog man zum Walking an? Leggings? Nein, da zeichnete sich jede Delle ab. Am Ende entschied sie sich für die hässliche, aber locker sitzende beige Freizeithose. Dazu ein graues Oversized T-Shirt aus Mikrofaser. Sie kramte noch stützende Unterwäsche aus der Schublade und zog sich im Badezimmer an. Zähneputzen war schnell erledigt, danach schaufelte sie reichlich kaltes Wasser ins Gesicht und trug eine Antifalten-Tagescreme auf. Eine Creme, die das Geld nicht wert war, wie ihr der Anblick einer verkaterten, alles andere als faltenfreien Mittvierzigerin im Spiegel vor Augen führte. Und ihre Haare! In alle Richtungen abstehende krause Locken, eine Katastrophe. So konnte sie nicht vor die Tür gehen. Rosa bürstete einmal kurz durch und raffte das Gekräusel am Hinterkopf mit einem Gummiband zusammen. Das musste reichen.

Zu ihrer Überraschung sprach Sebi sie an, als sie das Bad verließ. »Guten Morgen Schatz. Was hast du vor?« Seine Lider fielen schon wieder zu, die Antwort schien ihn nicht sonderlich zu interessieren. Sie hauchte ihm ein flüchtiges Küsschen auf den Mund, und klärte ihn trotzdem auf, dass sie mit Wiebke zum Walking verabredet war. Sofort öffnete er die Augen wieder und schien plötzlich hellwach zu sein.

»Wohl eher mit dem Stelzbock.«

Rosa war gerade dabei, die wandertauglichen Schuhe zu schnüren. Sie schaute kurz hoch zu Sebi.

»Welcher Stelzbock?«

»Na, der Dauer. Der hat es drauf angelegt.«

»Du redest wirres Zeug.«

»Was ist daran wirr, wenn du dich wegen dem um sechs aus dem Bett quälst?«

»Wegen wem?«

»Na, wegen dem Dauer. Der schöne Friesen-Oli, der sich dir als Coach angedient hat.«

Olis Nachnamen hatte sie nicht mehr auf dem Schirm gehabt. Der gereizte Ton, in dem Sebi seine Unterstellung von der Bettkante aus vorbrachte, ließ keinen Zweifel daran, dass er ernsthaft glaubte, was er sagte. Sie schlüpfte rasch in ihre Windjacke, ehe er sich weiter in das Thema Oliver Dauer hineinsteigern konnte. Ihr fehlte Zeit und Lust, mit ihm über die Absurdität seiner Behauptung zu diskutieren.

»Tschüss, ich muss los. Schlaf einfach weiter«, rief sie ihm zu und huschte aus dem Zimmer in den Flur.

Im Frühstücksraum erinnerte nichts mehr an die Feier. Alles war aufgeräumt, die Tische standen wieder an ihren üblichen Plätzen. An einem der Zweiertische saß Wiebke, die beim Anblick von Rosa übers ganze Gesicht strahlte. »Moin, Rosa. Freut mich, dass du doch mitgehst. Jetzt musst du hinne machen. Tee ist schon fertig, bedien dich.« Sie stellte zum Arrangement aus Teekanne, Sahnekännchen und Zuckerdose ein zusätzliches Gedeck für Rosa auf den Tisch. »Dazu ein Brötchen mit Butter und Honig?«

»Dankeschön, aber Tee reicht vollkommen. Wir können gleich los, ich habe keinen Hunger.«

Rosas höfliche Ablehnung fand bei Wiebke kein Gehör. »Tanterlatant, für ein kleines Frühstück reicht es immer. So viel Zeit muss sein.« Sie eilte in die Küche und kehrte mit einem Teller zurück, auf dem das Honigbrötchen bereits fertig geschmiert neben einer Serviette lag. Kaum hatte Rosa in eine Hälfte hineingebissen, war sie froh, etwas in den Magen zu bekommen.

»Wo treffen wir uns mit den anderen?«, erkundigte sie sich in der Hoffnung, dass nicht schon der Gang dorthin ihre Kräfte übersteigen würde.

Wiebkes Antwort beruhigte sie. Der Startpunkt war das Rondell an der Promenade, und das befand sich nur fünf Gehminuten entfernt am neuen Weltnaturerbeportal *Wattnblick*. Gegen dessen Errichtung, verbunden mit einer Deicherhöhung und vielen Baumaßnahmen, hatte sich vor ein paar Jahren eine Bürgerinitiative zusammengeschlossen, der auch Wiebke angehörte. Inzwischen schien sie sich an die Verschandelung, wie sie die Neubauten auf dem Areal nannte, gewöhnt zu haben. Jedenfalls schimpfte sie nicht mehr ständig darüber.

»Moin, Wiebke. Und dir auch noch mal guten Morgen, Schatz«, ließ sich plötzlich eine bekannte männliche Stimme vernehmen. Rosa trank schnell einen Schluck Tee, um den

Brötchenkrümel runterzuspülen, der ihr bei Sebis unerwartetem Auftauchen beinahe im Hals stecken geblieben wäre.

»Ich hoffe, ihr habt nichts dagegen, wenn ich mich euch anschließe?«

Angesichts des Outfits – neongelbe Joggingschuhe, knielange eng anliegende Hose und ärmelloses Leibchen – erstaunte sie seine als Frage getarnte Mitteilung kaum. Wiebke goss einen weiteren Filterkaffee aus der großen Thermoskanne ein, die auf einem Servierwagen für die Gäste bereitstand. »Moin, Sebi. Natürlich kannst du mitkommen. Dein Spezialgebräu kann ich dir auf die Schnelle nicht anbieten. Ich fürchte, fürs Frühstück reicht es zeitlich auch nicht mehr. Aber ich mache dir schnell ein Klappbrot fertig für unterwegs.« Ohne eine Antwort abzuwarten, flitzte sie wieder in die Küche.

Sebi setzte sich, gähnte und zeigte danach betont munter auf seine Schuhe. »Habe ich mir fürs Training zugelegt und noch nie getragen. Die werde ich gleich einlaufen.«

Rosas Blick wanderte von den Schuhen, auf denen *Racer* stand, zu seinen nackten Waden und Armen. »Du hast da was falsch verstanden. Wir rennen nicht, wir walken. Guck mal raus, es ist wolkenverhangen und windig noch dazu. Du wirst frieren.«

Eine knappe Stunde später rann Rosas Schweiß unter der Windjacke in Strömen, und das trotz Wolken und frischer Brise. Ihre Kondition war noch mäßiger als vermutet. Beäugt von friedlich grasenden Schafen, war die Gruppe erst am Deich entlang in Richtung Vareler Hafen losgezogen und nach ungefähr einem Kilometer in einen Feldweg abgebogen. Dieser führte durch weite Wiesen wieder zurück an den Deich bis zum Strand. Als kleine Rundwanderung hätte Rosa das voll und ganz gereicht, aber es ging weiter. Am Strand entlang, zum Observatorium mit dem astronomischen Pfeiler, am Spielplatz hinterm Deich vorbei und wieder zur Promenade. Sie überholten ein gemütlich schlendernes Paar. Neidisch sah Rosa, dass die beiden sich auf einer Bank am Deich niederließen, während sie winddicht eingepackt im eigenen Saft schmorte. Außerdem waren ihre Wanderschuhe viel zu schwer. Mit diesen Bleigewichten an den Füßen wurde inzwischen jeder Schritt zur Qual. Sie konnte nicht mehr.

Schnaufend blieb sie stehen, schlang sich die Jacke um die Hüften und knotete die Ärmel über dem Bauch zusammen. Dadurch fielen sie und Oli noch weiter zurück. Sebi walkte mit Wiebke und Beeke-Luise vorneweg. Wobei *walken* für Sebis Fortbewegungsart im Zickzack nicht der richtige Ausdruck war. Gelegentlich joggte er ein paar Schritte, dann ließ er sich wieder zurückfallen und tänzelte mal links, mal rechts an den anderen vorbei. Immer wieder schaute er über die Köpfe von Dortje, Uwe, Ulla und Fridbert, die mit kleinem Abstand folgten, hinweg zu Oli und ihr. Seinen friesisch-herben Charme hatte Oli zuvor gerecht unter den mitwalkenden älteren Damen aufgeteilt, die ihn unübersehbar alle anhimmelten. Von Wiebke wusste sie, dass Ulla und Dortje auch seine Dienste als Masseur in Anspruch nahmen. Sobald er sich den beiden rüstigen Rentnerinnen zugewendet hatte, taugten deren Ehemänner nur noch als Statisten. Ulla und Dortje hakten Oli unter, lachten, scherzten und amüsierten sich, während Uwe und Fridbert unbeachtet hinterhertrotteten. Das alles konnte Rosa von hinten so lange ungestört beobachten, bis der Schweißausbruch sie ablenkte und Oli es an der Zeit fand, sich um sie zu kümmern. Rosa wäre es lieber gewesen, weiter allein zu leiden, aber er wich ihr nicht mehr von der Seite und faselte etwas von einem persönlichen Wohlfühltempo, das sie erst einmal ganz tiefenentspannt für sich herausfinden müsste.

Inzwischen hatte sie jedoch etwas anderes herausgefunden: Oli war verrückt. Das schloss sie aus dem, was er über sein bewegtes Leben als Ultraläufer zum Besten gab. Wahrscheinlich war der ganze Friesenfußverein ein Klub der Durchgeknallten. Alle total plemplem, besessen von einer manischen Laufsucht, besonders aber Oli, Malte und sogar der kölsche Jupp in seinem fortgeschrittenen Alter. Die drei wollten nächstes Wochenende einen Tag und eine Nacht lang um den Sander See laufen. Vierundzwanzig Stunden! Auf einem Rundkurs von knapp zwei Kilometern, der auf ausgebauten Wanderwegen um den See führte. Sie hatte das erst für einen Scherz gehalten, aber nein, er meinte es todernst. Achim wäre bei dieser Aktion normalerweise auch dabei gewesen, aber wegen seines Starts beim New-York-City-Marathon würde er verzichten und seine Sportsfreunde nur dreißig Kilometer begleiten. *Nur*, wohlgemerkt.

»Ein langsamer Dreißiger passt perfekt in seinen Trainingsplan«, erklärte Oli. Zu allem Übel schien er auch noch ein Kräutertee-Junkie zu sein und nuckelte andauernd an seiner Flasche, in der sich nach eigenem Bekunden eine Teemischung aus Löwenzahn, Petersilie und Pfefferminze befand. »Lecker, gesund und sehr belebend. Kann ich nur empfehlen. Möchtest du mal einen Schluck probieren?«

Obwohl sie durstig war, lehnte Rosa den Speicheltausch mit Oli entschieden ab. Die anderen waren bereits am Ausgangspunkt angekommen und warteten. Gleich hatte sie es geschafft, endlich!

Doch während Oli die Flasche wieder an seinem Gürtel befestigte, drohte er ihr einen abschließenden Leistungstest an. »Wir ermitteln jetzt deinen Maximalpuls. Darauf basierend erstelle ich dir einen vernünftigen Trainingsplan für die drei Urlaubswochen. Vor eurer Abreise wiederholen wir den Test und ich übernehme das Ferncoaching für dich. Alle vier Wochen schicke ich dir einen angepassten Trainingsplan für den Gorch-Fock-Lauf per E-Mail zu.«

»Den Maximalpuls habe ich längst erreicht«, wehrte Rosa ab.

Wenn doch nur Sebi merken würde, dass seine Hilfe als Retter in der Not dringend benötigt wurde. Doch Sebi, der sich eben noch im Sekundentakt umgesehen hatte, sprach gerade mit Wiebke, und Oli ließ ihren Einwand nicht gelten, sondern klopfte ihr aufmunternd aufs Hinterteil. »Da gibt es noch viel Luft nach oben. Lass mich mal deinen Puls fühlen.« Er ergriff ihre Hand und legte die Spitzen seines Zeige- und Mittelfingers mit sanftem Druck auf die Innenseite ihres Handgelenks. »Eine halbe Minute bitte nicht bewegen. Ich zähle die Schläge.« Während Oli sich auf ihren Pulsschlag konzentrierte, sah Rosa, dass Sebi zum Sprint in ihre Richtung ansetzte. Seine neongelben *Racer* kamen neben Oli zum Stehen.

»Gehört Händchenhalten bei dir auch zum sportlichen Ertüchtigungsservice?«

»Er misst meinen Puls«, versuchte Rosa zu deeskalieren. Zum Glück hatte er nicht Olis tätschelnde Hand auf ihrem Po gesehen.

»Rosa, verrätst du mir dein Alter?« Entweder hatte Oli Sebis Bemerkung überhört, weil er so aufs Zählen konzentriert gewesen war, oder er wollte nicht darauf eingehen.

»Noch fünfundvierzig. Warum?«

»Pi mal Daumen ist dein Puls okay für ein untrainiertes flottes Walking. Es gibt eine einfache Formel, mit der sich ein grober Richtwert errechnen lässt. Da liegst du altersmäßig im grünen Bereich. Sebi, wie sieht es bei dir aus, was sagt deine Uhr?«

Verblüfft registrierte Rosa, dass Sebi wie ein folgsamer Junge auf die Uhr schaute und sich von Oli ebenfalls zu einem Leistungstest bequatschen ließ. Dieser Friesen-Oli hatte etwas an sich, das Widerspruch im Keim erstickte. Vielleicht beherrschte er irgendwelche Suggestionstechniken. Rosa schätzte sich selbst als tendenziell durchsetzungsstark ein, aber gegen Oli kam selbst sie nicht an. Sebi hatte er auch eingelullt – nun gut, das wollte nichts heißen.

»Rosa, du joggst langsam bis zur nächsten Bank, drehst dann um und rennst volle Pulle zu mir zurück. Ich messe fünfzehn Sekunden Puls, dann wiederholen wir das Ganze noch zweimal. Sebi, du hast schon Trainingserfahrung und aufgewärmt bist du durchs Gehen auch. Deswegen spurtest du bis zu dem Baum da hinten und zurück, auch insgesamt dreimal. Gib jedes Mal alles, was drin ist.«

Angefeuert von Wiebke und den Watt-Walkies, die ein Spalier bildeten, absolvierten sie beide den ihnen auferlegten Test. Während Sebis neongelbe Schuhe erstaunlich flink über die Promenade flogen und er Olis Anweisungen mustergültig umsetzte, hatte Rosa das Gefühl, sich schwerfällig wie eine Dampfwalze zu bewegen. Puste und Kräfte schwanden zusehends. Nach dem dritten Hin und Zurück wusste sie, dass dies ihre letzte Laufeinheit gewesen war. Nicht nur heute, sondern für immer. Lieber wollte sie dick durchs Leben gehen, als sich dünn hindurch zu quälen. Den Erkenntnisgewinn hatte die Sache neben Luftnot und schmerzenden Füßen immerhin gebracht. Und was die Wette anbelangte: Lautete das olympische Motto nicht *Dabei sein ist alles*? Nun, *dabei sein* konnte sie ja beim Gorch-Fock-Lauf. Aber nicht auf, sondern an der Strecke. Zugucken, das würde sie schaffen. Mehr nicht.

Oli lobte Sebi, der geschmeichelt grinste, und versuchte anschließend, sie mit einem seiner Sprüche aufzubauen. »Dein Puls lag zuletzt fast vierzig Schläge höher als bei der ersten Messung. Du hast toll durchgehalten, Rosa. Und du wirst bald merken, der Mensch ist für Bewegung geschaffen. Wie sagte schon die Lauflegende Emil Zátopek: *Vogel fliegt, Fisch schwimmt, Mensch läuft.* Bewegungsmangel ist die Wurzel allen Übels. Ich bin der Meinung, jeder nach seiner Fasson, in seinem Tempo. Ob gehen oder laufen ist egal, Hauptsache Bewegung auf zwei Beinen – vorausgesetzt natürlich, man hat zwei gesunde Beine.«

Sebi konnte Rosa ansehen, dass sie, was Bewegung anbelangte, anderer Meinung war und Oli dies klipp und klar sagen wollte. Sie holte schon tief Luft, doch Oli brüllte unvermittelt los. »Engel!!!« Das galt offenbar einem Mann, der in einiger Entfernung an seinem Fahrrad lehnte und in ihre Richtung starrte. Sebi hatte ihn vorher nicht wahrgenommen, da er völlig regungslos dastand und unauffällig sandfarbene Kleidung trug. Er verschmolz förmlich mit der Umgebung. Nachdem Sebi aber auf den Typen aufmerksam geworden war, verursachte ihm dessen durchdringender Blick sogar auf diese Distanz Unbehagen. Er roch den nahenden Ärger, noch bevor der als Engel Bezeichnete Oli unvermittelt den Stinkefinger zeigte und dazu grölte: »Du schmieriges Stück Scheiße!«

»Engel, hören Sie auf damit. Wenn Sie nicht sofort verschwinden, rufe ich die Polizei.«

Olis Worte schienen Engel wenig zu beeindrucken. Er blieb stehen, wo er war, und gab weitere Beleidigungen von sich.

»Beachtet den Stalker nicht weiter. Das ist Moritz Engel, Neles Ex-Freund. Es gibt eine einstweilige Anordnung, nach der er keinerlei Kontakt zu uns aufnehmen darf. Eigentlich verstößt er jetzt schon wieder dagegen, aber solange er sich Nele und mir nicht nähert, ist es eine rechtliche Grauzone. Das weiß er.«

»Ja, diese Grauzonen kenne ich nur zu gut.«

»Wurdest du auch schon gestalkt?«

»Nein. Ich bin Detektiv. Und früher war ich Polizist. Da erlebt man einiges in der Richtung.«

»Das ist ja fantastisch«, freute sich Dauer. »Ich bin dankbar für jeden Profitipp, wie wir uns den Irren vom Hals schaffen können. Der ist unberechenbar. Ich fürchte wirklich, dass er früher oder später durchdreht, sich eine Pistole besorgt und auf mich losgeht. Aber auf der Wache tun die angeblichen Freunde und Helfer immer so, als bestünde kein Anlass zur Sorge.«

Während der letzten Ferien in Dangast war Sebi der Katzenfall in die Quere gekommen. Einen Stalking- oder gar Mordfall brauchte er in diesem Urlaub nicht on top. Sebi war dankbar für Rosas Erschöpfung. Normalerweise wäre sie bestimmt auf das Thema angesprungen, doch sie schnaufte immer noch und schien ebenso wenig wie er motiviert zu sein, sich damit zu befassen. Der Gestalkte schaute ihn indes erwartungsvoll an. Zum Glück erlöste Wiebke Sebi aus der unangenehmen Situation, indem sie zum Aufbruch drängte. Agnes und die Küchenhilfe brauchten ihre Unterstützung.

Sebi riet Dauer nur knapp, jede weitere Stalking-Aktivität von Engel zu dokumentieren, am besten mit Foto- oder Videomaterial, und sich damit nochmals an die hiesige Polizei zu wenden.

Nachdem sie sich von den Watt-Walkies verabschiedet hatten, erzählte Wiebke auf dem Weg zur Pension, dass Moritz Engel nicht zum ersten Mal Oli frühmorgens hier auflauerte. Sie hielt das für eine lästige, aber nicht weiter bedenkliche Sache. »Der Mann ist krank vor Eifersucht. Das wird sich schon geben. Oder wie man bei uns sagt: Dat löpt sich allens torecht. Die Zeit heilt gebrochene Herzen.«

5
Lebensläufe

»Moin, ich bin's, leg nicht auf. Bitte. Es ist wichtig.«

Beim Annehmen des Telefonats kurz vor Feierabend hatte Nele schon geahnt, dass es ihr Ex sein könnte. Moritz kannte ihre Durchwahl und versuchte nicht zum ersten Mal, sie mit einer anonymen Nummer bei der Arbeit zu erwischen. Zum Glück saß sie allein im Büro, ihre Kollegin war schon fort.

»Wann hörst du endlich damit auf? Es ist sinnlos, ich beende jetzt das ...«

»Warte, bevor du mich wegdrückst«, fiel er ihr ins Wort. »Hör mir nur ganz kurz zu, ich muss dir etwas sagen. Oliver betrügt dich, und er tut es nicht zum ersten Mal.«

Damit traf Moritz einen empfindlichen Nerv.

»Woher willst du das wissen?«

Die Frage kam ihr automatisch über die Lippen. Im selben Moment bereute Nele schon, sie gestellt zu haben. Es war eine Aufforderung zum Weiterreden, und sie wollte sich nicht in ein Gespräch verwickeln lassen. Außerdem fürchtete sie sich vor der Antwort.

»Aus sicherer Quelle. Kein halbwegs attraktiver weiblicher Kurgast unter fünfzig ist vor Oliver sicher. Er steigt jeder nach. Wenn du ehrlich zu dir selbst bist, weißt du das auch. Das muss doch bis zu dir in die Verwaltung vorgedrungen sein.«

»Moritz, ich kenne die Gerüchte. Da ist nichts dran. Oli ist nett zu den Gästen, zu Männern und Frauen gleichermaßen. Manche Frauen interpretieren da mehr hinein.«

Sie rechnete mit einem gehässigen Lachen, aber zu ihrem Erstaunen blieb Moritz sachlich. »Es tut mir leid für dich, aber das sind keine Gerüchte. Und er massiert nicht nur Kurgäste besonders einfühlsam. Er treibt es mit einer Frau, die du kennst.«

Nele fühlte, wie ihr Tränen in die Augen schossen. Zum Glück konnte Moritz sie nicht sehen, aber das Zittern in ihrer Stimme würde ihm verraten, dass die Saat seiner Worte auf fruchtbaren Boden gefallen war. Denn sie vertraute Oli nicht, hatte ihm nie wirklich vertraut. Ein harmonisches Miteinander gab es immer seltener. Liebte er sie noch? Hatte er sie je geliebt? Sie wusste es nicht. Manchmal wusste sie auch nicht mehr, ob sie selbst ihn liebte. Obwohl ihre Beziehung noch jung war, häuften sich die Streitereien. Es ging immer um zwei Dinge: seine Laufbesessenheit und seine ständigen Flirtereien. Sie war selbst eine begeisterte Marathonläuferin, auch einen Ultralauf über fünfzig Kilometer hatte sie schon absolviert. An grundsätzlichem Verständnis mangelte es ihr daher keinesfalls – aber bei Oli nahm das Ganze allmählich krankhafte Züge an. Als sie deswegen im Internet recherchiert hatte, war sie auf Verhaltenssüchte und einen älteren Bericht über *Donjuanismus* gestoßen. Dieser veraltete Ausdruck stand für Sexsucht. Danach hatte sie mehrere aktuelle Artikel darüber gelesen und seither nagten die Zweifel an ihr.

Wie oft hatte sie ihm vorgeworfen, ein Weiberheld zu sein. Könnte es stimmen, war Oli nicht nur laufsüchtig, sondern auch sexsüchtig? Dieser ewige Hang, jedem Rock hinterher zu gaffen ... Sie schluckte, um den Kloß in ihrem Hals zu lösen, bevor sie Moritz antwortete. »Üble Nachrede, mehr nicht. Er flirtet gern, was mich offen gestanden zunehmend nervt, aber alles ganz harmlos. Es ist seine Art. Die Frauen lügen. Wahrscheinlich Rache, weil sie sich etwas erhofften und dann abgewiesen wurden ...«

Diesmal lachte Moritz tatsächlich leise auf. Es lag keine Gemeinheit darin, eher ohnmächtige Verzweiflung, und das fand Nele noch schlimmer.

»Du machst dir etwas vor. Ich verstehe, dass du es nicht wahrhaben willst. Für ihn hast du so viel aufgegeben. Damit meine ich nicht mich, sondern deine – unsere – gesamte Lebensplanung. Wir waren zusammen glücklich, wir wünschten uns ein Kind. Irgendwann ist es zu spät dafür, wir sind beide fast vierzig.« Er hielt inne, eine Pause, die sie hätte nutzen können, die Verbindung zu unterbrechen. Aber die drei Sekunden verstrichen. »Nele, ich weiß nicht mehr weiter. Mein Leben ist aus dem Ruder gelaufen. Meinst du, ich fände es toll, Oliver und dir hinterher zu spionieren? Bis er ohne Rücksicht auf Verluste alles zerstört hat, war ich ein umgänglicher, friedliebender Mensch. Sechs Monate später habe ich eine Anzeige am Hals, die Leute halten mich für einen unzurechnungsfähigen Irren, und ich denke immer öfter, dass sie recht haben. Denn ich hasse ihn. Gut, dass ich keine Waffe besitze. Was ist nur aus mir geworden?«

Nele schwieg. Ein neuer, noch größerer Kloß setzte sich in ihrer Kehle fest, und ihre Augen waren bei der Erinnerung an die Zukunftspläne mit Moritz wieder feucht geworden.

»Sag mir eines, Nele: Bist du glücklich mit ihm? Auch, wenn er es nicht schafft, seine Finger von anderen Frauen zu lassen? Wenn du diese Frage ganz ehrlich mit Ja beantworten kannst, dann versuche ich es zu akzeptieren und lasse dich ein für alle Mal in Ruhe.«

Ein Ja wäre gelogen. Sie sagte: »Vielleicht wäre ich glücklich, wenn du das tätest, Moritz. Wenn du uns beide endlich in Ruhe lassen würdest.« Es folgte eine angestrengte Stille, in der sie ihn atmen hörte. Dann legte er ohne ein weiteres Wort auf.

Am Jadebusen war es keine Selbstverständlichkeit, das Meer zu sehen. Rosa konnte sich noch gut an ihren ersten Urlaub in Dangast erinnern, in dem sie bezweifelt hatte, sich überhaupt an der Nordsee aufzuhalten. Mit traumwandlerischer Sicherheit waren sie und Sebi immer bei Niedrigwasser zum Strand spaziert, und hatten nichts außer graubrauner Matsche zu Gesicht bekommen. Nur endloser Schlick, kein Meer weit und breit. *Sie müssen sich nach dem Gezeitenkalender richten*, hatte Wiebke ihnen damals erklärt, als sie am dritten Urlaubstag beim Frühstück gefragt hatte, wo das Wasser sei. Die Pegelvorhersagen stammten von der Tidenstation in Wilhelmshaven und gaben zuverlässig an, wann das Wasser seinen höchsten Stand erreichte. Inzwischen wusste sie, dass Ebbe und Flut zweimal täglich im Sechsstundenrhythmus kamen. Die genauen Zeiten, die sich von Jahr zu Jahr änderten, ließen sich online checken, trotzdem hatte sich Rosa in der Touristen-Information eine Übersicht auf Papier geholt. Normalerweise gab es die Ausdrucke auch bei Wiebke, aber die hatte nicht rechtzeitig für Nachschub gesorgt. Es kam Rosa vor, als ob Wiebke etwas nachlässig würde. Noch im Frühjahr schien die Pension ihr Lebensinhalt gewesen zu sein, so wie auch in den Jahren davor. Doch die Prioritäten hatten sich wohl geändert. Sie vergaß Tischreservierungen, an der Rezeption herrschte dort, wo sich sonst Faltblättchen für Touristen stapelten, gähnende Leere – und wie Rosa heute früh hatte feststellen müssen, war obendrein die Gebäckauswahl der privaten Konditorei beträchtlich geschrumpft. Allem Anschein nach arbeitete die Wirtin auch weniger fleißig in ihrer Backstube. Rosa musste die nächste Gelegenheit nutzen, um allein mit ihr zu reden. Hoffentlich hatte Wiebke sich, wie telefonisch vor Wochen zugesichert, um den Beamer für die Hochzeits-Videogrüße gekümmert.

Das *Wattnblick* am Deich, wo sie sich zur Walking-Tour getroffen hatten, war die zentrale Anlaufstelle für Touristik. Darin befanden sich auch die Kurverwaltung und ein Souvenirshop mit allerlei touristischem Schnickschnack, in dem Sebi immer Mitbringsel für sein Töchterchen Frieda kaufte. Mit dem Gezeitenkalender und einigen Flyern in der Hand schaute Rosa vom Deich auf die bunten Strandkörbe, die, dicht an dicht stehend, den Badegästen Schutz vor Wind und Sonne boten. Es sah so aus, als ob kein einziger frei wäre. Spätsommerlicher Hochbetrieb. Es war aber nicht nur voller, als sie es aus ihren Aufenthalten im Frühling kannte, sondern die warme Jahreszeit lockte auch ein anderes Publikum an. Sie sah viele junge Familien. Scharen von Kleinkindern planschten im flachen Wasser oder buddelten im Sand. Was für ein Unterschied zum März und April. Nach den Osterferien überwogen hier Kurgäste ab mittlerem Alter aufwärts. Nur ganz Hartgesottene wagten sich dann schon zum Schwimmen in die eiskalte See. Kurz entschlossen drehte sie noch einmal um. Der Wetterbericht für die Woche klang vielversprechend, nur morgens bewölkt, sonst Sonne satt, und die Touristen-Information hatte noch eine Viertelstunde geöffnet. Sie würde spontan einen Strandkorb mieten und Sebi damit überraschen. Keine fünf Minuten später verließ sie das Gebäude mit einer Tageskarte für den komfortablen XL-Strandkorb. Dessen Maße erschienen ihr angebracht, denn Sebi und sie waren schließlich beide nicht die schmalsten. Als sie die Karte in ihre Umhängetasche steckte, prallte sie fast mit jemand zusammen.

»Sorry«, setzte sie an – und erkannte gleichzeitig die Frau, mit der sie beinah kollidiert wäre. »Nele, du bist das. Moin.«

»Oh, tut mir leid, meine Schuld. Ich war in Gedanken.« Nele nahm jetzt erst wahr, wer vor ihr stand, und schien leicht überfordert zu sein. »Moin! Moment, du bist …«

»Rosa«, half Rosa ihr auf die Sprünge.

»Ah, jetzt, da du es sagst … na klar. Mein Namensgedächtnis ist leider löchrig wie ein Sieb.« Nele hob die Mundwinkel zu einem Lächeln. Es wirkte etwas gequält auf Rosa, die gleichzeitig die geröteten Augen und die verschmierte Wimperntusche bemerkte. Offenbar hatte Nele geweint und bestimmt war es ihr unangenehm, ausgerechnet jetzt einer Bekannten begegnet zu sein. »Na, dann werde ich mal weiter...«, wollte Rosa sich verabschieden.

»Hast du zufällig ein paar Minuten?« Nele schniefte und schaute zu Boden. »Ich weiß, das ist ein Überfall, aber ich möchte dich etwas fragen.«

»Na klar habe ich Zeit, schließlich bin ich im Urlaub. Sollen wir ein Stück gehen?«

Schon während Rosa den Weg zur Pension im gefühlten Maximalpuls gerannt war, hatte sie geahnt, dass Sebi ihr Vorwürfe machen würde. Seit ihrem unfreiwilligen Aufenthalt im Keller des irren Doktors, dem sie nur mit Mühe und mit seiner Hilfe entkommen war, geriet er schnell in Sorge, wenn sie sich verspätete und er sie nicht erreichen konnte. Sie hatte ihm eine Nachricht schicken wollen, als sich abzeichnete, dass die Unterhaltung mit Nele länger dauern würde, was jedoch am leeren Akku ihres Handys gescheitert war. Aus den Minuten, um die Nele sie gebeten hatte, war dann über eine Stunde geworden. Entsprechend ungeduldig wurde sie von Sebi erwartet. Die Entschuldigung mit dem Akku ließ er nicht gelten und lag mit der Vermutung, dass sie sich unterwegs Katzenvideos angeschaut hatte, durchaus richtig. Monika ließ ihr täglich neue zukommen.

»Habe ich dir doch schon oft gesagt, Videos gucken saugt das Handy leer. Achte da doch mal drauf«, grummelte er. Zum Glück stimmte ihn die Aussicht auf einen entspannten Strandkorbtag sofort versöhnlich und das Thema war für ihn erledigt. Das wiederum erzeugte in Rosa Unmut, denn ihrem Bericht über den Grund der Verspätung lauschte er desinteressiert vom Fernsehsessel aus und betätigte dabei die Fernbedienung.

»Wir sind dann zusammen in Richtung Strand geschlendert.«

»Aha.« Er zappte von der ARD zum ZDF.

»Auf einmal begannen ihre Schultern zu beben und alle Dämme brachen. Ich habe versucht, aus den abgehackten Sätzen schlau zu werden, die sie unter Schluchzen von sich gab.«

»Hmm.« NDR.

«Du glaubst nicht, was sie mich dann gefragt hat.«

»Hmm.« FRF.

»Friesischer Rundfunk? Hallo? Hörst du mir überhaupt zu?«

»Sicher, und du hast recht. Ich habe nicht den Hauch einer Ahnung, was sie dich gefragt haben könnte.« Sebi studierte das Angebot der 3sat-Mediathek.

»Etwas völlig Absurdes.«

»Hmm?«

»Ob mit Oliver und mir was *läuft*. Also, du weißt schon.«

»Nun gut.« Sebi schaltete aus, legte die Fernbedienung zur Seite und schenkte ihr endlich seine volle Aufmerksamkeit. »Vermutlich meinte sie mit *läuft* nichts Sportliches?«

»Richtig. Sie verdächtigt Oli, etwas mit anderen Frauen zu haben.«

»Ich kann mir gar nicht vorstellen, wie sie darauf kommt. Du etwa?«

Der spöttische Unterton in Sebis Stimme strafte seine Worte Lügen. »Das ist nicht lustig«, rügte Rosa ihn. »Die Frau war echt am Boden zerstört. Ihr Ex-Freund – dieser Stalker vom Strand, Moritz heißt er – hat angeblich Beweise für Olis Nebentätigkeiten als Kurschatten. Er ist Masseur.«

»Da knetet er natürlich sozusagen an der Quelle. Bei dir aber doch wohl nicht?«

»Natürlich nicht!« Rosa funkelte Sebi empört an. »Noch nicht mal Nele hat das ernsthaft geglaubt. Aber ihr Ex deutete an, dass Oli aktuell etwas mit einer Frau hat, die sie kennt.«

»Also, wenn du mich fragst, sollte Nele zusehen, dass sie den Typen loswird. Auf Dauer wird das bestimmt nichts.« Er griente und schob schnell hinterher: »Sorry, die Blödelei war nicht geplant.«

Rosa ging auf die alberne Bemerkung nicht ein. »Ich glaube, sie sieht das ähnlich. Aber du weißt ja, der Kopf ist die eine Sache, das Herz die andere. Das sträubt sich noch dagegen. Sie will diesen irrsinnigen Lauf um den See abwarten und danach mit ihm darüber sprechen.«

Sebi machte keinen Hehl aus seiner Antipathie gegen *den Dauer*, wie er Oli aus Prinzip weiterhin nannte, und tat kopfschüttelnd seine Sicht der Dinge kund: »Was will sie da noch abwarten? Dass der nichts anbrennen lässt, ist doch so was von offensichtlich. Sogar der Friesenfloh Jupp hat darüber Witze gerissen.«

»Mein Lieber, du bist der Letzte, dem in der Sache ein moralisches Urteil zusteht.« Anders als früher brachte Rosa den Einwand mit einem milden Lächeln vor. Sebis amouröse Entgleisung vor zehn Jahren war zwar nicht vergessen, aber inzwischen vergeben.

Sebi wechselte das Thema. »Apropos irrsinniger Lauf: Hast du Lust auf einen Ausflug zum Sander See? Meine Windy-App prophezeit für Sonntag Bilderbuchwetter und Wiebke meinte, um den See herum befände sich eine Freizeitanlage mit Strand und Badeinsel. Sie will auch hin. Dann könnten wir sie doch mitnehmen.«

»Nicht dein Ernst, oder?« So nett Wiebke auf ihre sehr spezielle Art auch war, Rosa konnte sich Besseres vorstellen, als einen Sonntag in trauter Eintracht mit der Zimmerwirtin zu verbringen.

Ihr Gesicht schien Bände zu sprechen, denn Sebi wirkte amüsiert, als er antwortete: »Guck nicht so geschockt. Sie will den Verpflegungsstand für die Friesenfüße in den letzten vier Stunden übernehmen. Also den Tisch frisch bestücken, damit sich die Läufer und alle, die sie anfeuern, an

Kaffee, an Tee, Brötchen und Keksen gütlich tun können. Am See sind wir für uns. Abgesehen von den anderen natürlich, die das gute Wetter ausnutzen werden.«

Nach dieser Erläuterung konnte sich Rosa mit der Idee schon eher anfreunden. Ein chilliger Vormittag am See, und gegen halb zwei könnten sie zum Verpflegungsstand schlendern, um Oli, Jupp und Malte am Ende ihres Leidensweges zu sehen. Leiden würden sie, so viel war sicher. Zwar hatte Nele ihr erzählt, dass Ultraläufer bei so einem Event Pausen einplanten, oft auch Gehpausen. Außerdem mindestens eine Stunde für Essen, Trinken, Toilettenbesuche und Umziehen. Trotzdem würden die drei über zwanzig Stunden auf den Beinen sein, was Rosas Vorstellungskraft bei Weitem überstieg.

»Ja, dann. Einverstanden. Übrigens werde ich die Gelegenheit nutzen, um meinem selbst ernannten Laufcoach zu kündigen.«

Die Richtung, in die das Gespräch ging, schien Sebi zu erheitern. »Benötigst du Dauers sanfte Motivation etwa nicht?«, fragte er breit grinsend.

Das war eine Anspielung auf den angeblich sanften Trainingsplan für die Urlaubszeit, den Oli ihr nach der Walking-Tour über WhatsApp geschickt hatte. Obendrein textete er sie mit Laufweisheiten zu: *Der Weg ist das Ziel. Wille ist ein Muskel, der trainiert werden will. Der Schmerz vergeht, der Stolz bleibt ...* alles, was die Phrasendreschmaschine so hergab.

»Genau. Ich bereue schon, ihn zu meiner Kontaktliste hinzugefügt zu haben. Auf seine Dienste kann ich verzichten – und auf die klugen Sprüche auch.«

»Schatz, mit dem musst du Tacheles reden. Was anderes versteht einer wie der Dauer nicht.«

Das hatte Sebi richtig erkannt, denn obwohl sie die Nachrichten ignorierte, erkundigte Oli sich täglich nach ihren Fortschritten. Der Mann war unfähig, zwischen den von ihr nicht geschriebenen Zeilen zu lesen. Folglich brauchte er klare Ansagen – wahrscheinlich auch beziehungstechnisch. Sie schüttelte sich. Nein, bei so einem Casanova konnte man nie sicher sein. An Neles Stelle hätte sie ihn schon längst in den Wind geschossen.

6
Durststrecke

Sebis Wetter-App hatte nicht zu viel des Guten versprochen. Am Donnerstag waren sie froh gewesen, dicke Frotteetücher zum Strandkorb mitgenommen zu haben, in die sie sich während der kühlen, wolkenverhangenen Morgenstunden einkuscheln konnten. Doch der erste Sonntag im September schickte sich an, seinem Namen schon in der Frühe alle Ehre zu machen. Nachdem eine Herde kleiner Schäfchenwolken vorbeigezogen war, kam ein makellos blauer Spätsommerhimmel zum Vorschein. Es war ungewöhnlich warm, schon seit Freitag. Wegen der stetig wehenden Brise stieg die Temperatur in Dangast selten über fünfundzwanzig Grad.

»Warum mussten sie sich für ihren Lauf aber auch ausgerechnet das heißeste Wochenende dieses Jahres aussuchen«, klagte Wiebke in Sebis Rücken.

Den Kofferraum bis obenhin beladen mit Klappkisten voller Proviant und einer Sackkarre bretterte er über die A29 Richtung Wilhelmshaven. Wiebke hatte direkt hinter ihm Platz genommen. Bis zur Ausfahrt Sande waren es noch zwei Kilometer. Er versuchte, sich auf die Navigationsansage seines Handys zu konzentrieren, was Wiebke jedoch zu verhindern wusste.

»Halt dich schon mal rechts, die Ausfahrt kommt jeden Moment. Du musst dann in Richtung Sande fahren.« Um das

Motorengeräusch und die mechanische Stimme aus dem Handy zu übertönen, beugte sie sich zum Fahrersitz und schrie ihm ins Ohr.

Sebi zuckte zusammen. »Ja, auf die B436. Ist noch ein Stück.«

»Und nach der Ausfahrt sofort rechts abbiegen auf die Kreisstraße. Das steht da auf dem Schild!« brüllte nun Dortje, die sich zwischen Wiebke und Ulla auf die Rückbank gequetscht hatte.

Er nahm an, dass Rosa ihn nicht bedauerte. Wie er sie kannte, betrachtete sie die Kommandos von hinten als gerechte Strafe. Dabei waren die beiden zusätzlichen Fahrgäste wirklich nicht geplant gewesen. Wiebke hatte ihn ganz kurzfristig mit der Bitte überfallen, ob er auch Ulla und Dortje mitnehmen könne. *Sie möchten doch liebend gern Getränke ausschenken und den Läufern auf den letzten Metern applaudieren.* Unmöglich, das abzulehnen. Dann wäre er der Spaßverderber gewesen. Wobei sich allerdings nach seinem Okay der Spaß nun für ihn in Grenzen hielt.

»Danke, ich kann lesen. Und meine Navi-App weiß das auch«, versicherte er, während gleichzeitig aus dem Navi tönte *An der nächsten Ausfahrt rechts abbiegen auf die Kreisstraße …*

»Was hast du als Ziel eingespeichert?« Wiebke lockerte ihren Gurt, um noch weiter nach vorn zu rutschen. Sie wollte anscheinend einen Blick aufs Handy werfen, das in einer Halterung an der Windschutzscheibe steckte.

»Wiebke, setzt du dich bitte wieder richtig hin und ziehst den Gurt stramm? Ziel Sander See, was sonst?« Sebi verlor allmählich die Geduld.

»Bist wohl heute n büschn mucksch?«, entgegnete Wiebke.

»Nein, ich muss mich konzentrieren.«

»Mucksch?«, gluckste Rosa von der Beifahrerseite.

Von der Rückbank meldete sich jetzt auch Ulla zu Wort. »Mucksch heißt mürrisch. Junger Mann, Sander See ist falsch. Sie hätten Loppelter Weg eingeben müssen, über den kommen Sie zum Parkplatz und zum Wohnmobilstellplatz. Nehmen Sie gleich auf der K99 im Kreisverkehr die dritte Ausfahrt zum Oldenburger Damm und ...«

Auf der K99 im Kreisverkehr die dritte Ausfahrt zum Oldenburger Damm ... echote das Navi. Sebi bekam allmählich Kopfschmerzen. »Ich komme zurecht. Danke!«

»Da nicht für. Am nächsten Kreisverkehr dann wieder die dritte ...«

Ohne Punkt und Komma plapperte Ulla weiter. Sebi musste tief in die Trickkiste aus seiner aktiven Zeit bei der Polizei greifen. Er drehte an einem imaginären Lautstärkeregler in seinem Kopf ihre Stimme leiser und dafür die Titelmusik der alten Detektivserie *Magnum* auf. Unwillkürlich begann er, die Melodie mitzupfeifen, was ihm irritierte Blicke von hinten und belustigte von der Seite bescherte. Rosa kannte den Magnum-Trick, denn den hatte er bei ihr des Öfteren angewendet. Er hatte sich aber auch bei der Dokumentation von Verkehrsunfällen als wohltuend erwiesen, wenn die Beteiligten keine Ruhe gegeben hatten. Nachdem er freiwillig aus dem Polizeidienst ausgeschieden war, um sich als Privatdetektiv selbstständig zu machen, gab es auch immer wieder extrem mitteilungsbedürftige Klienten, bei denen Magnum half, das Geschwätz zu ertragen und sich zu entspannen.

Zu Sebis Ärger sollte Ulla recht behalten, wie sich nach einigem Herumkurven herausstellte. Der Zeitverlust war aber kaum der Rede wert, sie erreichten den Parkplatz nur fünf Minuten später als vom Navi berechnet um kurz vor zehn.

Obwohl Sebi sich beeilte, die Sackkarre aus dem Auto zu wuchten, ging es dem Rückbank-Passagierinnen wohl noch nicht schnell genug. Jemand tippte ihm auf die Schulter.

»Dieser Weg führt zur Laufstrecke, guck mal. Da hinter den Bäumen ist der Verpflegungsstand.«

Mit dem Oberkörper tief im Kofferraum versuchte Sebi Wiebkes Aufforderung Folge zu leisten und stieß sich prompt den Kopf. Er fluchte leise, was sie geflissentlich überhörte.

»Wir gehen schon mal und geben Nele Bescheid, dass die Verpflegung kommt. Sie wird sich freuen, dass wir sie ablösen.«

»Danke für Ihre Unterstützung, das ist sehr nett von Ihnen«, fügte Ulla hinzu, bevor sie mit Wiebke und Dortje vorausmarschierte.

»Da nicht für!«, zischte Sebi, Ullas hohe Stimmlage perfekt imitierend, ihnen hinterher.

Wenigstens Rosa zeigte Erbarmen und half, die Klappkisten, in denen sich Thermoskannen mit Tee und Kaffee nebst Kluntje, Sahne, Saft, Bananen, Äpfeln und belegten Brötchen befanden, auf der Schaufel der Sackkarre übereinander zu stapeln. Als alles aufgeladen war, kippte Sebi die Karre und sie setzten sich ebenfalls in Bewegung.

»Unfassbar«, schimpfte Sebi. »Bin ich froh, wenn wir uns gleich vom Acker machen. Hätte ich das gewusst.«

Doch der Anblick der in wehenden Röcken vorauseilenden Groupies entbehrte nicht einer gewissen Komik. Drei Golden Girls, die es kaum erwarten konnten, ihren tollen Laufhecht aufzupäppeln.

Rosa stieß ihn an. »Schau mal nach links. Das ist doch Oli?«

An seiner Größe, Statur und der roten Kappe erkannte Sebi ihn, doch anders als sonst bot Oliver Dauer keinen kernigen Anblick. Rosas munteres Winken übersah er. Anscheinend nahm er rechts und links des Weges nichts mehr wahr. Sein gesenkter Kopf wackelte hin und her. In sich zusammengesunken und von den Strapazen der durchgelaufenen Stunden schwer gezeichnet, hielt er im Zeitlupentempo auf die Verpflegungsstation zu. Er hatte blaue Lippen. Die Zombie-Apokalypse war nichts dagegen.

»Ja, eine entfernte Ähnlichkeit ist vorhanden. Ich bin kein Ultralaufexperte, aber ich wage die Prognose, dass er in dem Zustand keine vier Stunden mehr durchhalten wird.«

Obwohl sie die bepackte Sackkarre hinter sich herzogen, kamen sie nur unwesentlich langsamer voran als der laufende Zombie. Kurz nach ihm erreichten auch sie die Verpflegungsstation. Sie bestand aus einem Tapeziertisch, zwei Sonnenschirmen und Campingstühlen. Endlich kapierte Sebi, warum sie solche Mengen an Verpflegung heranarrten. Er schätzte, dass mindestens zwanzig Personen hier aufs Frühstück warteten. Einige hatten sich im Schatten der Schirme niedergelassen, andere standen in Grüppchen am Wegesrand. Ein paar identifizierte er als Friesenfüße.

Dauer lehnte etwas abseits an einem Baumstamm. Er zitterte am ganzen Körper, als hätte er Schüttelfrost. Nele brachte ihm eine grasgrüne Flasche. Aus derselben oder einer, die genauso aussah, hatte er auch beim Walken ständig getrunken. Jetzt waren seine Hände so zittrig, dass Nele ihm dabei helfen musste, die Flasche zum Mund zu führen. Gierig wie ein Verdurstender leerte er sie und ließ sie ins Gras fallen.

»Moin!«, ertönte es in diesem Moment von der Laufstrecke. Die Stimme gehörte Malte, der im Windschatten des Friesenflohs Jupp trabte. Beide wirkten nicht mehr taufrisch, aber doch beträchtlich fitter als ihr bedauernswerter Vereinskamerad. Jupp nahm von seiner Umgebung überhaupt keine Notiz. Anstatt am Stand zu stoppen, zog er vorbei. Malte warf immerhin einen kurzen Blick auf Oli und rief auf der Stelle tippelnd: »Hey, was ist los? Nur nicht nachlassen!« Dann schloss er wieder zu Jupp auf.

Rosa sah zum Baum. »Ich gehe mal rüber zu Oli. Er sieht gar nicht gut aus, oder?«

»Der könnte wieder zu Kräften kommen«, gab sich Sebi verhalten optimistisch und inspizierte gleichzeitig einen der Campingstühle.

Seit so ein Ding bei einer Gartenparty unter seinem Gewicht zusammengebrochen war, ließ er sich nicht mehr auf Verdacht hineinfallen. Dieser schien aber einigermaßen stabil zu sein. Er wagte es, sich vorsichtig zu setzen. Das Auspacken der Kisten sollten die Golden Girls übernehmen. Hier saß er bequem im Halbschatten und hatte alles im Blick. Rosa stand bei Nele und Oli. Es widerstrebte Sebi nun nicht mehr, den Bedauernswerten beim Vornamen zu nennen. Die Antipathie gegen den Friesenschönling war zwar nicht ganz verschwunden, aber inzwischen überwog das Mitleid. Niemand nahm Notiz von Olis Zustand, als wäre es ganz normal, dass Ultraläufer mit Schüttelfrost am Wegesrand pausierten. Vielleicht bekam es auch einfach nur keiner mit, weil der Ausschank begonnen hatte. Um den Tapeziertisch scharten sich Leute mit Pappbechern, darunter auch der angeberische Friesenfuß Achim, der in New York einen schnellen Marathon absolvieren wollte.

Auf Wiebkes Plörre aus den Thermoskannen konnte Sebi verzichten, aber ein Brötchen wäre nicht verkehrt. Während er noch überlegte, ob er sich ein Schinken- oder ein Salamibrötchen holen sollte, schweifte sein Blick wieder zu Rosa, Nele und dem Häufchen Elend am Baum. Ungläubig beobachtete Sebi, wie Oli seine Beine ausschüttelte und ein paar Schritte auf den Weg zuging. Er hatte doch wohl nicht die Absicht, tatsächlich weiterzulaufen? Plötzlich geriet er ins Torkeln, dann sackten ihm jäh die Beine weg und er kippte um. Sebi sprang auf, musste aber feststellen, dass er im schmalen Stuhl feststeckte. Noch bevor er sein Hinterteil befreit hatte, sprintete ausgerechnet Achim an ihm vorbei, hockte sich neben Oli auf den Boden und presste seine Finger gegen dessen Halsschlagader. Sekunden später fanden sich auch Sebi, Rosa und Nele bei dem Gestürzten ein.

Nele ging neben ihrem Freund auf die Knie und wimmerte: »Oli! Oli! Kannst du mich hören?« Als er nicht reagierte, rüttelte sie ihn. Achim schob sie zur Seite und kontrollierte wieder den Puls. »Eben ist sein Puls gerast, jetzt kann ich ihn gar nicht mehr fühlen. Kein Puls!«

Sebi wusste, was das bedeutete. Er rief Rosa, die sich in einer Art Schockstarre befand, zu: »Ich mache eine Herzdruckmassage, wähl die 112! Wir brauchen einen Notarzt.«

Doch mittlerweile hatten auch alle anderen rund um die Verpflegungsstation realisiert, dass Oli Hilfe benötigte. Mit dem Handy noch in der Hand brüllte ein Mann Sebi zu: »Schon erledigt, der Rettungswagen ist unterwegs.«

Alle wuselten aufgeregt durcheinander. Achim hatte mit einer Mund-zu-Mund-Atmung begonnen, kannte sich damit aber offenbar nicht aus. Sebi wollte gerade übernehmen, als ihm schon wieder jemand zuvorkam. »Aus dem Weg.« Ein Mann stieß Achim zur Seite und begann mit einer Herzdruckmassage, woraufhin Nele komplett durchdrehte. Sie stürzte sich wie eine Furie auf den Helfer und versuchte, ihn von der Reanimation abzuhalten. »Du bringst ihn ja um! Moritz, bist du verrückt, was machst du da?«

Jetzt erst erkannte auch Sebi ihn. Es war der Stalker. Er wirkte routiniert und beherrschte die Handgriffe. Da Sebi eine Ersthelferausbildung hatte, konnte er das beurteilen. Er riss Nele von Moritz fort. Eine korrekt ausgeführte Herzdruckmassage erhöhte die Wahrscheinlichkeit des Überlebens bei einem Kreislaufstillstand entscheidend, Stalker hin oder her. In nicht allzu weiter Ferne ertönte die Sirene des Rettungswagens. Nele versuchte sich loszureißen und kreischte hysterisch immer wieder: »Er bringt ihn um, er bringt ihn um!«

Rosas schlimmste Befürchtungen bestätigten sich am nächsten Morgen, als Sebi und sie nach einer unruhigen Nacht zum Frühstück gehen wollten. Wiebke fing sie an der Rezeption ab. Anstelle der üblichen Begrüßung zückte sie ein Stofftaschentuch, in das sie sich geräuschvoll schnäuzte, und schluchzte dann: »Oli hat es nicht geschafft.«

Rosa sah Sebi an. Sie hatten es beide geahnt. Keine Nachrichten bedeuteten in so einem Fall meist schlechte Nachrichten.

»Wie furchtbar«, sagte Sebi, woraufhin Wiebke erneut ihr Taschentuch benutzte.

»Ja, das ist es. Gerade mal vierzig ist er geworden. Er hätte mein Sohn sein können, Jörn und Jens sind auch in dem Alter. Mitten aus dem Leben gerissen, wie damals mein Hinnerk«, klagte sie.

»Das tut mir so schrecklich leid«, bekundete Rosa ihr Bedauern. »Weißt du es von Nele?«

»Nein, von Moritz Engel. Er will mit dir sprechen, Sebi.«

»Neles Ex-Freund?«, antwortete Rosa. »Der Stalker? Was will er denn ausgerechnet von Sebi?«

Dessen perplexe Miene verriet ihr, dass er sich ebenso wenig wie sie vorstellen konnte, warum Moritz Engel danach verlangte, mit ihm zu reden.

»Wenn ich das wüsste! Er kam eben angefahren, hat seinen Wagen auf dem Hof geparkt und fragte nach Sebi. Ich habe ihn ins Büro gebeten. Da seid ihr ungestörter, dachte ich.«

Sie deutete auf die Tür zum Kämmerchen, das als Büro diente. »Geht schon mal rein. Ich komme gleich nach.«

In dem kleinen Raum roch es säuerlich nach Schweiß. Ein übernächtigt aussehender Moritz Engel sprang auf, als sie eintraten. Er hatte seine Kleidung seit dem Vortag nicht gewechselt, Hemd und Hose waren zerknittert. Nach einem Moment des Zögerns reichte er erst Rosa und dann Sebi die Hand. Es war eine absurde Situation – vor allem in Anbetracht der feindseligen Beziehung zwischen Moritz Engel und Oliver Dauer. Beileid konnte man dem Mann wohl kaum aussprechen. Sebi zog zwei Hocker heran, die in einer Ecke des Büros standen, und eröffnete das Gespräch. »Sie möchten mit mir reden? Falls es um Oliver Dauer geht, was ich annehme: Meine Frau kannte ihn besser als ich.«

Engel druckste etwas herum, bevor er zur Sache kam. »Also, eigentlich... Ja, es geht auch um ihn. Sie waren doch dabei, als ich versucht habe, ihn wiederzubeleben. Er hat zwei angebrochene Rippen davongetragen. Nele behauptet immer noch, ich hätte ihn absichtlich verletzt.«

»Das ist ganz klar Unsinn. Sie steht unter Schock. Eine Reanimation ist ein enormer Kraftakt und wirkt brachial, wenn man so etwas noch nie gesehen hat. Ich kann bezeugen, dass für mich alles lehrbuchmäßig aussah«, versicherte Sebi.

Engel straffte sich etwas. »Ich bin Rettungsassistent. Nicht mehr im Job, aber gelernt ist gelernt. Die Drucktiefe ist bei einer Herzdruckmassage entscheidend. Fünf bis sechs Zentimeter sind das Minimum, damit bis zum Eintreffen des Rettungsdienstes der Restsauerstoff im Blut zirkulieren kann. Man riskiert besser ein paar gebrochene Rippen, als zu zaghaft vorzugehen. Brüche heilen.«

Während sie zuhörte, dachte Rosa über Neles Anschuldigung nach. Sie glaubte nicht, dass etwas daran war. Vielmehr interessierte es sie, aus welchem Grund Engel sich am See in unmittelbarer Nähe des Verpflegungsstandes aufgehalten hatte.

»Wie kommt es, dass Sie gestern sofort zur Stelle waren? Das kann doch kein Zufall sein?«, platzte sie heraus.

Engel setzte zu einer Antwort an, als Wiebke mit einem Tablett hereinkam.

»Tee und Kaffee, bedient euch.« Sie stellte das Tablett auf dem Schreibtisch ab und setzte sich in ihren Bürosessel.

»Herr Engel wollte uns gerade erzählen, warum er gestern am See war«.

Rosa schaute ihn auffordernd an und bemerkte ein unkontrolliertes Zucken in seinem linken Augenlid. Vielleicht Übermüdung, ein nervöser Tick oder ein Zeichen dafür, dass sie jetzt an einem für ihn besonders unangenehmen Punkt angelangt waren.

»Ich ... ich ... wusste von der Veranstaltung und dass Nele dort sein wird.«

»Reden Sie nicht drum rum. Sie verfolgen Ihre Ex-Freundin und deren neuen Freund«, stellte Sebi klar, dass er Bescheid wusste.

Engel schaute betreten zu Boden, während er flüsterte: »Ja.«

Er rang nach weiteren Worten. »Vielleicht kennen Sie so eine Situation ja nicht ... ich kenne mich gar nicht wieder ...« Schließlich gab er zu: »Seit ein paar Monaten geht das so. Es ist wie eine Sucht und ich schaffe es einfach nicht, damit aufzuhören, obwohl ich es Nele neulich versprochen habe.«

»Für so etwas gibt es Psychologen. Sind Sie nie auf die Idee gekommen, sich helfen zu lassen?«, wandte Sebi ein.

»Doch, aber zu spät. Das war ein schleichender Prozess. Als sie mich für ihn verlassen hat, fand kein klärendes Gespräch zwischen uns statt, nichts. Erst habe ich sie nur immer wieder abgepasst, um sie anzuflehen, mit mir zu reden. Aber sie weigerte sich. Keine Chance.«

Nachdem er einmal angefangen hatte, sich zu öffnen, hielt Engel mit nichts mehr zurück. Offenbar tat es ihm gut, endlich mal mit jemandem zu reden. »Dann habe ich angefangen, ihren Freund zu beobachten und zu saufen. Bin öfter sturzbetrunken zum Dienst erschienen. Nach einer Abmahnung habe ich mich krankschreiben lassen, in immer kürzeren Abständen. Aktuell wegen Depressionen. Einen Therapeuten zu finden, ist nicht so einfach. Es gibt Wartelisten.«

Rosa fand, dass er es sich zu leicht machte. »Ich hoffe, Sie rutschen auf einer dieser Listen bald nach oben. Stalking ist übel, widerwärtig.«

»Aber der arme Oli ist ja nun tot, da kann er ihn nicht mehr stalken«, ließ sich Wiebke vernehmen und benutzte sofort wieder ihr Taschentuch.

In gewisser Weise war die Bemerkung berechtigt, obwohl Rosa bezweifelte, dass mit dem Ableben des Gestalkten auch Engels psychische Probleme gelöst waren. Die schienen nämlich gravierend zu sein. Außerdem gab es noch etwas, das ihr so auf den Lippen brannte, dass sie es unbedingt loswerden musste. »Herr Engel, woher wissen Sie, wie wir heißen und wo wir wohnen? Und was wollen Sie wirklich von uns? Sie glauben doch nicht ernsthaft, dass Sie die Zeugenaussage meines Mannes benötigen.«

Moritz Engels nervöser Tick erreichte nun auch sein anderes Lid. Er presste die Fäuste gegen seine Augen, was zum Glück half. »Sie beide sind mir schon beim Treffen mit der Walkinggruppe aufgefallen. Am Mittwoch habe ich beobachtet, wie Nele sich mit Ihnen am Kurhaus unterhalten hat, und bin Ihnen dann nachgegangen. Ich musste nur unter einem Vorwand an der Rezeption fragen und wusste, dass Sie und Ihr Mann Stammgäste sind, Fink heißen und aus Wuppertal kommen.«

»Das kann nur Agnes gewesen sein!« Wiebke schnaufte verärgert. »So ein Lork. Gibt einfach persönliche Informationen über unsere Gäste heraus. Na, die werde ich mir vorknöpfen!«

Engel wendete sich an Sebi. »Dann habe ich gegoogelt. Sie sind ehemaliger Polizist und nun Privatdetektiv. Deswegen bin ich hier. Es geht um Oliver Dauers Tod. Ich verdächtige den Mann, der ihm die Atemspende verabreicht hat, nachgeholfen zu haben.«

»Mit so etwas macht man keine Scherze«, keuchte Wiebke. »Das war Achim Thomsen, ein Vereinskamerad und guter Freund von Oli.«

»Ja, das ist mir bekannt. Und ich scherze nicht, das versichere ich Ihnen. Achim hat kürzlich herausgefunden, dass seine Frau mit Sportsfreund Oliver Dauer fremdging. Es tut mir leid, schlecht über einen Toten reden zu müssen, aber es ist Fakt. Ich habe die Nacht über gegrübelt, was ich tun soll. Zur Polizei gehen? Auf der Wache bin ich als Stalker bekannt, die halten mich eh schon für verrückt. Ich habe keine Beweise, nur den Verdacht aufgrund meiner Beobachtungen, dass es sich vielleicht nicht um einen tragischen natürlichen Tod handelt.«

7
Todesfall

Rosa war ausnahmsweise sprachlos. Sebi sagte ebenfalls nichts, aber dem Blick nach zu urteilen, den er ihr zuwarf, glaubte er dem Stalker kein Wort. Auch Frau Janssen starrte Engel nur mit offenem Mund an, weshalb abgesehen vom Geschirrklappern aus dem Frühstücksraum im Büro plötzlich Totenstille herrschte. Neles Ex hatte wahrscheinlich seit dem Ereignis am See kein Auge zugetan, überlegte Rosa. Vielleicht war er so übermüdet, dass er an Halluzinationen litt.

Schließlich brach Sebi das Schweigen. »Herr Engel, Ihnen wird trotzdem nichts anderes übrig bleiben, als sich an eine offizielle Stelle zu wenden. Abgesehen davon, dass Ihre Vermutung für mich hanebüchen klingt, mache ich hier mit meiner Frau Urlaub und werde darum ganz bestimmt nicht für Sie tätig werden.«

Nach der Abfuhr schien es Engel zu dämmern, dass er von dieser Seite keine Hilfe erwarten konnte. Sein fahlgrauer Teint wechselte ins Kalkweiße und er drückte mit schmerzverzerrtem Gesicht beide Hände gegen den Bauch. Rosa hoffte, dass er nicht noch Magen- oder Darmkrämpfe bekäme.

»Nele ist doch direkt zum Krankenhaus gefahren. Wann haben Sie denn noch mal mit ihr gesprochen?«, fragte Rosa ihn ungerührt.

»Ich habe vor dem Krankenhaus auf sie gewartet«, bekannte Engel.

Rosa konnte es nicht fassen. So abgebrüht musste man als Stalker erst mal sein, die arme Nele sogar zum Krankenhaus zu verfolgen und ihr dort aufzulauern.

»Da hat sie mir gesagt, dass jede Hilfe zu spät gekommen ist. Ich war wirklich erschüttert, zumal der Notarzt so schnell gekommen ist und er sofort ins Krankenhaus eingeliefert wurde.«

»Und was war die Todesursache? Haben Sie sich danach erkundigt?«

»Flüssigkeitsverlust, Dehydration, Exsikkose, Schocksymptomatik, Kreislaufzusammenbruch, Koma, Herzversagen«, leierte Herr Engel monoton herunter. Bei *Herzversagen* begannen seine Lider zu flattern. Kurz darauf schwankte er mitsamt dem Höckerchen in eine gefährlich bodennahe Schieflage.

»Herr Engel!«

Bevor Rosa richtig erfasste, was Sache war, sprang Sebi herbei. Trotz seiner hundert Kilo besaß er noch die guten Sprinterreflexe, auf die er früher immer stolz gewesen war. Wobei dieses Gewicht verteilt auf seine knapp zwei Meter Körperlänge auch kein wirkliches Übergewicht war – aber eine nicht unerhebliche Masse, die bewegt werden musste. Er packte den halb Ohnmächtigen erst fest an den Schultern, um ihn hochzuziehen, und verpasste ihm dann je einen Klaps auf die Wangen. »Aufwachen! Alles okay mit Ihnen?«

»Oh, das muss wohl ein Anfall von Müdigkeit gewesen sein. Mir gehts gut«, versicherte Engel noch leicht benommen.

Wiebke, die das Ganze bestürzt mitangesehen hatte, bestand darauf, dass er sofort etwas trinken müsste. »Das brauche ich kein zweites Mal, dass jemand vor meinen Augen zusammenklappt. Möchten Sie Tee oder Kaffee? Ich kann auch rasch ein Glas Wasser holen.«

»Vielen Dank, eine Tasse Tee.«

Wiebke hielt sich nicht mit der Frage auf, ob er seinen Tee mit Kluntje und Sahne wollte, sondern gab von beidem viel in die Tasse hinein, die sie ihm reichte. Starker süßer Ostfriesentee war anscheinend genau das, was Herr Engel jetzt gebraucht hatte, damit seine Lebensgeister zurückkehrten. Nach dem ersten Schluck bekamen seine Wangen wieder etwas Farbe. Allerdings wirkte er immer noch ziemlich angeschlagen.

»Wo wohnen Sie, Herr Engel? Ich bringe Sie gleich nach Hause.« Sebis Ton ließ keinen Widerspruch zu. »Sie dürfen in Ihrem Zustand nicht fahren.«

»Da haben Sie wohl recht, obwohl ich jetzt sogar wieder halbwegs auf dem Damm bin. Ich wohne in Varel, hoffentlich macht das nicht zu viele Umstände. Sonst nehme ich mir ein Taxi.«

»Ich fahre Sie«, wiederholte Sebi.

Rosa entging nicht, dass er schon mit den Füßen scharrte, während Engel den Bodensatz aus der Teetasse schlürfte. Sebi wollte die Fahrt nach Varel schnellstmöglich hinter sich bringen und den Mann loswerden. Der verharrte jedoch auf seinem Hocker und wendete sich nun ihr zu. Wahrscheinlich, weil sie vor seinem Sekundenschlaf im Gegensatz zu Sebi Interesse signalisiert hatte.

»Aber um auf die Todesursache zurückzukommen: Wenn ich Nele richtig verstanden habe, spielten mehrere Faktoren eine Rolle. Erst einmal die körperliche Anstrengung über einen extrem langen Zeitraum. Dazu starkes Schwitzen. Bei der Hitze führte das zu einem übermäßig starken Verlust von Wasser und Salzen. Letztlich hat dann das Herz ausgesetzt.«

Mit Leidensmiene sah er Rosa an. Was erwartete er von ihr? Er sagte ja selbst, dass eine unglückliche Verkettung natürlicher Ereignisse zu Olis Tod geführt hatte.

»Das ist tragisch, soll aber vorkommen bei Extremsportlern, die Warnsignale ignorieren und ihrem Körper zu viel abverlangen«, antwortete Sebi an ihrer Stelle. Anschließend sprach er das aus, was auch sie insgeheim dachte. »Es ist nicht plausibel, warum Sie angesichts dieser Faktenlage annehmen, Achim hätte nachgeholfen. So hart es klingt, für mich trägt hier nur einer die Verantwortung für den sinnlosen, plötzlichen und viel zu frühen Tod, nämlich der Verstorbene selbst. Den Lauf trotz der Hitze durchzuziehen, war Wahnsinn und ...«

»Meine Rede«, unterbrach Wiebke ihn. »Er hat es mit der Lauferei übertrieben. Das habe ich ihm auch klipp und klar gesagt. Oli, habe ich gesagt, das kann nicht gesund sein ...«

Durch ein energisches Klopfen wurde nun auch sie unterbrochen. Alle schauten zur Tür, die ohne auf Antwort zu warten mit Schwung aufgerissen wurde. Agnes steckte den Kopf herein. »Wiebke? Entschuldigung, ich wusste nicht ... wollte nur erinnern, es ist gleich acht.« Wiebke warf einen Blick auf ihre Armbanduhr und erschrak. »Oh, tatsächlich. Komme schon!« Ächzend stemmte sie sich aus dem Sessel hoch. »Ich muss in die Küche. Schließt ihr später das Büro ab und gebt dann mir oder Agnes den Schlüssel?«

Sebi stand ebenfalls auf. »Herr Engel hat ausgetrunken, wir sind hier fertig«, bestimmte er. »Zum Hof schaffen Sie es?«

Wiebke, die vorgegangen war, schien geistig noch immer bei Oli und dem Gespräch zu sein, das sie mit ihm über seinen Laufsport geführt hatte. Die Türklinke in der Hand, hielt sie inne. »Ich sehe ihn noch vor mir, wie er mit einem Lächeln geantwortet hat: *Wiebke, Bewegung ist mein Lebenselixier. Ich bin doch kein Anfänger, ich weiß, was ich mir zumuten kann.* Er war so ein positiver Mensch.« Ihr Blick wurde feucht. »Ach, und was wird jetzt nur aus den Watt-Walkies ... es wäre jammerschade, wenn sich die Gruppe nun auflöst.« Aber sie gab sich sofort einen Ruck, das Zittern schwand aus ihrer Stimme und sie kündigte an: »Nein, wir walken tapfer weiter, das hätte Oli so gewollt.«

Endlich machte sie die Tür frei, sodass alle das Büro verlassen konnten. »Herr Engel, schlafen Sie ordentlich aus, damit Sie wieder zu Verstand kommen. Rosa, was ist mit dir? Kommst du mit zum Speiseraum?«

Rosa überlegte kurz. Das wäre eine günstige Gelegenheit, Wiebke auf den Beamer für die Vorführung des Videos anzusprechen, aber sie schien schon wieder mit den Gedanken woanders zu sein. Gut, so wichtig war es im Moment noch nicht. Es hatte Zeit, bis auf der Downloadseite Material bereitstände und sie testen konnten, ob alles funktionierte.

»Nein, ich warte im Zimmer, bis Sebi zurück ist. Wir frühstücken dann zusammen.«

Daraufhin eilte Wiebke nach rechts in Richtung Flur, während sie die Männer auf den Hof begleitete. Engel ließ nichts unversucht, Sebi umzustimmen. »Was ich am See beobachtet habe, deutet stark darauf hin, dass Oliver Dauer vergiftet worden sein könnte.«

»Nicht meine Baustelle. Außerdem, wie Frau Janssen schon sagte, wahrscheinlich sehen Sie klarer, wenn Sie geschlafen haben.« Ungerührt stapfte Sebi weiter und fluchte über den roten Opel Astra, der so dicht neben ihm geparkt hatte, dass er nur mit Mühe einsteigen konnte. Nachdem es ihm gelungen war, sich zu setzen, öffnete er von innen die Beifahrertür. Rosa schaute auf den Opel und erkundigte sich bei Engel: »Der stand gestern noch nicht da. Ist das Ihrer?«

»Ja. Hoffentlich darf ich ihn auf dem Hof stehen lassen? Ich radele dann im Laufe des Tages noch hierher und hole ihn ab.«

»Kein Problem. Steigen Sie ein«, rief Sebi, aber gleichzeitig erspähte Rosa etwas im Inneren des Opels. Sie tippte Engel auf die Schulter, woraufhin der sich noch einmal zu ihr umdrehte.

»Die grüne Trinkflasche auf Ihrem Beifahrersitz, die sieht haargenau aus wie die von Oli.«

»Das *ist* seine Flasche. Oder Buddel, wie wir hier sagen. Ich habe sie mitgenommen. Vielleicht ist sie ein Beweismittel.«

Sebis Stoßseufzer war ebenso unüberhörbar wie der genervte Tonfall danach, als er anmerkte: »Ihre Fingerabdrücke sind drauf, zumindest das ließe sich jetzt zweifelsfrei beweisen. Herzlichen Glückwunsch. Können wir endlich los?«

Engel ließ die Schultern sacken und schickte sich an, der Aufforderung nachzukommen. Rosa fand, dass Sebi es mit seiner Schroffheit übertrieb. Die Sache mit dem Gift erschien ihr zwar äußerst unwahrscheinlich, aber es interessierte sie, wie Engel auf die Behauptung kam. Deswegen beugte sie sich zu ihm hinunter und sagte: »Schlafen Sie gut. Bestimmt finden wir für alles eine Erklärung. Wenn Sie Ihr Auto abholen, werde ich mir auf jeden Fall anhören, was Sie beobachtet haben. Und dann sehen wir weiter.«

Sebi verdrehte die Augen, legte den Rückwärtsgang ein und befahl: »Schnallen Sie sich an.«

Während Rosa auf Sebis Rückkehr wartete, ärgerte sie sich über sein Phlegma – und das nicht zum ersten Mal. Zweifelsohne besaß er einen gut ausgeprägten kriminalistischen Instinkt. Wozu er in der Lage war, wenn es darauf ankam, hatte er nicht nur im Katzenfall bewiesen. Aber für ihn kam es in über neunzig Prozent aller Fälle *nicht* darauf an. Insofern erstaunte es sie kaum, dass er Moritz Engels` Bitte abgelehnt hatte. Aber im Unterschied zu Sebi fand sie, dass sie sich wenigstens anhören mussten, was der Mann beobachtet haben wollte. Was, wenn er recht hatte? Oliver Dauer war unmittelbar nach der Flüssigkeitszufuhr aus seiner Trinkflasche kollabiert. Es wäre immerhin möglich, dass es einen ursächlichen Zusammenhang gab. Also sollten sie der Sache auf den Grund gehen. Eifersucht war schließlich ein starkes Motiv, das wusste selbst sie als Nichtkriminalistin. Vielleicht führte Eifersucht gar die Hitliste der Mordmotive an? Ließ sich schnell herausfinden.

Rosa schaltete ihr Tablet ein, das sie zum Lesen mitgenommen hatte. So sehr ihr Herz für gedruckte Bücher schlug, hatte sie doch eingesehen, dass E-Books im Urlaub praktischer waren. Sebi hatte ihr zu einem handlichen iPad geraten. Der große Vorteil war, dass sie damit nicht nur lesen, sondern auch im Internet surfen und ohne Rücksicht auf den Akkustand lustige Katzenvideos gucken konnte. WLAN gab es bei Wiebke immer noch nicht. Da ja auch die Videogrüße der Familie am Hochzeitstag übertragen werden mussten, hatte Rosa vor dem Urlaub wohlweislich ein Flatrate-Paket mit extragroßem Datenvolumen gebucht. Sie tippte in die Suchleiste des Browsers *Häufigste Motive Mord.* Direkt als Erstes stieß sie auf einen Kriminologie-Artikel, der ihr einigermaßen seriös erschien. Eifersucht tauchte dort nicht unter den Top drei auf, sondern Kränkung, Habgier und Rache. Aber Eifersucht kam gleich danach. Die allermeisten Morde waren Beziehungsdelikte. Opfer und Täter oder Täterin kannten sich, hatten eine Beziehung zueinander oder miteinander. Rosa scrollte weiter. Rache war wohl der häufigste Grund, einen anderen Menschen ins Jenseits zu befördern. Sie googelte *Giftmorde* und landete bei einer Doktorarbeit, in der stand, dass schätzungsweise tausend Tötungsdelikte pro Jahr nicht bemerkt wurden. Die meisten unbemerkten waren wahrscheinlich diese.

Ihr Magen grummelte ohne Rücksicht auf den Dahingeschiedenen. Die menschlichen Grundbedürfnisse kannten keine Pietät. Sebi brauchte lange. Bis nach Varel waren es nur rund sieben Kilometer und nun war er schon fast eine halbe Stunde unterwegs. Sie gab ihm noch fünf Minuten.

Wenn er bis dahin nicht zurück wäre, würde sie ohne ihn mit dem Frühstück beginnen. In der Zeit konnte sie noch eine Sache recherchieren, die sie interessierte. Sie fütterte die Suchmaschine mit der Anfrage *Todesfälle beim Laufen* und stieß auf jede Menge reißerische Schlagzeilen, die das Klischee Sport ist Mord bedienten.

Plötzlicher Herztod beim Laufen!
Wenn Joggen lebensgefährlich wird
Mysteriöser Joggertod am Wegesrand
Die Lebensgefahr läuft mit!
Kollaps beim Köln-Marathon

Ein kurzes Überfliegen der Berichte und Bilder reichte, um herauszufinden, dass der Informationsgehalt gleich null war. Wenn sie etwas Verwertbares finden wollte, musste sie weiter googeln. Aber nicht jetzt. Die fünf Minuten waren vorbei, Sebi immer noch nicht da und inzwischen grummelte ihr Magen nicht mehr dezent vor sich hin, sondern stieß ein garstiges Knurren aus. Zum zweiten Mal an diesem Morgen machte sie sich auf den Weg zum Frühstücksraum.

Wieder stand Wiebke am Tresen der Rezeption, wo sie gerade telefonierte. »14. September? Tut mir sehr leid, an dem Wochenende sind alle Zimmer belegt.« Offenbar stellte diese Antwort die Person am anderen Ende der Leitung nicht zufrieden, denn Wiebke bekräftigte nochmals: »Nein, da sehe ich wirklich keine Möglichkeit. Ich habe nur fünf Gästezimmer. Bei der Touristeninformation kann man Ihnen sicher eine passende Unterkunft vermitteln. Haben Sie die Nummer? ... Gern doch.« Sie gab die Telefonnummer durch, verabschiedete sich und legte auf.

»Oh, du bist ausgebucht an unserem Hochzeitswochenende? Bleibt es denn dabei, dass wir am Abreisetag ausschlafen dürfen?«, erkundigte Rosa sich.

So zerstreut, wie Wiebke in letzter Zeit war, traute sie ihr zu, dass die nächsten Gäste schon am Samstagmorgen auf der Matte standen und sie ihr Zimmer früher als verabredet räumen mussten. Kaum hatte Rosa die Frage ausgesprochen, bildeten sich hektische rote Flecken in Wiebkes Gesicht. Als ihre Hände gleichzeitig vergeblich die Schürze glatt streichen wollten, die sie nicht mehr trug, war Rosa sicher, ins Schwarze getroffen zu haben.

Schließlich ergriff Wiebke den vor ihr liegenden Organizer, in dem sie während des Telefonats geblättert hatte, schlug ihn auf und schwenkte ihn wie ein Beweisstück vor der Brust: »Alles eingetragen. Glaubst du, ich würde euch an so einem besonderen Tag in aller Herrgottsfrühe aus dem Bett werfen?«

Sie klappte die lederne Kladde schnell wieder zu und legte sie in eine Schublade. Zu gern hätte Rosa einen kurzen Blick auf die Notizen geworfen. Jede Wette, dass es keinen entsprechenden Vermerk gäbe.

»Wie sieht es denn eigentlich mit dem Beamer aus? Klappt das?«

»Selbstverständlich«, brachte Wiebke gepresst hervor.

»Wäre gut, wenn wir vorher mal testen könnten, ob ...«

»Oh, da kommt Sebi!«, rief Wiebke. Sichtlich dankbar, nach dem Einbiegen des Skodas auf den Hof Rosas Fragen entfliehen zu können, die sie in Verlegenheit gebracht hatten, schob sie die Lade zu und rauschte davon.

8
Dauerthema

Lustlos rief Sebi Mails an info@detektei-fink-wuppertal.de ab. Er hatte Urlaub und es interessierte ihn nicht im Geringsten, welche Nachrichten in seiner Abwesenheit hereingeflattert waren. Wahrscheinlich überwiegend Hilferufe besorgter Tierbesitzer. Nach mehreren groß aufgemachten Artikeln in den Wuppertaler Zeitungen über das Aufspüren der Kater Maurice und Whistleblower wurde er mit Anfragen zu abhandengekommenen Haustieren überhäuft. Aber lieber sortierte er auf Wiebkes lauschiger Terrasse mit dem Laptop auf den Knien das digitale Postfach, als mit Rosa absurde Theorien über Olivers Dahinscheiden zu erörtern. Er war recht gut gelaunt aus Varel zurückgekommen, wo er erst den Stalker vor dessen Haustür im Gewerbegebiet abgesetzt und dann noch kurz das Rathaus besucht hatte, um sich das Trauzimmer anzusehen. Beim Frühstück ging es dann los.

Wusstest du, dass Jahr für Jahr rund tausend Tötungsdelikte nicht bemerkt werden, wahrscheinlich überwiegend Giftmorde?

Schatz, man sollte keiner Statistik vertrauen, die man nicht selbst gefälscht hat.

Was, wenn Moritz Engel recht hätte und etwas dran wäre an seiner Theorie? Dann würde aus diesem Fall einer von den tausend unbemerkten Giftmorden.

Diese Theorie ist absurd. Denk doch mal nach. Wie kommt man auf tausend, wenn die Delikte doch gar nicht bemerkt werden? Würfelt man die Dunkelziffer?

Manchmal wünschte er sich die analogen Zeiten zurück. Das Internet war ein Fluch. Jeder konnte sich im Netz austoben und alternative Fakten verbreiten, auf die Rosa sich natürlich begierig stürzte, weil sie leidenschaftlich gern googelte. Wenn sie sich in ein Thema verbiss, dann erinnerte sie ihn an einen Pit Bull Terrier. Sie konnte nicht wieder loslassen. Glücklicherweise hatte er sie vormittags zu einem Rundgang durch den kleinen Geestwald motivieren können. Aber nach der harmonischen Stunde im Wald mit einer ausgiebigen Rast im Schatten der Baumkronen, bei der Dauer kein Thema war, hatte er seine Ohren wieder auf Durchzug stellen müssen. Schließlich war Rosa schmollend allein zum Strand spaziert und er in seine Racer geschlüpft, um im Seekurpark eine Runde zu traben. Die Teilnahme am Wuppertaler Volkslauf hatte er fest zugesagt und das Startgeld bereits überwiesen, also musste er im Training bleiben. Und nun erhoffte er sich nach der Rückkehr vom Lauf durch die selbst auferlegte Beschäftigungstherapie Ablenkung. Eine Hoffnung, die sich leider nicht erfüllte. Während er eine Mail mit dem Betreff *Mimi wird vermisst* ungelesen in den Spamordner schob, kreisten seine Gedanken doch wieder um den Todesfall und die Zeit davor. Er ließ die vergangene Woche Revue passieren. Dieser Urlaub entwickelte sich schon vor und erst recht nach dem Aus für Dauer konträr zu seinen Wünschen. Schuld daran war das verkorkste Candle-Light-Dinner. Hätten sie einfach darauf verzichtet und auswärts gegessen, dann wäre ihnen die Misere erspart geblieben. Alles könnte so schön romantisch sein. Sonne, Sand und Wattenmeer, herrliches Wetter am Jadebusen und eine wunderbare

Frau an seiner Seite, die schon bald noch einmal Ja sagen würde. Stattdessen war seit dem ersten Urlaubsabend im Kreis der Friesenfüße ein fetter Wattwurm drin. Genau genommen, seit sich alles nur noch um Oliver Dauer drehte. Im Leben und nun auch im Tod. Leider Gottes durfte er sich seinen Frust nicht anmerken lassen, weil Rosa ihm sonst sofort Kaltherzigkeit und Schlimmeres vorwerfen würde. Zu Unrecht, denn selbstverständlich bedauerte er das tragische Ereignis ebenso wie sie und hätte dem Mann noch ein langes Leben gegönnt. Aber was ging das Ganze ihn und Rosa eigentlich an?

Mit einem Stoßseufzer schloss er das Mailprogramm, klappte den Laptop zu und widmete sich dem mokkaähnlichen Kaffee. Agnes hatte ihn schon vor geraumer Zeit serviert, inzwischen war sein Spezialgebräu nur noch lauwarm. Nach dem letzten Schluck stellte er die Tasse ab. Ein Nickerchen wäre jetzt nicht verkehrt. Er lehnte sich bequem im Korbsessel zurück und wollte gerade die Augen schließen, als ein Mann und eine Frau die Sonnenterrasse der Pension betraten. Neue Gäste, vermutlich am Wochenende angekommen, denn Sebi konnte sich nicht erinnern, sie schon einmal gesehen zu haben. Nach einem grüßenden Nicken in seine Richtung nahmen sie in der Sitzmuschel direkt neben dem Fenster Platz. Agnes brachte ihnen kurz darauf ein Tablett mit Tee und Gebäck. Ein gut situiertes Paar Ende fünfzig, vermutete Sebi. Beide sonnengebräunt, gepflegtes Äußeres, sportlich-elegante Kleidung. Er sah einem Schauspieler ähnlich, dessen Name ihm aber spontan nicht einfiel. Kurz nachdem sie sich gesetzt hatten, zog sie ein Buch aus der Handtasche und begann zu lesen.

Der Mann rührte lange im Tee, betrachtete dabei Wiebkes verwilderten Garten und sagte dann zu seiner Begleiterin: »Richtig schön hier.« Eine Antwort erhielt er nicht. Daraufhin ließ er den Blick über die Terrasse schweifen, wo er an Sebis Füßen hängen blieb. »Racer. Die gleichen habe ich auch. Bin sehr zufrieden mit dem neuen Modell, ist viel dynamischer als der Vorgänger.«

Schlagartig fiel Sebi ein, an wen der Gast ihn erinnerte. Groß und schlank, aristokratische Haltung, leichter Silberblick – und sogar die sonore Stimme passte: Sky du Mont. Eine etwas jüngere Version allerdings.

Unwillkürlich schaute Sebi ebenfalls nach unten auf seine neongelben Schuhe. Warum um alles in der Welt spielte der Mann nicht passend zum weißen Edel-Poloshirt, den weißen Shorts mit Bügelfalte und den weißen Wildleder-Mokassins in seiner Freizeit Tennis? Oder Golf? Aber nein, er war Läufer. Und erwartete jetzt irgendeine Reaktion.

»Ja, ich finde die auch okay. Zum Vorgängermodell kann ich nichts sagen, so lange jogge ich noch nicht.« Damit hoffte Sebi, der Höflichkeit Genüge getan zu haben, und setzte schnell die Sonnenbrille auf, um sich hinter getönten Gläsern vor dem interessiert auf ihm ruhenden Blick zu verschanzen. Bloß keine Konversation über das Laufen ...

Skys kontaktfreudiger Doppelgänger wusste das Abwehrsignal nicht zu deuten, sondern stand auf. Er schlenderte zu Sebi, um sich als Leander Graf vorzustellen und fragte, ob er sich zu ihm setzen dürfe. Damit hatte sich die Sache mit dem Nickerchen endgültig erledigt. Herr Graf teilte mit, dass er und seine Frau in der Nähe von Bremen lebten und einen spontanen Kurzurlaub in Dangast verbrachten. Die Racer schnüre er nur, um mit fortschreitendem Alter noch fit für den Tennisplatz zu sein. Letzteres vernahm Sebi mit Freude, bedeutete es doch, dass er nicht an den nächsten Lauffanatiker geraten war. So uninteressant er das Thema Tennis auch fand, zumindest störte es seinen Seelenfrieden nicht. Doch mit Tennis hielt Herr Graf sich nur kurz auf, um alsdann die Pension zu loben. »So ein nettes Haus. Hat was Uriges. Schlicht, aber gemütlich.«

»Finden meine Frau und ich auch«, stimmte Sebi zu. »Wir kommen immer wieder gern hierher, zumal wir keine weite Anreise haben. Erholung pur ab dem ersten Urlaubstag.«

Herr Graf nickte. »Wissen Sie, wir haben ein Reisebüro, spezialisiert auf Kreuzfahrten und Fernreisen. Hauptsache weit weg, exotisch, so tickt unsere Kundschaft. Wir waren bisher schon von Berufs wegen festgelegt auf Luxusurlaub rund um den Globus.«

Sebi konnte sich das gediegene Ehepaar Graf sofort als Passagiere auf der Aida oder als Weltreisende vorstellen. Umso verwunderlicher, dass sie sich nun mit der Pension Zum Jadebusen begnügten.

Als wären seine Gedanken ein offenes Buch, fuhr Herr Graf fort: »Ab jetzt wollen wir etwas anderes. Genau so etwas wie hier, ein einfaches Gasthaus mit rustikalem Charme. Wir haben die halbe Welt bereist, aber unsere nähere Umgebung kennen wir kaum. Noch nicht mal den Jadebusen. Keine hundert Kilometer von Bremen entfernt, trotzdem waren wir nie hier. Unvorstellbar, oder?«

»Na, lieber spät als nie. Ich wünsche Ihnen jedenfalls einen schönen Aufenthalt«, arbeitete Sebi auf das Ende der Unterhaltung hin und sortierte gleichzeitig seine langen Beine, um aus dem Loungesessel zu klettern. »Man sieht sich bestimmt.«

»Ja, das hoffe ich doch. Wir bleiben aber leider diesmal nur eine Woche. Dann fahren wir zurück nach Bremen und holen den Kleinen ab. Auch wegen Fiete werden wir in Zukunft unsere Urlaube an der Nordsee verbringen.«

Auf einmal hatte Sebi es noch eiliger. Nichts wie weg hier, bevor Herr Graf anfing, von seinem Enkelkind zu schwärmen. Doch ausgerechnet jetzt meldete sich dessen Frau aus der Sitzmuschel zu Wort. »Ja, aber mit Fiete bedauerlicherweise nicht in dieser Pension.«

Sie legte ihr Buch auf dem Polster ab und kam zu ihnen. Ihren Mann küsste sie liebevoll auf die Wange und gab Sebi die Hand. »Entschuldigen Sie bitte, dieser Krimi ist so spannend, dass ich alles um mich herum vergessen habe. Mein Name ist Kirsten Graf.«

Sebi stand auf. »Sebastian Fink, schön, Sie kennenzulernen.« Dann setzte er sich wieder. Die Höflichkeit gebot es, wenigstens noch ein paar Minuten zu warten, bevor er das Weite suchte.

»Herr Fink, Sie sind doch Stammgast«, wendete sich Herr Graf an ihn. »Vielleicht können Sie Frau Janssen umstimmen? Es wäre doch zu schön, wenn wir Fiete mitbringen könnten.«

»Das einzige Problem wird sein, dass es hier keine größeren Familienzimmer gibt. Aber Frau Janssen wird sicher eine Lösung für Ihr Enkelchen finden«, gab sich Sebi zuversichtlich.

»Kein Kind, ein Welpe«, stellte Frau Graf lächelnd richtig. »Fiete ist ein Zwergpudel. Sogar wenn er mal ausgewachsen ist, passt er noch in meine Handtasche. Und Pudel haaren nicht, da muss Frau Janssen keine Sorge haben.«

Sebi liebte Pudel. Es waren sehr menschenbezogene, kluge Hunde, die heute glücklicherweise nicht mehr durch die Löwenschur verunstaltet wurden. Er hatte selbst schon mit einem Pudel geliebäugelt. Aber für das Grafenpaar sah er nun doch schwarz. Wiebke mochte keine Hunde, egal, welche Rasse und Größe. Für sie waren alle Tölen. So, wie sie immer über die Unsitte schimpfte, die Tölen am Strand frei laufen und ihr Geschäft verrichten zu lassen, würde sie niemals einen Hund in ihrer Pension aufnehmen.

»Moin, zusammen. Wie schön, ich sehe, Sie haben schon Bekanntschaft geschlossen!«, ertönte in diesem Moment Wiebkes Stimme durch die offene Glastür zum Frühstücksraum. Mit einem Zettel in der Hand betrat sie die Terrasse und kam an den Tisch. »Sebi, eben habe ich diese Notiz von Agnes gefunden. Sie hat wohl vergessen, Rosa zu benachrichtigen. Weißt du, wo sie ist?« Sie scannte die Terrasse, als ob Rosa sich irgendwo versteckte.

»Unterwegs, sie wollte zum Strand. Kein Problem, ich muss jetzt auch los und gebe ihn ihr«, versprach er.

Ein Blick darauf genügte, und schon verspürte er große Lust, den Zettel nicht nur in seiner Hosentasche, sondern komplett verschwinden zu lassen. In kindlich runder Schrift hatte Agnes eine Handynummer und *Nele Scholz Rückruf Frau Fink* darauf notiert. Sebi beschlich die dumpfe Ahnung drohenden Ungemachs. Ihm musste schleunigst etwas einfallen, um Rosa auf andere Gedanken zu bringen. Auf romantische Gedanken, die ihm und der baldigen Hochzeit galten. Immerhin verschaffte ihm das Stück Papier einen Vorwand, sich dezent zum Brainstorming zurückzuziehen.

Schon seit einiger Zeit beobachtete Rosa gemeinsam mit Nele eine Herde gemächlich grasender Schafe, die sich an den fetten Marschwiesen labten. Sie hatte Nele auf dem Weg zum Strand auf einer Bank am Deich entdeckt, wo sie allein saß, scheinbar in Gedanken versunken. Genau in dem Moment, als Rosa sich unbemerkt vorbeischleichen wollte, um die Ärmste nicht in ihrer Trauer zu stören, war Nele aus ihrer Versenkung aufgetaucht. Und so saßen sie nun Seite an Seite – mit Panoramablick auf die wolligen Vierbeiner. Wiebke hatte einmal erzählt, dass sie sich nicht nur als natürliche Rasenmäher betätigten. Nebenbei festigten sie auch den Deich, indem sie mit ihren Hufen darauf herumtrampelten. Die Schäfer bezeichneten das als goldenen Tritt. Tatsächlich hielten Deiche, die von Schafen beweidet wurden, den Sturmfluten eher stand. Es konnte hier sehr stürmisch werden, wobei Wiebke zu sagen pflegte: Sturm ist erst, wenn die Schafe keine Locken mehr haben.

Rosa befand sich in einer Zwickmühle. Ihr klangen noch Olis an Sebi gerichtete Worte am Strand den Ohren. Er hatte sich bedroht gefühlt. Von Engel, nicht von Achim. Und dann die Vergiftungstheorie von Moritz Engel. Doch diese Theorie war das Letzte, was sie der armen Nele zumuten konnte. Zumal die auch noch mit Olis Untreue zusammenhing. Nicht zum ersten Mal fragte Rosa sich, wo Oli die Energie für seine Eskapaden hergenommen hatte. Laufen zehrte doch an den Kräften. Früher, als Sebi noch für das Sportabzeichen trainieren musste, war mit ihm nach einem Lauf in der Hinsicht nicht mehr viel los gewesen. Im Moment wirkte Nele erstaunlich gefasst. Wenn aber nun herauskäme, dass Oli etwas mit Achims Frau Gesa gehabt hatte und deshalb möglicherweise keines natürlichen Todes gestorben war, würde sich das ändern.

»Hat man dir eigentlich ausgerichtet, dass ich heute Mittag angerufen und um Rückruf gebeten habe?«, fragte Nele.

»Nein, ich weiß von nichts.«

»Ach so. Eigentlich wollte ich deinen Mann sprechen, um mich bei ihm zu bedanken, aber ich hab seinen Namen vergessen und darum nach dir gefragt.«

»Sebi«, half Rosa Nele auf die Sprünge.

»Richtig, Sebi. Wenn er nicht eingegriffen hätte, als Oli am Boden lag, wäre ich total durchgedreht. Er ist sehr nervenstark.«

»Na ja, als alter Polizist ist er einiges gewohnt.«

»Er ist bei der Polizei?« Neles Körperhaltung straffte sich.

»Früher. Jetzt arbeitet er als Privatdetektiv.«

Jetzt schaute Nele nicht länger auf die Schafe, sondern zu ihr. »Meinst du, ich könnte mit Sebi mal sprechen? Du wirst mich jetzt sicher für verrückt halten, aber Oli ... das war nie und nimmer nur plötzliches Herzversagen.«

Rosa traute ihren Ohren nicht. Erst sprach Moritz Engel von Vergiftung, jetzt kam auch noch Nele mit der Vermutung um die Ecke, dass etwas faul wäre an dem Todesfall.

»Oh? Aber was denn dann?«, fragte sie, gespannt, was sie jetzt zu hören bekäme.

»Wenn ich das wüsste. Heute Morgen war ich deswegen im Krankenhaus. Der Chefarzt wollte mir erst keine Auskunft erteilen. Dr. Marquardt, so ein Halbgott in Weiß. Er kam mir mit Rechtsvorschriften und ärztlicher Schweigepflicht über den Tod hinaus. Oli und ich haben ja nicht zusammengelebt.«

»Als Freundin hast du leider keine Rechte. Konntest du ihm klarmachen, dass du trotzdem so etwas wie Olis Lebensgefährtin warst?«

»Ja, zumal Oli außer seinem Bruder Andreas keine nahen Verwandten hat. Andreas und er waren zerstritten, es gab wohl schon seit Jahren keinerlei Kontakt mehr. Aber trotzdem ist der Bruder als nächster Angehöriger derjenige, der sich nun um alles Weitere kümmern soll.«

Als wollte es einen Kommentar zu Neles Worten abgeben, blökte das am nächsten stehende Schaf jämmerlich. Zwei weitere gesellten sich dazu und taten es ihm nach. Nele starrte eine Weile auf das Schafstrio, bevor sie offenbarte: »Ich bin froh darüber, dass ich mich damit nicht befassen muss. Mir würde das jetzt zu viel.«

»War es für den Arzt eindeutig Herzversagen?«, versuchte Rosa, sich Neles Zweifeln an der Todesursache wieder zu nähern.

»Ganz eindeutig. Er dozierte etwas von Sekundentod aufgrund einer unerkannten Vorerkrankung des Herzens. Ich weiß aber genau, dass Oli sich regelmäßig checken ließ. Sein Herz war in Ordnung. Hat Dr. Marquardt nicht gelten lassen, sondern darauf beharrt, dass sich Auffälligkeiten bei einer Standarduntersuchung nicht immer erkennen ließen. Die Betroffenen würden sich fit fühlen und keinerlei Symptome zeigen, bis es eines Tages dann plötzlich, unerwartet und schnell passiert.«

Rosa dachte an Engels Vermutungen und die grüne Trinkflasche in seinem Auto. Doch die Erklärung des Arztes klang nachvollziehbar. Unglaublich fand sie an der Sache eigentlich nur, dass Oli überhaupt so lange durchgehalten hatte, bevor er umgekippt war. »Es war schrecklich heiß und dann diese Extrembelastung. So etwas könnte auch ein gesundes Herz an die Grenzen bringen«, gab sie zu bedenken.

»Rosa, für einen normalen Menschen ist die Belastung jenseits des Vorstellbaren. Aber bei Ultraläufern darf man keine normalen Maßstäbe anlegen. Wir Friesenfüße sind ein bisschen verrückt, so wie alle Ultraläufer. Aber wir bereiten uns auf solche Events vor und kennen unseren Körper in- und auswendig. Dr. Marquardt konnte mir jedenfalls auch keine schlüssige Begründung für den massiven Flüssigkeitsmangel bei Oli liefern. Ganz bestimmt hat er ausreichend getrunken. Er hatte extra einen großen Kanister mit seinem eigenen Getränk am Verpflegungsstand deponiert.«

Nele hatte also keinen speziellen Verdacht. Sie suchte lediglich nach einer Erklärung für das Unfassbare. Rosa überlegte, wie sie Sebi da raushalten konnte. Er würde durchdrehen, wenn nach Moritz Engel auch noch Nele mit seltsamen Vermutungen an ihn herantrat.

»Sebi wird dir da leider nicht weiterhelfen können. Er ist froh, wenn er es schafft, fünf Kilometer zu laufen.«

»Ja, ich erinnere mich noch, dass Achim sich bei unserer Feier darüber lustig gemacht hat. Aber als Polizist wird er wissen, ob der Arzt einfach entscheiden darf, dass keine Notwendigkeit für eine Obduktion besteht. Dr. Marquardt weigert sich, eine anzuordnen.«

Nun musste Rosa sich doch sehr wundern. »Du willst Oli aufschneiden lassen?«

»Warum nicht? Dann hätte ich Gewissheit, ob an der Sache nicht doch etwas faul ist. Außerdem ...« Nele kniff die Augen zusammen. Nach einer kurzen Pause brachte sie den Satz entschlossen zu Ende. »Außerdem liegt Oli tot im Kühlraum der Klinik, schlimmer kann es für ihn nicht mehr werden.«

Rosa war beeindruckt von Neles Pragmatismus. »Da ist was Wahres dran.«

»Das klingt jetzt vielleicht etwas gefühlskalt, aber überleg doch mal, Rosa: Wenn Oli keines natürlichen Todes gestorben ist, hat wohl irgendjemand nachgeholfen. Und der- oder diejenige gehört womöglich zu unserem Bekanntenkreis. Da ist eine Obduktion wohl das kleinere Übel!«

Nele schaute Rosa bittend an. »Kommt doch morgen zum Tee. Ich habe die Woche freigenommen.«

»Ich frage Sebi. Und dann sehen wir mal weiter.« Es kam Rosa so vor, als hätte sie das heute schon mal gesagt.

9
Zwickmühle

Das Schrillen einer Fahrradklingel riss Rosa aus ihren Gedanken, als sie nach der Begegnung mit Nele langsam über den Deich zurückging. Nur durch einen kleinen Hüpfer zur Seite konnte sie noch verhindern, dass der Radler, der geklingelt hatte, sie über den Haufen fuhr.

»Rücksichtsloser Idiot!«, schimpfte sie ihm hinterher.

Als hätte er es gehört, bremste der Radrowdy und blieb etwa hundert Meter entfernt stehen.

»Frau Fink?«, rief er ihr zu. »Entschuldigen Sie vielmals. Ich habe noch versucht auszuweichen, aber Sie sind mitten auf dem Weg gelaufen.«

An der Stimme erkannte auch sie den Mann, der nun neben dem Rennrad stand und seinen Helm abnahm, während er auf sie wartete. Moritz Engel, offenbar in seiner Freizeit nicht nur Stalker, sondern auch Kampfradler.

»Schon gut, ich bin mit dem Schrecken davongekommen. Sie wollen Ihr Auto abholen?«

»Das war der Plan. Sind Sie auch auf dem Weg zur Pension?«

Engel schien gut geschlafen zu haben. Er sah bedeutend fitter aus als am Morgen. In seiner Radmontur fand Rosa ihn gar nicht mal so unansehnlich. Kein knackiges Sahneschnittchen wie Oli zu Lebzeiten, aber ganz adrett. Ein angedeutetes Kopfnicken reichte ihm als Einverständnis. Er fasste das Rad am Lenker, um es neben sich herzuschieben.

»Dann begleite ich Sie das letzte Stück, wenn Sie nichts dagegen haben.«

Rosa kam direkt zur Sache. »Glauben Sie immer noch, Oli wäre vergiftet worden?«

Ein klares Ja oder Nein auf ihre Frage hatte Rosa nicht unbedingt erwartet, aber zumindest irgendeine Antwort. Engels einzige Reaktion war jedoch ein unschlüssiges Heben und Senken der Schultern.

»Heute Morgen haben Sie uns extra deswegen in der Pension aufgesucht und kaum haben Sie über die Sache geschlafen, fällt Ihnen nicht mehr ein als ein Achselzucken?«

»Ich meine, dass Achim sich an Olivers Buddel zu schaffen gemacht hat. Aber es war ziemlich dunkel.«

Schwammiger konnte man es wohl nicht formulieren. Einen Moment erwog Rosa, ihm von der Unterhaltung mit seiner Ex-Freundin zu berichten, verwarf den Gedanken aber sofort wieder. Lieber keine schlafenden Hunde wecken. Sie würde erst einmal für sich behalten, dass Nele ebenfalls Zweifel an der Todesursache geäußert hatte.

»Und was ist mit der Affäre von Achims Frau und Oliver, sind Sie da hundertprozentig sicher? Woher wissen Sie überhaupt davon?«

»Na ja«, begann Engel zögernd. »Die beiden haben sich auf dem Hof von Frau Janssen geküsst, nachdem Gesa die Feier verlassen hat. Achim hat es von der Tür aus gesehen. Er ist aber direkt wieder reingegangen, ohne sich bemerkbar zu machen.«

Rosa funkelte Moritz empört von der Seite an. »Sagen Sie bloß, während der Feier haben Sie vor der Pension auf der Lauer gelegen? Meine Güte, das ist wirklich krank.«

»Ich schäme mich sehr dafür«, murmelte Engel mit gesenktem Kopf.

»Will ich doch schwer hoffen. Wenn es stimmt, dass Einsicht der erste Schritt zur Besserung ist, haben Sie immerhin eine Fußlänge Abstand vom Straftatbestand der Nachstellung gewonnen.«

Während sie langsam weitergingen, dachte Rosa über den Kuss nach, den Engel beobachtet haben wollte. Oli und Achim hatten die ganze Zeit am Tisch gesessen. Gesa war früher aufgebrochen. Ohne Achim, so viel wusste sie noch. Normalerweise funktionierte ihr Gedächtnis wie eine Foto-Speicherkarte, doch die gespeicherten Schnappschüsse von der Friesenfuß-Feier waren alkoholbedingt sehr verschwommen. Vielleicht half der Trick des Visualisierens bei der Erinnerung. Sie blieb stehen, um sich mit halb geschlossenen Augenlidern auf die Bilder zu konzentrieren. Zwischen Achim und Oli saß Gesa. Wiebke brachte Friesengeist. Gesa wollte nach Hause, Achim nicht. Malte huschte in ein Bild. Achim sprach mit Malte: *Du musst doch auch Richtung Wilhelmshaven, kannst du mich später mitnehmen?* Malte nickte. Gesa verabschiedete sich. Der kleine Jupp riss einen Witz auf Kölsch über Olis und Achims Blasenschwäche ...

Jetzt sah Rosa es klar vor sich. Die beiden waren kurz hintereinander Richtung Toilette verschwunden, nachdem Gesa sich verabschiedet hatte. Theoretisch könnte Oli Gesa gefolgt sein und Achim hätte dann vielleicht zufällig mitbekommen, wie die beiden sich küssten. Wäre auch eine Erklärung dafür, dass er urplötzlich von alkoholfreien Getränken auf Bier und Schnaps umgestiegen war.

Rosa öffnete die Augen. »Könnte es ein harmloses Abschiedsküsschen gewesen sein?«, erkundigte sie sich bei Engel, der ebenfalls stehengeblieben war.

»Definitiv nicht. Das war ein leidenschaftlicher Kuss.«

»Okay, aber der Beweis für eine Affäre ist das nicht. Für Achim war es sicher ein Schock, aber aus einem Kuss können Sie doch nicht allen Ernstes ein Tatmotiv herleiten. Sonst wären weltweit die Straßen mit Leichen gepflastert.«

»Zu diesem Schluss bin ich auch gekommen«, sagte Engel kleinlaut.

Sie hatten die Pension fast erreicht. Sebi würde Engels Zurücknahme der Anschuldigung erfreut zur Kenntnis nehmen. Weniger erfreut würde er sein, wenn er erführe, dass nach Engel nun auch Nele Zweifel an einem natürlichen Todesfall äußerte. Konnte man ignorieren, dass zwei Menschen die Sache nicht geheuer erschien, und zwar unabhängig voneinander? Bevor sie mit Sebi sprach, wollte sie genauer wissen, was Engel gesehen hatte.

»Was meinten Sie damit, Achim hätte sich an Olivers *Buddel zu schaffen gemacht*?«

Diesmal war es Engel, der stehen blieb. »Da muss ich etwas weiter ausholen. Ich bin abends zum See gefahren und habe die Verpflegungsstelle beobachtet. Jemand vom Verein saß dort und hat die absolvierten Runden notiert. Als es dunkel wurde, hat er eine Fackel angezündet. Die Läufer trugen Stirnlampen. Der kleine Ältere war wie ein Uhrwerk, der kam alle zwölf Minuten vorbei.«

»Allein? Sollte das nicht ein Gemeinschaftserlebnis sein?«

»Keine Ahnung. Zumindest in der Nacht hat wohl jeder sein Ding gemacht.«

»Was war mit der Flasche?«

»Auf dem Tisch standen diverse Getränke. Oliver hat nur aus der grünen Buddel getrunken und sie bei Bedarf nachgefüllt.«

Rosa musste an den extremen Flüssigkeitsmangel denken. »Hat er oft getrunken?«

»Ja, so oft, dass er häufig in die Botanik musste. Noch vor Sonnenaufgang ist dann Achim dazugestoßen und hat drei Stunden seine Runden gedreht. Gegen sieben Uhr hat er zusammen mit dem älteren Läufer eine Pause gemacht. Der hat sich kurz mit dem Vereinskollegen am Tisch unterhalten und dann seinen Rucksack unter dem Tisch gesucht, um Schuhe zu wechseln. Als er damit beschäftigt war, ist Achim mit Olivers Trinkflasche in die Büsche verschwunden. Anschließend hat er sie wieder zurückgestellt.«

»Er wird einfach die falsche gegriffen haben«, nahm Rosa an.

»Das glaube ich nicht. Achim hatte sein Getränk bei sich. Er trug ein Camelbak.«

Rosa ärgerte sich, dass Engel voraussetzte, sie wüsste, wovon er redete. »Sagt mir nichts.«

»Ein Sportrucksack, in den eine Trinkblase mit Schlauch integriert ist.«

Jetzt begriff Rosa, was er meinte. Das sprach allerdings tatsächlich gegen eine Verwechslung. Falls Achim irgendeine Substanz in die grüne Flasche hineingefüllt hatte, dann jedenfalls kein sofort wirkendes Gift. Oli war gegen zehn umgekippt, also einige Stunden später. Aber müßig, jetzt darüber zu spekulieren.

»Wollen wir weiter?«, schlug sie darum vor.

Keine fünf Minuten später erreichten sie den Hof und Engel öffnete die Kofferraumtür. Während er sein Rad verstaute, beäugte Rosa Olis giftgrüne Flasche, die den ganzen Tag in dem von der Sonne aufgeheizten Wagen gelegen hatte, und dachte an Sebis Kommentar mit den Fingerabdrücken.

»Könnten Sie die Buddel Nele geben?«, fragte Engel, der ihren abwägenden Blick wohl gesehen hatte.

Kurz schoss ihr durch den Kopf, ob sie Spülhandschuhe aus der Küche holen sollte, aber er hielt ihr das Corpus Delicti schon entgegen. Egal, nach Stand der Dinge würde diese Flasche ohnehin nie auf Fingerabdrücke untersucht werden. Rosa nahm sie ihm ab. So leicht, wie sie sich anfühlte, konnte höchstens noch ein kleiner Rest darin sein. Für den würde sich auch niemand interessieren.

Sie wollte sich verabschieden. Doch Engel schien noch etwas auf dem Herzen zu haben. Er stieg nicht ein, sondern blieb stehen, räusperte sich und scharrte mit der Schuhspitze

Kreise in den Kies. Schließlich rückte er mit der Sprache heraus. »Eine Bitte hätte ich noch. Ich wäre Ihnen sehr dankbar, wenn Sie Nele bei der Gelegenheit sagen würden, dass ich alles versucht habe, Oliver zu retten.«

»Herr Engel, was das anbelangt, bin ich ganz bei Ihnen. Da sollte sie Ihnen nichts vorwerfen. Ansonsten, dieses Stalking ... aber das wissen Sie selbst.«

Rosas Rückkehr ließ auf sich warten, was Sebi sehr gelegen kam. Er dankte den höheren Mächten für seine spontane Eingebung. Zur schnellstmöglichen Umsetzung der genialen Idee benötigte er einmal mehr die guten Beziehungen seiner Zimmerwirtin. Für gewöhnlich war sie um diese Zeit im Büro, um von dort aus bei geöffneter Tür die Rezeption im Blick zu behalten. Doch die Bürotür war verschlossen und die Rezeption unbesetzt. Ob Wiebke immer noch bei dem Grafenpaar auf der Terrasse saß? Zurzeit waren die Grafs neben Rosa und ihm die einzigen Gäste. Angeblich lief die Pension aber bestens, von mangelnder Auslastung keine Spur. Vielleicht also nur ein kleines Sommerloch. Als er vom Speisezimmer aus nach draußen schaute, bestätigte sich seine Vermutung. Alle drei weilten auf der Terrasse. Frau Graf war wieder in ihren Krimi vertieft und Herr Graf unterhielt sich mit Wiebke über Kreuzfahrten.

»Für die Karibik sollte man drei oder besser vier Wochen einplanen, Frau Janssen«, hörte Sebi ihn sagen. »Aber es gibt auch einwöchige Kreuzfahrten. Wir haben die Ostsee auf der Nautica im Programm. Was meinen Sie, wie charmant ein Kurzurlaub auf diesem Kreuzer sein kann! Es geht von Stockholm bis Kopenhagen, mit Aufenthalt in St. Petersburg und Tallinn. Vor drei Jahren konnten wir uns selbst ein Bild machen. Sieben unvergessliche Tage und Nächte, wir waren hellauf begeistert. Die Suiten auf der Nautica sind im Stil der Dreißigerjahre eingerichtet. Viel Teakholz und lederne Clubsessel. Auch kulinarisch blieb mit fünf Gourmet-Restaurants kein Wunsch offen. Meine Frau wusste die Bibliothek und die Kunstsammlung an Bord besonders zu schätzen. Ich habe die grandiosen Showabende genossen. Was da geboten wurde …«

Niemand nahm von Sebi Notiz. Wiebke lauschte gebannt, und da er Herrn Graf nicht unterbrechen wollte, hatte er im Hintergrund auf eine Redepause gewartet. Doch die zeichnete sich nicht ab. Im Gegenteil, gleich würde es nahtlos mit den Details des Showprogramms weitergehen. Er musste sich bemerkbar machen. »Entschuldigen Sie die Störung – Wiebke, hast du eine Minute Zeit?« Sebi gab ihr ein Zeichen, dass er unter vier Augen mit ihr reden wollte, worauf sie aufstand und zu ihm kam.

»Was gibt es denn?«

»Ich möchte Rosa mit etwas Besonderem überraschen.«

»Das weiß ich doch. Von mir erfährt sie natürlich kein Wort.«

Wiebke klang etwas unwirsch, sodass Sebi schnell hinterherschickte: »Nein, nicht die Trauung. Du hast uns doch einmal von dem Schlafstrandkorb erzählt, der im Sommer so beliebt ist bei Paaren. Rosa fand die Vorstellung romantisch und abenteuerlich. Direkt am Strand übernachten, nur das Meer, der Sternenhimmel, sie und ich und eine Flasche Schampus. Ich konnte mich nicht dafür begeistern, weißt du ja. Aber jetzt will ich ihr damit eine Freude machen. Sie auf andere Gedanken bringen … Die Sache am See hat sie doch sehr mitgenommen. Besteht eine Chance, diesen Schlafstrandkorb kurzfristig für eine Nacht zu mieten, wenn du ein gutes Wort für mich einlegst?«

Wiebke guckte ihn aus geweiteten Augen an, als hätte er den Verstand verloren. »Kann ich versuchen. Aber hast du dir das Ding mal angesehen?«

Nachdem Sebi zugeben musste, das nicht getan zu haben, versuchte Wiebke es ihm auszureden. »Das Ding ist winzig und du bist ein großer, breiter Kerl. Ob du da mal reinpasst – und dann auch noch zusammen mit Rosa. Außerdem zieht Schietwetter heran. Wir sagen zwar immer, Regen isses erst, wenn die Heringe auf Augenhöhe schwimmen, aber wenn es in der Nacht aufs Verdeck pladdert und der Wind daran zerrt, ist Schluss mit Romantik. Es sind schon einige Pärchen vom Strand zu mir in die Pension geflüchtet und waren froh, wenn sie noch ein gemütliches festes Dach über dem Kopf bei mir bekommen haben.«

»Ach, wir sind hart im Nehmen. Wuppertal ist die regenreichste Stadt in Deutschland, an Schietwetter sind wir gewöhnt. Und wenn es eng ist, ist es auch schön kuschelig.«

»Wenn du meinst«, gab Wiebke klein bei. »Ich walke morgen früh auf einen Schnack zum Campingplatz und frage nach. Aber versprechen kann ich nichts. Ich sage dir dann Bescheid.«

Nachdem er sich überschwänglich bedankt hatte, nahm sie wieder neben Leander Graf Platz. Der ließ sich nicht lange bitten und knüpfte direkt dort an, wo er unterbrochen worden war. »Das Bord-Entertainment war erstklassig …«

Mit Kreuzfahrterlebnissen konnte Sebi ebenso wenig dienen wie mit Silberblick, Bügelfalten und samtig-schnurrender Schauspieler-Stimme. Herr Graf hätte durchaus Chancen, zum neuen Lieblings-Stammgast zu avancieren – wäre da nicht Fiete gewesen. Sebi schmunzelte und verließ das Speisezimmer. Er hatte gerade den Flur erreicht, als die Tür zum Hof von außen geöffnet wurde. Rosa trat ein, ein wenig erhitzt und die rotblonden Locken vom Wind kräftig durchgepustet. Als sie ihn bemerkte, ließ sie durch ein spontanes Begrüßungsküsschen erkennen, dass sie ihm wieder wohlgesonnen war. Welch eine Freude, denn dicke Luft konnte er als harmoniebedürftiger Mensch schlecht vertragen. Die grüne Trinkflasche in ihrer Hand nahm er erst nach dem Kuss wahr.

Wahrscheinlich starrte er eine Spur zu lange darauf, denn Rosa sagte lächelnd: »Entspann dich! Engel hat eben sein Auto abgeholt. Er beabsichtigt nicht mehr, deine Dienste in Anspruch zu nehmen.«

»Da habe ich ja noch mal Glück gehabt. Und was hast du mit der Flasche vor?«

»Er hat mich gebeten, sie Nele zu geben.«

Sebi fiel der Zettel wieder ein, der in seiner Hosentasche steckte. »Die hat übrigens hier angerufen und wollte dich sprechen. Hier ist ihre Handynummer.«

»Weiß ich schon. Ich bin ihr am Deich begegnet. Dangast ist ein Dorf, noch übersichtlicher als Cronenberg.«

»Und was wollte sie?«

»Das willst du nicht wissen.«

»Nicht?«

»Bestimmt nicht.«

Wenn es Rosas Absicht gewesen war, seine Neugier zu wecken, hatte sie es geschafft. Andererseits mahnte ihn eine Stimme, nicht weiter nachzufragen. Es könnte etwas zu Tage befördert werden, das er wirklich nicht wissen wollte. Eine Zwickmühle.

»Nun sag schon.«

»Na gut. Aber nicht im Flur, ich erzähle es dir in Ruhe. Was hältst du davon, wenn wir gleich nach Wilhelmshaven fahren und schick essen gehen? Ich wäre für dieses Restaurant mit Blick auf die Deichbrücke. Da gibt es den gebackenen Ziegenkäse mit Rhabarber-Chutney.«

Für einen Restaurantbesuch war er immer zu haben, das wusste Rosa genau. Glaubte sie ernsthaft, dass er die Absicht hinter dem Vorschlag nicht erkannte? Natürlich wollte sie ihn in eine Falle locken. Säßen sie erst einmal dort beim Essen, gäbe es kein Zurück. Es musste sich um eine sehr heikle Angelegenheit handeln, wenn sie in eine dermaßen durchsichtige Trickkiste griff. Leider interessierte ihn die Sache nun noch mehr – und Appetit verspürte er auch.

Der Abend verlief so harmonisch, dass Sebi kaum noch daran dachte, warum er hierher gelotst worden war. Nachdem sie in der Nähe des Innenhafens einen Parkplatz gefunden hatten, flanierten Rosa und er Arm in Arm über die Jadeallee. Sie trug das korallenrote T-Shirt, in dem er sie so gern sah, weil es ihre Rundungen hervorhob und die knallige Farbe ihre blauen Augen leuchten ließ. Zum ersten Mal in diesem Urlaub fühlte er sich wie im Honeymoon.

Im Lokal war noch ein Zweiertisch mit Meerblick frei. Während sie auf die Vorspeise warteten, schauten sie gemeinsam die neuesten Fotos von Rudi und Ruby an. Es waren viele Fotos. Gefühlt hunderte. Rudi und Ruby beim Erklimmen eines kleinen Kratzbaums. Rudi und Ruby auf dem Katzenklo. Beim Fressen. Beim Schlafen. Beim Spielen. Die beiden waren wirklich entzückend, das musste Sebi zugeben, obwohl ihn die schiere Menge der Bilder erschlug.

Das Hauptgericht bot ihm Gelegenheit, vom Grafenpaar zu berichten. Rosa amüsierte sich köstlich bei seinem Versuch, Leander Grafs wohlklingendes Schnarren und den leichten Silberblick zu imitieren. Schließlich wurde der Nachtisch serviert, eine lockere Mascarponecreme mit gerösteten Pistazien. Rosa leckte den Löffel jedes Mal, wenn sie ihn zum Mund führte, genüsslich ab. Kurz nachdem sein Dessertglas geleert war, legte auch sie ihren Löffel zur Seite. Eine Pistazie hatte er sich bis zum Schluss aufgehoben.

Sie bewahrte ihn nun davor, Rosa mit offenem Mund anzustarren, als sie fragte: »Würdest du bei Oli eine Obduktion für sinnvoll halten? «

Mit einem kräftigen Biss zerknackte er die Pistazie. »Wie kommst du denn auf so etwas?«

»Dich interessierte doch, was Nele wollte. Sie hat mich darum gebeten, dich zu fragen.«

»Woher soll ich das wissen? Bin ich Mediziner?«

»Nein, aber ehemaliger Polizeibeamter.«

»Das ist doch absurd.«

Mit einem Mona-Lisa-Lächeln wies Rosa alle Schuld von sich. »Ich habe dich gewarnt, dass du es nicht wissen willst.«

»War klar. Immerhin hast du mit dem unappetitlichen Teil bis zum Ende des Essens gewartet. Das rechne ich dir hoch an.«

Sebi bedauerte sehr, dass er aus Gründen der Fahrtüchtigkeit nicht noch ein Glas Wein bestellen konnte. Ganz bewusst hatte er sich als Polizist gegen eine Laufbahn bei der Kripo entschieden. Er war Polizeikommissar gewesen und kein Kriminalkommissar. Jeder Polizist musste sich in seiner Ausbildung zumindest theoretisch mit Leichen befassen. Er war früh zum Entschluss gekommen, es bei der Theorie zu belassen. Leichen lagen ihm nicht, innere Leichenschauen schon mal gar nicht. Bei der Schutzpolizei hatte er die Konfrontation mit Toten nicht immer vermeiden können, aber doch meistens. Alles, was er über Obduktionen wusste, war ebenfalls rein theoretischer Natur.

Ihm musste eine möglichst einfache und kurze Antwort einfallen, mit der Rosa und Nele sich zufriedengeben würden. »Schatz, Nele verwechselt die klinische Sektion mit der gerichtsmedizinischen Obduktion. Abgesehen davon, dass ich nicht bei der Kripo war und mich eher mit Verkehrs- als mit Tötungsdelikten herumgeschlagen habe, geht es in diesem Fall um eine natürliche Todesursache. Da wird im Normalfall nicht obduziert. Und wenn, dann nur nach ärztlicher Anordnung. Oder um nachträglich Behandlungsfehler auszuschließen. Oder vielleicht auch für die Forschung.«

»Und was ist mit dem Ausschließen oder Erkennen von Fremdverschulden?«

»Fremdverschulden und ungeklärte Todesursachen fallen meistens in den Bereich der gerichtsmedizinischen Obduktion.«

Rosa ließ den Satz einen Moment auf sich wirken. »Was ist, wenn eine Angehörige Fremdverschulden vermutet, der Arzt aber keine Obduktion anordnet?«

»Dann kann die Angehörige die Obduktion unter bestimmten Umständen beauftragen und muss sie selbst bezahlen. Apropos bezahlen.« Er gab der Bedienung ein Zeichen und zückte seine Brieftasche. Erst danach dämmerte ihm, was Rosa gerade angedeutet hatte. »Hat Moritz Engel Nele das eingeflüstert?«

»Hat er nicht. Das ist ja das Seltsame. Sebi, Nele hält große Stücke auf dich und deine Meinung. Sie hat uns morgen Vormittag zum Tee eingeladen. Tust du mir einen Gefallen und kommst mit? Sie möchte mit dir reden.«

Er nickte. Was blieb ihm auch anderes übrig, wenn er das Thema ein für alle Mal abschließen wollte.

10
Elführtje

Der Ankündigung, tapfer weiterwalken zu wollen, hatte Wiebke offenbar Taten folgen lassen. Rosa saß am nächsten Morgen bereits länger mit Sebi am Frühstückstisch, als sie sich blicken ließ. Noch in ihrer atmungsaktiven Freizeitkluft mit entsprechendem Schuhwerk schaute sie kurz zur Tür herein und verschwand nach einem *Moin* sofort wieder.

»Was ist nur mit ihr los?«, wunderte sich Rosa nicht zum ersten Mal in diesem Urlaub. In all den Jahren war es noch nie vorgekommen, dass Wiebke das Servieren des Frühstücks komplett Agnes überließ und Sebi mit dem laffen Filterkaffee aus der Thermoskanne vorliebnehmen musste.

»Vielleicht ist ihr das Ganze aufs Gemüt geschlagen, auch wenn sie es sich nicht anmerken lässt«, vermutete Sebi.

Aber als Wiebke eine Viertelstunde später wieder auftauchte, konnte Rosa keine Gemütsschwere bei ihr erkennen. Sie hatte sich umgezogen und es schien, als wäre sie bestens gelaunt. Auf jeden Fall redete sie so munter drauflos wie immer.

»Ich soll euch viele Grüße bestellen. Die Watt-Walkies sind erschüttert, besonders Ulla und Dortje. Malte lässt auch schön grüßen, der hat uns heute begleitet. Der Ärmste, dem ist das so nahegegangen. Jupp und er haben doch erst später mitbekommen, was passiert ist.«

Bevor Rosa sich für die Grüße bedanken konnte, wandte Wiebke sich Sebi zu und ließ verlauten: »Dich muss ich gleich kurz sprechen. Vorher mache ich dir schnell noch einen starken Kaffee.« Nach einem verschwörerischen Zwinkern eilte sie in die Küche.

»Hast du eine Ahnung, was sie von dir will?«

»Was weiß ich?«

Er nahm die letzte Scheibe Schwarzbrot und begann konzentriert, gesalzene Butter darauf zu verteilen. Mit größtmöglicher Sorgfalt verstrich er sie so, dass jeder Millimeter der Fläche gleichmäßig bedeckt war. Rosa kam es so vor, als wollte er durch diese Beschäftigung ihrem Blick ausweichen. Den Ahnungslosen spielte er wenig überzeugend. Wiebkes Gezwinker, sein gesenkter Kopf ... irgendetwas ging hier vor sich. Die beiden konnten sich noch so um Geheimhaltung bemühen, sie würde es herausfinden. Doch jetzt war nicht der passende Moment, denn Wiebke hatte sie mit ihrer Bemerkung über Olis Mitläufer an etwas erinnert, das ihr beinahe entfallen war.

»Malte und Jupp haben an dem Tag wirklich sehr sonderbar reagiert, oder?«

Sebi pflichtete ihr bei. »Die wären wohl weitergelaufen, wenn sie nicht jemand von der Strecke gezerrt hätte. Wahrscheinlich waren sie total in Trance.« Er biss herzhaft ins Butterbrot.

Rosa hielt den Zeitpunkt für gekommen, mit der Sache herauszurücken, die er noch nicht wusste. Sie musste ihm unbedingt von Moritz Engels Beobachtung erzählen, bevor sie sich gleich zum Vormittagstee mit Nele trafen. Fasziniert sah sie, wie seine dunklen Brauen beim Kauen abwechselnd in die Höhe schossen und sich wieder senkten, während sie in Kurzform wiedergab, was Engel ihr über Achims Mitnahme der Trinkflasche ins Gebüsch berichtet hatte.

Sie kam zum Ende, als Wiebke den Kaffee brachte und ohne sich länger am Tisch aufzuhalten sagte: »Bis nachher dann, bin im Büro.«

In schwierigen Situationen hielt Sebi sich gern an einem Getränk fest. Wenn sie abends über etwas diskutierten, griff er meist zum gefüllten Rotweinglas. Jetzt musste die Tasse herhalten, die in seinen großen Händen fast verschwand, als er sie hin und her drehte. Rosa überging Wiebkes Bemerkung. »Ich bin unschlüssig, ob Nele davon erfahren sollte oder nicht. Was meinst du?«

Die Tasse weiterhin umklammernd sagte er: »Das hängt davon ab, ob sie von Gesa weiß – und ob sie weiß, dass auch Achim im Bilde ist.«

»Vermutlich weder das eine noch das andere.«

»Dann kann sie mit der Information ohnehin nichts anfangen. Meine bescheidene Meinung dazu: Dauer ist tot. Damit muss Nele fertig werden. Es wird ihr kaum helfen, neue oder alte Wunden aufzureißen und darin herumzustochern.« Er nahm einen Schluck Kaffee, stellte die Tasse dann ab und rückte gleichzeitig mit einem Vorschlag raus. »Was hältst du davon, wenn ich mich gleich allein mit ihr treffe? Wenn du dabei bist, steigert ihr euch vielleicht zu sehr in Vermutungen hinein. Ich lasse sie reden und höre mir an, was sie auf dem Herzen hat. Vielleicht ist es das, was sie im Moment für ihren Seelenfrieden braucht.«

»Mach das. Du bist ein sehr guter Zuhörer«, erklärte Rosa sich ohne Zögern einverstanden. Tatsächlich erschien ihr der Vorschlag sinnvoll und eröffnete die Möglichkeit, sich nach einem neuen Kleid umzuschauen. Das cremefarbene saß immer noch etwas zu eng um die Taille und die Trauung war schon in einer Woche. »Vergiss nicht, die Flasche mitzunehmen. Ich fahre dann gleich noch mal nach Wilhelmshaven und gehe zu Nordisch Curvy.« So sparsam, wie Sebi guckte, bestand Erklärungsbedarf. »Die Boutique mit Farb-

und Typberatung. Da war ich im Frühling shoppen, als du verkatert im Bett lagst.«

Sofort hellte sich sein Gesicht auf, und Rosa ahnte, was ihn plötzlich so heiter stimmte. Er hasste Shoppingtouren wie die Pest. Da stellte eine Unterhaltung mit Nele, bei der er den Part des Zuhörens übernahm, wohl das deutlich kleinere Übel dar.

Auf dem Weg zu Nele grinste Sebi zufrieden vor sich hin. Glück musste man haben! Wegen des angesagten schlechten Wochenendwetters hatte ein Pärchen die Buchung des Schlafstrandkorbs storniert. Frohe Kunde, denn nun konnte er mit Rosa von Freitag auf Samstag darin übernachten. Wiebke würde den Schlüssel schon vorher abholen. Sie hatte sich extra nach den Maßen der Matratze erkundigt. Die war zwei Meter lang und hundertzwanzig Zentimeter breit. Etwas knapp, aber dafür umso kuscheliger. Als das geklärt war, hatte er in seiner Euphorie den fatalen Fehler begangen, von dem *Elführtje* bei Nele zu erzählen und war von Wiebke mit der Beschreibung des kürzesten Fußwegs nebst allerlei Zusatzinformationen versorgt worden. Das Apartment in der Dangaster Siedlung hatte Nele erst im Frühjahr gemietet, nach der Trennung von Moritz Engel. Als Einheimische war Wiebke stets darüber informiert, was im Ort vor sich ging. Wer wann wohin warum zugezogen war, verbreitete sich unter den Einheimischen in Windeseile. Kein Wunder, denn Dangast hatte als eines der kleinsten Nordseebäder keine sechshundert Einwohner, wie Wiebke zu berichten wusste. Sebis Gedanken schweiften ab. Er fragte sich, ob es inzwischen korrekterweise analog zu Studierenden Einwohnende heißen müsste. Aber Einwohnende klang wirklich bescheuert. Wiebke plapperte munter weiter, dass auf jeden Einwohner im Schnitt fünf Gästebetten und jährlich mehr als tausend Übernachtungsgäste kämen. Sie hätte wahrscheinlich auch die genaue Zahl der Gästebetten in den einzelnen Unterkünften nennen können. Darum war er schnell aus ihrem Büro geflüchtet. Trotzdem war er spät dran, denn der angeblich kurze Weg zog sich im Gegenwind. Von der nahenden Schlechtwetterfront war bisher weder etwas zu sehen noch zu spüren. Die Sonne lugte immer wieder zwischen rasch vorbeiziehenden Wolken hervor und wärmte angenehm.

Hinter dem Kurhaus beschleunigte Sebi seine Schritte. Der Stoffbeutel mit der Flasche, die er Nele bringen sollte, schlackerte. Er konnte hören, wie die Restflüssigkeit darin hin und her schwappte. Bevor er losgegangen war, hatte er das Teil neugierig kurz aufgeschraubt und ganz schnell wieder verschlossen. Was immer auch darin war, stank nach mehreren Tagen in der Wärme pestilenzartig nach vergorenen Kräutern. Das Beste würde sein, wenn Nele die Flasche mitsamt dem jauchigen Inhalt direkt in den Müll würfe. Eine Minute vor elf kam nicht nur die gesuchte Hausnummer an der Bordumer Straße in Sicht, sondern auch Nele. Sie stand an der Eingangstür und verabschiedete sich von einem hageren blonden Mann im hellgrauen Anzug. Erst als der Mann sich umdrehte und im Vorbeieilen kurz grüßte, erkannte Sebi ihn. Es war Malte. Wie sehr Anzug und Krawatte einen Menschen verändern konnten. In Laufklamotten sah er total anders aus.

»Moin Sebi«, begrüßte Nele ihn. »Wo ist denn Rosa?«

»Moin, ich soll dir viele Grüße von ihr ausrichten. Sie muss dringend etwas erledigen. Ich komme allein. Ist das okay?«

»Natürlich ist es das.«

»Hoffentlich habe ich Malte nicht vertrieben?«

»Nein, der muss wieder ins Büro. Er ist nur auf einen Sprung vorbeigekommen, um zu fragen, ob er mir irgendwie helfen kann.« Nele klemmte eine lose Strähne hinters Ohr und zog das Haargummi um ihr dünnes Zöpfchen am Hinterkopf strammer, während sie weitersprach: »Ist ein netter Kerl. Sonst hat sich noch keiner vom Verein bei mir blicken lassen. Noch nicht mal Jupp. Vielleicht traut er sich nicht, weil er Oli und Malte zu diesem Lauf überredet hat.«

»Ach so, der Lauf war Jupps Idee? Ich habe mich schon gefragt, wie man auf so etwas Bekloptes kommen kann.«

»Für seine verrückten Aktionen ist Jupp bekannt. Er ist ja schon ewig als Ultraläufer aktiv. Ein Urgestein, wie er immer sagt.« Ein kleines Lächeln huschte über ihr Gesicht. Sebi nahm es als gutes Zeichen. Neles emotionale Ausgangsbasis für ein zielführendes Gespräch schien stabil zu sein. Gerade als er überlegte, ob die gesamte Unterhaltung vor der Tür stattfinden würde, realisierte Nele ebenfalls, dass sie immer noch draußen standen. »Komm doch rein.«

Sie ging durch den Flur voraus zur Treppe, er folgte ihr. In der ersten Etage befand sich ihr Apartment. Es kam ihm noch kleiner vor als das Doppelzimmer bei Wiebke. Vom schmalen Eingangsbereich ging eine Tür zum Bad ab. Geradeaus gelangte man zum kombinierten Wohn-, Ess- und Schlafraum. Mini-Küchenzeile, Einbauschränke, Tischchen mit vier zierlichen Stühlen, Schlafsofa, TV-Möbel. Sebi fühlte sich mit seiner Größe und Statur überdimensioniert. Vielleicht trug seine leichte Klaustrophobie zu diesem Gefühl bei. Wenigstens war es nicht düster, ein großes Fenster ließ viel Licht herein. Anscheinend fiel auch Nele auf, dass er in ihren vier Wänden riesig wirkte.

»Bisschen klein, aber mein. War eine schnelle Notlösung nach der Trennung.«

Sie hatte den Tisch für drei Personen gedeckt und räumte nun eine Tasse ab, bevor sie Wasser für den Tee erhitzte. Sebi war auf einleitenden Small Talk eingestellt. Umso überraschender waren Neles nächste Worte, die ohne Vorwarnung aus ihr herausbrachen.

»Schau dich um: Für Oli habe ich das Häuschen in Varel, in dem ich mit Moritz zusammengelebt habe, aufgegeben und bin in dieses Wohnklo gezogen. Ich war so unglaublich verliebt, dass ich alle Warnzeichen ignoriert habe. Weißt du, was mich an seinem Tod am meisten quält? Dass er damit fein raus ist, weil man über Tote nicht schlecht reden darf. Ich hatte keine Gelegenheit mehr, mit ihm Schluss zu machen. Noch nicht mal von der Frau seines Freundes konnte er die Finger lassen.«

Das Pfeifen des Wasserkessels war eine willkommene Unterbrechung, da Sebi plötzlich an Rosa und ihren Tatverdacht denken musste. Obwohl Nele ihm nur vor und nicht in den Kopf gucken konnte, war er froh, dass sie beim Aufbrühen des Tees nicht in seine Richtung schaute. Ginge es tatsächlich um einen Mordfall und wäre dies eine polizeiliche Vernehmung, hätte sie sich gerade verdächtig gemacht. Was zugleich eine Verdoppelung des illustren Kreises der Tatverdächtigen bedeutete. Nummer eins war Achim wegen der Aktion mit der Flasche und Nummer zwei Nele wegen ihrer verbitterten Worte. Mit böswilliger Fantasie konnte man beiden ein Motiv unterstellen, und beide waren zur fraglichen Zeit am Ort des Geschehens gewesen. Sofort hakte er das jedoch als widersinnig ab, denn der Ort des Geschehens war nun mal kein Tatort. Es gab keinen Mord. Oliver Dauer war nach einem Laufexzess dehydriert an Herzversagen gestorben, was er und ungefähr zwanzig andere Umstehende bezeugen konnten. Der Arzt hatte den Totenschein entsprechend ausgestellt, jede Denkarbeit in andere Richtungen erübrigte sich. Nele schied auch schon deshalb aus, weil sie einen intelligenten Eindruck auf ihn machte. Hätte sie irgendetwas mit Dauers Tod zu tun, würde sie keine Obduktion vorschlagen, mit der sie sich selbst überführte.

»Er muss noch etwas ziehen«, sagte Nele mitten in seine Erwägungen und stellte eine bauchige Teekanne auf den Tisch, bevor sie sich setzte. »Entschuldige meinen Ausbruch. Was musst du jetzt von mir denken.«

»Ich denke, dass er keinen Heiligenschein nach seinem Tod verdient hat. Mit mir kannst du offen über alles reden. Dein Ex-Freund hat Rosa von einem Kuss zwischen Oliver und Gesa erzählt, also bin ich nicht sonderlich überrascht. Du weißt ja, dass er euch gestalkt hat. Deswegen war er übrigens auch am See. Damit hat er gegen das Kontaktverbot verstoßen, aber sein Erste-Hilfe-Einsatz war absolut korrekt.«

»Inzwischen ist mir das klar. Ich stand total unter Schock.«

Nachdem er wie von Rosa beauftragt Engels Bitte um Richtigstellung nachgekommen war, wollte Sebi auch schnell den anderen Punkt abhaken. »Rosa sagte, du wolltest wegen einer Obduktion mit mir sprechen?«

»Das hat sich erledigt. Er ist schon eingeäschert.«

Freudig überrascht musste Sebi sich bemühen, eine angemessen neutrale Miene zu bewahren. Manche Probleme lösten sich wie von Zauberhand in Luft auf. Oder in Asche. »Das ging aber schnell«, äußerte er verwundert.

»Olis Bruder Andreas hat das veranlasst. Wir haben kurz telefoniert, der macht da nicht viel Federlesen. Er hat eine anonyme Seebestattung beauftragt, die ist am billigsten.«

»Wenn es dich beruhigt, auf eine klinische Obduktion hättest du ohnehin nicht bestehen können. Der Bruder vielleicht, um sich als nächster Angehöriger letzte Gewissheit über die Todesursache zu verschaffen. Auf eigene Kosten. Aber wenn er schon bei der Bestattung sparen will ... Und für eine gerichtsmedizinische Obduktion hättest du mit einem konkreten Verdacht zur Polizei gehen müssen. Also Verdacht auf einen Tötungsdelikt.«

»Tötungsdelikt? Nein, ich hatte ja niemand konkret in Verdacht. Nur so ein Gefühl, dass hier nicht alles mit rechten Dingen zuging. Aber was zählt das Bauchgefühl bei der Polizei schon ... oh, der Tee!« Nele entfernte die Beutel. »Ich hoffe, du magst ihn kräftig.«

Sebi war es recht. »Gern. Sonst kann ich auch heißes Wasser trinken. Wenn schon Tee, dann stark und schwarz.«

Er wollte gerade den ersten Schluck nehmen, als es gleichzeitig klopfte und klingelte. Dazu rief jemand: »Nele, bess de do?«

Sebi fiel nur einer ein, den er in letzter Zeit kölschen Dialekt hatte reden hören. Der zauselige Friesenfloh.

»Ja, einen Moment!« rief Nele und eilte zur Wohnungstür. »Moin, Jupp. Stand die Tür unten schon wieder auf?«, hörte Sebi sie fragen.

»Sperrangelweit. Dachte, ich seh mal nach dir«, sagte Jupp im Hereinkommen, bevor er ihn bemerkte. »Oh ... du hast Besuch? Tut mir leid, ich wollte nicht stören.«

Nele holte die dritte Tasse, die sie eben beiseite geräumt hatte, und schenkte auch Jupp ein. Der hatte sich bereits in seinen abgewetzten lila-pinken Lauftights, die mit ihrem Rautenmuster wie ein Relikt aus den Achtzigern anmuteten, auf einen freien Stuhl gesetzt. Dem Anschein nach besaß der Friesenfloh nichts anderes als Laufkleidung. Tights, T-Shirt, Weste und Schuhe wirkten wie festgewachsen. Ein penetranter Eukalyptusgeruch stieg Sebi in die Nase, der ihn an die Pferdesalbe erinnerte, mit der Tante Hilde immer ihre Beine eingerieben hatte. Während Jupp den Tee schlürfte, bekundete er kurz sein Beileid, bevor er mit seiner ganz eigenen Idee zur Todesursache um die Ecke kam. »Oli hätte von Anfang an viel langsamer machen müssen. Der hat sich übernommen. Ich habe ihn immer wieder ermahnt. Hätte er mal auf das Ultra-Urgestein gehört. Schließlich bin ich schon über dreißig Jahre dabei.«

»Darf ich mal fragen, warum ihr euch das überhaupt angetan habt?«, erkundigte sich Sebi mit echtem Interesse. »Es war ja kein Wettkampf, noch nicht mal eine offizielle Veranstaltung.«

»Die meisten Ultraläufe sind keine Wettkämpfe im eigentlichen Sinn, es geht nicht um Zeiten, sondern um Gemeinschaft, Grenzerfahrungen und ...«, begann Nele zu erklären, bevor ihr Jupp ins Wort fiel.

»Das war meine Idee«, ließ er verlauten und klang dabei in keiner Weise schuldbewusst. »Beim Sechsstundenlauf ist mir das eingefallen. Der findet seit einigen Jahren am Sander See statt. Ich fand es immer schade, dass keiner einen Tag-und-Nacht-Lauf um den See organisieren will. Nun, da dachte ich mir, machen wir das doch für uns. Ist mal was Neues. Ziehen wir das ganz gemütlich und entspannt privat durch.«

»Alles klar, verstehe«, log Sebi, der unter Gemütlichkeit und Entspannung etwas anderes verstand. »Aber warum habt ihr denn nicht zusammen eure Runden gedreht? Dann hättest du das Tempo vorgeben können.«

»Du läufst noch nit lang, ming Jung?«

Sebi überlegte, ob er sich mit seinen immerhin fast fünfzig angesprochen fühlen sollte. Aber Jupp redete schon weiter.

»Jeder muss seinen Rhythmus im niedrigen Herzfrequenzbereich finden. Du darfst deinen Körper nicht zu stark fordern. Ganz piano laufen, darauf warten, dass dein Kopf abschaltet und sich deine Zeitwahrnehmung verändert. Irgendwann werden Endorphine ausgeschüttet, die euphorisieren und dämpfen den Schmerz. Dann musst du den Flow nutzen, und irgendwann läufst du in deinem eigenen Tunnel ... «

Das bestätigte allerdings seine Vermutung, warum Jupp und Malte nach Olis Kollaps wie auf Autopilot weitergelaufen waren. Ob man es nun Trance oder Tunnel nannte, sie hatten mit runtergefahrenem Betriebssystem wohl wirklich nichts mitbekommen. Sebi wünschte sich auch in einen Tunnel. Einen, in dem sein Kopf Jupps leiernde Stimme abschaltete. Zum Glück sprach er fast durchweg hochdeutsch. Das Geseier komplett auf Kölsch wäre noch weniger zum Aushalten. Er beschloss, nach dem Tee schleunigst zu verschwinden.

»Liebelein, hast du Olis Kanister mitgenommen?«, hörte er Jupp plötzlich fragen.

»Das war ja wohl das Letzte, woran ich an dem Tag gedacht habe. Warum?«

»Den hätte ich gern zurück. War eine Leihgabe.«

»Wenn du diesen großen Getränkebehälter unter dem Tisch meinst«, warf Sebi ein, »Malte hat an der Strecke aufgeräumt und ihn zusammen mit den Müllsäcken in sein Auto geladen.«

»Gut zu wissen, danke. Dann laufe ich bei Malte vorbei und hole ihn ab.«

Normalerweise hätte Sebi angeboten, Jupp zu fahren, denn er erinnerte sich, dass Malte in Wilhelmshaven wohnte. Andererseits war eine Entfernung von rund zwanzig Kilometer für das Urgestein wahrscheinlich ein Katzensprung. Der Beutel fiel ihm ein, den er an die Stuhllehne gehängt hatte. Er zog die Flasche heraus und zeigte sie Nele. »Brauchst du die noch, oder soll ich sie draußen in die Tonne werfen? Da ist noch ein Rest drin, aber der ist gegoren und ich nehme an, den Mief bekommst du nie wieder raus.«

»Dann entsorg sie.«

»Nee, de Fläsch nehm ich«, vermeldete Jupp. »Immer alles wegschmeißen, kein Wunder, dass die Müllberge in den Himmel wachsen.« Sichtlich empört schüttelte er sein graues Haupt und streckte die Hand aus. »Ich spüle die gründlich, dann ist sie wie neu.«

Sebi übergab ihm die Jaucheflasche und verabschiedete sich. Heureka, seine Mission war erfüllt und die Flitterwochen konnten beginnen.

11
Tatverdacht

Eine Katastrophe erwartete Rosa am Rande der Wilhelmshavener Einkaufs- und Flaniermeile. Entsetzt musste sie feststellen, dass Nordisch Curvy verschwunden war. In dem Ladenlokal befand sich nun einer der üblichen Filial-Stores, die sich wie Heuschrecken in jeder Innenstadt niederließen und überall das gleiche Sortiment anboten. Die Kollektionen wechselten monatlich und hatten eines gemeinsam, nämlich den Fokus auf Size Zero. Also das Gegenteil dessen, was sie suchte. Trotzdem betrat Rosa das Geschäft. Vielleicht konnte man ihr darin die neue Adresse nennen. Die Angestellte im Spaghettiträger-Top glotzte sie von der Kasse aus an und spendierte ihr noch nicht mal ein Moin. Auf ihrer gebotoxten Stirn stand unsichtbar geschrieben: Bitte nicht stören. Rosa bat um Auskunft, woraufhin sich lediglich zwei balkenförmig modellierte schwarze Brauen hoben. In Erwartung einer Antwort blieb Rosa stehen. Verbale Kommunikation war jedoch zu viel verlangt, wie die Spaghetti-Top-Trägerin durch ein Schulterzucken erkennen ließ. Da mehr aus ihr nicht herauszubekommen war, machte Rosa kehrt. Draußen befragte sie Google. Die Suchmaschine spuckte nur Firmeneinträge aus, die hierher verwiesen. Kein Hinweis auf einen neuen Standort. Also musste sie umdisponieren und in der Nordsee-Passage ihr Glück versuchen.

Im Laufe der nächsten Stunde starb die Hoffnung einen qualvollen Tod, dort beim Durchstreifen der Modegeschäfte fündig zu werden. Kleider in Übergröße bot nur die Popken-Filiale. An der Eingangstür forderte ein Plakat vollmundig auf: *Lass uns deinen Körper gemeinsam feiern.* Damit konnte nur eine Trauerfeier gemeint sein. Farben und Schnitte waren durchweg scheußlich. Was sie auch anprobierte, nichts davon gefiel Rosa. Verglichen mit dieser Tristesse waren sogar die sackartigen Modelle, die sie von zu Hause mitgebracht hatte, Haute Couture. Ohne Nordisch Curvy war sie komplett aufgeschmissen. Ihr würde nichts anderes übrig bleiben, als sich bis zum Termin beim Standesamt doch noch in das Champagner-Kleid zu hungern. Alternativ konnte sie sich natürlich auch mit einem ihrer alten Säcke den zweitschönsten Tag ihres Lebens verderben. Neun Tage nur noch bis dahin. Samstag brach tatsächlich schon die letzte Urlaubswoche an. Die knapp zwei Wochen seit ihrer Anreise waren wie im Zeitraffer verflogen.

Lustlos schlenderte Rosa durch die obere Etage der Einkaufspassage und haderte damit, gleich unverrichteter Dinge zurückzufahren. Sie musste irgendetwas kaufen. Die Buchhandlung im Erdgeschoss fiel ihr ein. Dort hatten Sebi und sie schon des Öfteren Urlaubsmitbringsel für Frieda gefunden. Entschlossen ging sie die Treppe hinunter und blieb abrupt stehen. Von Weitem sah es so aus, als ob es auch diesen Laden nicht mehr gäbe. Eine Pechsträhne sondergleichen. Doch dann atmete sie auf, als sie erkannte, dass die Buchhandlung nur umgebaut worden war, und setzte ihren Weg fort. Zuerst schaute sie sich in der Kinderecke um, wo ihr die Entscheidung zwischen all den maritimen Souvenirs schwerfiel. In die engere Auswahl kamen schließlich eine glitzernde Muschelkette und eine Tasse mit aufgedrucktem Schaf. Glitzer kam bei Frieda immer gut an, aber das Schaf auf der Tasse trug ein Matrosenmützchen und guckte herrlich dösig. Das würde ihr bestimmt auch gefallen. Sie packte beides in den Einkaufskorb. Damit Friedas Halbschwestern Leonie und Lotte nicht leer ausgingen, legte sie noch ein Tierkinder-Memory und ein Leuchtturm-Puzzle dazu. Den Bildband *Katzen aus aller Welt*, der mindestens so viel wog, wie sie bis zur Trauung abnehmen musste, schenkte sie sich selbst als kalorienneutrales Trostpflaster, und das Kochbuch *Französische Feinschmecker-Finessen* aus der Schnäppchenecke für Sebi komplettierte schließlich ihren Einkauf.

Mit einer großen Papiertüte, die so schwer war, dass sie zu reißen drohte, verließ Rosa die Nordsee-Passage. Sie bedauerte sehr, das Auto nicht im Parkhaus abgestellt zu haben. Bis zur Jadeallee musste sie ihre Errungenschaften noch ein ganzes Stück schleppen. Ein paar Meter weiter kam eine Eisdiele in Sicht. Jetzt ein Amarenabecher ... oder ein großer Eiskaffee mit drei Kugeln Vanille? Neidisch betrachtete Rosa die Glücklichen, die draußen saßen und sahnige Kalorienbomben genossen. Ihre gerade erst gefassten guten Vorsätze gerieten ins Wanken. Unwillkürlich verlangsamte sie ihre Schritte, um nach einem Platz Ausschau zu halten. Ein Tisch wurde gerade frei und sie steuerte darauf zu. Doch ein Kerl mit Piratenkopftuch war schneller. Er überholte sie, schnappte ihr den Tisch vor der Nase weg und nahm alle drei dazugehörigen Stühle in Beschlag. Auf dem einen ließ er sich nieder, den zweiten zweckentfremdete er, indem er die Füße hochlegte, und auf den dritten warf er seinen türkisblauen Rucksack. Kurz spielte Rosa mit dem Gedanken, sich demonstrativ vor dem Egoisten aufzubauen und zu warten, ob er ihr einen Stuhl anböte. Dagegen sprach, dass er nicht nur ein albernes Kopftuch, sondern auch eine verspiegelte Sonnenbrille trug. Sie hasste verspiegelte dunkle Gläser, hinter denen die Augen verborgen waren. Man wusste nie, wohin das Gegenüber guckte.

Dann eben keine Erfrischung, ihre guten Vorsätze würden es ihr danken. Sie nahm die Tüte in die andere Hand und wollte weiter, als der Typ seine Sonnenbrille über die Stirn schob und nach der Eiskarte griff. Verblüfft blieb sie stehen, denn erst in diesem Moment erkannte sie ihn. Es war Achim. Er hatte sie noch nicht bemerkt. Rasch disponierte sie um. Die Möglichkeit, ein paar Informationen einzuholen, durfte sie nicht ungenutzt lassen.

»Moin, Achim«, rief sie ihm zu. »Da bin ich ja baff, dir ausgerechnet hier zu begegnen.«

Er beschattete seine Augen mit der Handfläche und schaute irritiert von der Karte auf. »Moin ... Rita?«

»Rosa.«

»Oh, Verzeihung ... Rosa. Was heißt ausgerechnet hier. Ich wohne hier.«

Da lag schon wieder diese typische Überheblichkeit in seiner Stimme. Am liebsten hätte sie spitzfindig nachgefragt: *Hier in der Eisdiele?* Aber richtig, er hatte auf der Friesenfußfeier erwähnt, nach Wilhelmshaven zurückfahren zu müssen. Mit *hier* meinte er wahrscheinlich das Jadeviertel. »Ist an deinem Tisch noch ein Platz frei? Dann würde ich eine kurze Pause einlegen. Die Tüte wird immer schwerer und mein Arm immer länger.«

Begeistert wirkte Achim nicht, stellte aber den Rucksack unter seinen Stuhl. Rosa setzte sich: »Ist das ein Camelbak?«

Er nickte nur. Seine Wortkargheit ließ keinen Zweifel daran, dass er lieber seine Ruhe gehabt hätte. Aber das scherte Rosa nicht im Geringsten. Sie plante, das Gespräch auf die Sache mit der Trinkflasche zu lenken, und war gespannt, welche Erklärung er dafür liefern würde. »Ah, mit Trinkschlauch. Zur Flüssigkeitsversorgung?«

»Yep«, lautete die einsilbige Antwort.

Rosa hielt nach der Bedienung Ausschau, winkte sie heran und kam erneut auf den Rucksack zurück. »Sehr praktisch. Den hattest du doch auch am Sander See dabei.«

»Ja, klar. Damit ist man autark und verliert keine Zeit beim Trinken.«

Rosa meinte sich zu erinnern, dass Achim bei der Feier angekündigt hatte, am See nur einen langsamen langen Trainingslauf absolvieren zur wollen. »Aber da kam es doch nicht auf die Zeit an, oder habe ich da etwas falsch verstanden?«

In Achims Lächeln lag die arrogante Nachsicht desjenigen, der einem unsportlichen dicken Dummerchen die Welt erklärt. »Für den Lauf am See hätte ich ihn nicht unbedingt gebraucht, aber das sollte ein Test für New York sein. Bei einem so großen City-Marathon sind die Verpflegungsstände überfüllt. Ich werde da also definitiv mit Eigenverpflegung starten.«

Am liebsten hätte Rosa geradeaus gefragt, warum er trotz der mitgeführten Eigenverpflegung zu Olis Flasche gegriffen hatte. Aber sie musste auf den richtigen Moment warten. Lieber einleitend etwas Betroffenheits-Small-Talk. »Ich kann immer noch nicht fassen, dass Oli tot ist. Jemand erzählte, dass du ganz früh morgens dazugestoßen bist. Ging es ihm denn da noch gut?«

»Schien so. Soweit ich das mitbekommen habe, war alles normal.«

»Ihr seid doch alle zusammen gelaufen?«, fragte sie, obwohl sie von Engel wusste, dass dem nicht so war.

»Nein. Ich habe mich an Jupp gehängt, weil der die Kilometer wie ein Automat abspult. Gleichmäßiger geht es nicht.«

»Ach so. Als wir morgens mit dem Frühstück zum Stand kamen, sah Oli jedenfalls abgekämpft aus. Völlig fertig. Das war kurz bevor er zusammengebrochen ist.«

Achim beabsichtigte nicht, dieses Thema zu vertiefen, wie Rosa an seiner eingefrorenen Miene erkannte. Wahrscheinlich kam es ihm gelegen, dass gerade die Bedienung ihre Bestellungen brachte und sofort kassieren wollte. Sie zahlten getrennt, und anschließend verschanzte er sich schweigend hinter seinem Erdbeermilchshake. Während Rosa mit dem langstieligen Löffel in ihrem Eiskaffee rührte, rief sie sich Sebis Vernehmungstaktik bei den jugendlichen Verdächtigen im Katzenfall in Erinnerung. Nahtlos war er vom guten Cop zum bösen Cop geswitcht, hatte erst auf harmlos gemacht, um dann jäh zum Angriff überzugehen. Bei Monikas Neffen Nick und seinem Kumpel Lenny hatte die Taktik gewirkt, obwohl deren schnelles Geständnis anders ausgefallen war als erwartet. Wenn sie aus Achim etwas herausbekommen wollte, dann mit einem ähnlichen Überraschungsangriff aus dem Hinterhalt.

»Köstlich«, seufzte sie genießerisch, nachdem sie probiert hatte.

Achim sog unaufhörlich an seinem Strohhalm aus durchsichtigem Kunststoff. Er inhalierte den Shake förmlich, das Glas war schon fast leer. Wahrscheinlich würde er sich fluchtartig verabschieden, sobald er ausgetrunken hatte. Es half nichts, jetzt oder nie. »Warum hast du eigentlich Olis Flasche mit in die Büsche genommen?«, fragte Rosa gespielt beiläufig.

Leise verebbte das saugende Geräusch. Achims Mundwinkel erschlafften und sein Mund löste sich vom Trinkhalm. Rosa blickte direkt in seine schreckgeweiteten Pupillen, bevor er sich hastig zur Seite drehte und das Glas geräuschvoll auf dem Tisch abstellte. Aber dieser eine Moment, in dem sie ihm in sie Augen sehen konnte, war aufschlussreich gewesen. Engel hatte sich die Sache mit der Flasche nicht ausgedacht oder eingebildet.

»Wer sagt das?«, antwortete Achim schließlich mit einer Gegenfrage. Ein Ausweichversuch, auf den Rosa aber nicht einging. »Es wurde meinem Mann zugetragen. Einmal Kommissar, immer Kommissar, auch wenn er im Urlaub ist. Ihm gibt diese Beobachtung natürlich zu denken.«

Wie leicht es ihr fiel, die Tatsachen zu verdrehen, erstaunte sie selbst. Beinahe hätte sie hysterisch gekichert, denn die einzige Person, der die Beobachtung zu denken gab, war sie. Der angebliche Kommissar alias Sebi weigerte sich schon aus Prinzip, auch nur einen Gedanken daran zu verschwenden. Aber das musste Achim nicht wissen.

»Du hast sicher eine Erklärung dafür«, versuchte sie erneut, ihn zum Sprechen zu bringen. Keine Antwort. Sein beharrliches Schweigen zwang sie dazu, noch eine Schippe draufzulegen. »Mein Mann meint, deine Manipulation an der Trinkflasche müsste er im Hinblick auf die Beziehung zwischen deiner Frau und Oli den hiesigen Kollegen melden.«

Achim beugte sich vor und zischte: »Was soll das denn heißen?«

Na also, der Bluff zeigte Wirkung. Er war beunruhigt, und das musste sie ausnutzen. Rosa holte tief Luft. »Sag du es mir. Hast du etwas hineingefüllt?«

Auf das höhnische Gelächter, mit dem Achim reagierte, war sie nicht vorbereitet. »Hineingefüllt? Was wollt ihr mir da eigentlich unterstellen? Passt bloß auf mit euren Anschuldigungen. Ich habe nichts hineingefüllt, sondern eine Probe entnommen. Und diese Probe habe ich untersuchen lassen, sag das deinem Kommissar. Es war Tee. Das üble Kräuterzeug, das Malte auch immer trinkt.«

Jetzt war Rosa diejenige, die sich überrumpelt fühlte. Sie konnte nichts dagegen tun, dass sie mindestens so entgeistert dreinschaute wie zuvor Achim. Der war jetzt richtig in Fahrt. Nachdem er zunächst so wenig mitteilsam gewesen war, redete er sich plötzlich um Kopf und Kragen. »Ich müsste dir das nicht sagen, aber ich tue es trotzdem. Falls ihr bei irgendeinem Test meine DNA-Spuren findet: Nach der Probenentnahme habe ich reingespuckt. Als Rache für Gesa. Daran ist er aber wohl kaum gestorben.«

Wie unappetitlich, dachte Rosa. Wer solche Sportsfreunde hatte, brauchte keine Feinde mehr. Weder im Leben noch im Tod. Aber sie ließ sich ihren Ekel über das nachgelieferte Detail nicht anmerken. Nachdem sie offenbar so überzeugend geflunkert hatte, dass Achim annahm, Sebi könnte tatsächlich Ermittlungen gegen ihn in die Wege leiten, sollte er weiterreden. Sie wollte unbedingt noch mehr über den Sinn und Zweck der Probenentnahme erfahren. »Ich verstehe total, wie sehr dich das verletzt haben muss. Die Frau eines Freundes, das ist niederträchtig. Und ein schlimmer Vertrauensbruch«, heuchelte sie darum Mitgefühl mit dem armen Gehörnten.

Nach seiner Mission bei Nele hatte Sebi sich gefragt, wo Rosa so lange blieb. Andererseits wusste er aus leidvoller Erfahrung, dass Shoppingtouren bei ihr mehrere Stunden dauern konnten. Also hieß es Warten. Erst geduldig, dann zunehmend nervöser, bis endlich eine Nachricht von ihr eingetrudelt war.

Sorry, hat etwas länger gedauert, bin gleich da. Spektakuläre Neuigkeiten!

Unter spektakulären Neuigkeiten hatte er sich ein aufregendes Kleidungsstück vorgestellt und insgeheim sogar auf besonders reizvolle Dessous gehofft. Womit er leider völlig falsch lag, wie sich nach ihrer Rückkehr herausstellte. Sebi klappte mehrmals seinen Mund auf und unverrichteter Dinge wieder zu, während Rosa von ihrer Zufallsbegegnung in der Eisdiele berichtete und enthusiastisch schilderte, mit welchen Tricks sie Achim die Auskünfte entlockt hatte.

Schließlich musste er sie uncharmant unterbrechen, um zu Wort zu kommen. »Schatz, du kannst doch nicht einfach jemand in meinem Namen vernehmen und es darauf anlegen, ihm weiszumachen, ich wäre ein Polizist im Urlaub. Das ist Vorspiegelung falscher Tatsachen. Wenn hier jemand belangt werden könnte, dann nicht er, sondern du.«

Rosa nickte und sagte: »Asche über mein Haupt«, was Sebi daran erinnerte, dass sie noch nichts von Olis Einäscherung wusste. Ohne im Geringsten schuldbewusst zu wirken, fügte sie hinzu: »Aber es musste sein. Du weißt doch, manchmal heiligt der Zweck die Mittel. Denk nur an die Sache mit deinem falschen Polizeiausweis. Und die alten Polizeiuniformen.«

Tatsächlich waren zwei seiner ausgemusterten Uniformen und ein nachempfundener Ausweis im Frühjahr nicht ganz legal zum Einsatz gekommen. »Hmm«, brummelte Sebi. »Stimmt. Außerdem wird Achim den Ball flach halten, denn sein Speichel-Racheakt ist auch alles andere als ein Kavaliersdelikt. Ekelerregende Tathandlungen wie absichtliches Anpinkeln und Anspucken kann man als Körperverletzung werten. Reinspucken bestimmt auch. Ich frage mich, warum er das ohne Not zugegeben hat.«

Rosa schüttelte sich. »Igitt. Ich glaube, das Spuckgeständnis musste zusammen mit der unterdrückten Wut spontan raus. Danach war er wie ausgewechselt und hat mir brav alles anvertraut wie einer Beichtmutter.«

»Wofür brauchte er die Probe? Das hast du doch sicher auch aus ihm herausgekitzelt?«

»Doping-Verdacht«, verkündete Rosa. »Die Probe hat er entnommen, um sie auf Dopingmittel zu untersuchen.«

»Ich dachte, die Ultraläufer treibt nur pure Bewegungslust an. Scheint wohl doch nicht der einzige Treibstoff zu sein.«

»Achim hat schon seit Längerem vermutet, dass Oli irgendwie nachhalf, um durchzuhalten«, erklärte Rosa. »Mit aufputschendem Zeug gegen die Erschöpfung, vielleicht dazu Schmerzmittel. Substanzen an der Grenze zum Doping, nicht unbedingt verboten. Zuerst hatte er wohl Malte in Verdacht. Malte ist nämlich vor ein paar Monaten auf den Kräutertee-Trip gekommen und Oli kurz danach. Aber Malte war schnell wieder raus aus der Tee-Nummer und bei den üblichen Iso-Getränken. Als Achim dann herausgefunden hat, dass Oli sich an Gesa heranmachte, wollte er sich an ihm rächen, indem er ihn vor versammelter Friesenfuß-Mannschaft als Pfuscher outete. Na ja, aber in der Flasche war wirklich nur Kräutertee, völlig drogen- und dopingfrei.«

»Und das will Achim wie herausgefunden haben?«

»Mithilfe eines Labors für Lebensmittelanalytik. Dort wurde die Probe untersucht. Sie enthielt Tee. Also nichts außer Wasser mit Spuren von diversen Kräutern, Birkenblättern und Honig. Er hat mir die Inhaltsstoff-Analyse gezeigt.«

Sebi beschloss, dass es nun an der Zeit war, Rosa auch seine Neuigkeiten mitzuteilen.

»Es wird übrigens keine Obduktion geben. Dauer kann in Frieden ruhen.«

Rosa sah ihn verwundert an. »Ich hätte nicht erwartet, dass Nele von der Idee ablässt. Du scheinst sehr überzeugend argumentiert zu haben.«

So gern Sebi sich diesen Schuh auch angezogen hätte, musste er doch zugeben, dass es nicht sein Verdienst war. Während er Rosa davon in Kenntnis setzte, warum es für eine Obduktion unwiderruflich zu spät war, starrte sie auf das Muster der hellblauen Ornamenttapete ihres Zimmers. »Somit erübrigt sich jedes weitere Nachdenken darüber«, schloss Sebi den Bericht über seinen Vormittag. »Selbst falls das Herzversagen andere Gründe hatte, ließe sich nichts mehr beweisen. Nele war ganz erleichtert, nun mit allem abschließen zu können. Mit Malte und Jupp hat sie immerhin gute Sportsfreunde, die ihr helfen werden, darüber hinwegzukommen. Das Leben geht weiter ... Schatz? Was ist los?«

Er hatte plötzlich den Eindruck, als ob Rosa ihm nicht mehr zuhörte. Gedankenversunken sagte sie: »Ein Häuflein Asche bleibt allein ... und beide Schuh', so hübsch und fein ...«

Wie sie da auf dem Bett saß und seltsames Zeug sprach, wirkte sie arg mitgenommen. Sebi, der während der Unterhaltung herumgewandert war, setzte sich neben sie und legte einen Arm um ihre Schultern. »Ach ja, das ist schon alles schrecklich. Auch wenn meiner Meinung nach Oliver

Dauer zu Lebzeiten viel mehr Gegenwind gebraucht hätte. Denn Gegenwind formt den Charakter.«

»Das ist doch bestimmt ein Spruch von Wiebke?«

»Gut erkannt. Was meintest du mit den beiden Schuhen?«

»Ich habe nur aus dem Struwwelpeter zitiert. Kam mir gerade so in den Sinn. Tja, das war also die gar traurige Geschichte mit dem Ultraläufer.«

»Und du wolltest mit diesem Zitat ausdrücken, dass nun auch für dich endgültig alle Unklarheiten beseitigt sind?«, fragte Sebi hoffnungsvoll.

Rosa ließ sich Zeit mit der Antwort. »Na ja, sieht ganz so aus, als hätten sich alle Verdachtsmomente erledigt. Aber trotzdem ...«

Das Wort *aber* hörte Sebi in diesem Zusammenhang nicht gern, vor allem nicht in Kombination mit *trotzdem*. Rosa verzichtete zwar darauf, den Satz zu vollenden, doch er war gewarnt. Wie gut, dass er so vorausschauend für ein kurzweiliges Ablenkungsprogramm gesorgt hatte. Im Schlafstrandkorb würde sie sich gedanklich nicht weiter mit imaginären Verdachtsmomenten befassen. Die Zeit bis dahin konnte er vielleicht überbrücken, indem er sie mit den Grafs bekannt machte. Frau Graf war eine begeisterte Krimileserin. Die beiden würden reichlich Gesprächsstoff haben.

12
Trauertee

Am nächsten Morgen kam das Ehepaar Graf gerade die Treppe herunter, als Rosa mit Sebi in Richtung Frühstücksraum unterwegs war. Wie sich bei der Begrüßung herausstellte, wollten die Grafs ebenfalls dorthin.

»Dann können wir uns doch zusammen an einen Tisch setzen«, regte Sebi an.

Sein spontaner Vorschlag, der von dem Paar begeistert aufgenommen wurde, erstaunte Rosa.

Was Sebi über Herrn Graf erzählt hatte, ließ befürchten, dass der Mann ziemlich anstrengend sein konnte. Hier war Vorsicht geboten. Schon zu Beginn des gemeinsamen Frühstücks revidierte sie ihre Meinung jedoch und fand sowohl ihn als auch sie recht sympathisch. Wiebke glänzte einmal mehr durch Abwesenheit. Agnes schien inzwischen alle Posten vom Zimmermädchen über die Küchenfee bis zur Rezeptionistin in einer Person auszufüllen.

»Wollen wir uns nicht duzen?«, fragte Frau Graf lächelnd und köpfte zwei Eier routiniert mit einem Messerhieb. Eines reichte sie ihrem Mann, bevor sie hinzufügte: »In Zukunft könnten wir uns nämlich des Öfteren in der Pension begegnen. Also ich bin Kirsten.«

»Und ich Leander«, schnurrte Herr Graf, wobei er Rosa mit seinem irritierenden Silberblick bedachte.

»Gern doch«, stimmte Rosa sofort zu. »Rosa und Sebi.«

Auch Sebi zeigte sich erfreut. »Ja, klar, dann auf nette Urlaubsbegegnungen am Jadebusen. Ihr habt also doch eine Lösung für das Hundeproblem gefunden?«

»Hat sich erledigt. Wir dürfen demnächst unseren Fiete mitbringen. Frau Janssen hat sich dankenswerterweise bereit erklärt, ein Auge zuzudrücken.«

»Wie schön«, kommentierte Sebi Leanders Erklärung lahm.

Rosa konnte ihm ansehen, dass er sich genauso wie sie wunderte. Wie war es dem Grafenpaar nur gelungen, Wiebke ein solches Zugeständnis abzuschwatzen? Wahrscheinlich hatte der eloquente Kreuzfahrtschiffer Leander einen so großen Stein bei ihr im Brett, dass sie trotz Antipathie gegen Hunde weich geworden war.

Im weiteren Verlauf des Frühstücks dominierte Fiete das Gespräch bei Tisch. »Es ist so ein goldiger Zwergpudelwelpe, guckt mal. Ist sein Apricot-Farbton nicht eine Pracht?« Kirsten zückte ihr Handy und öffnete das Album Fiete. Eine Bildergalerie später versuchte Rosa erfolglos, mit Rudi und Ruby gegenzuhalten. Denn als sie die tolle Tigerfellzeichnung der Kätzchen auf dem Handy vorführte, schaute das Grafenpaar nur flüchtig hin.

»Wirklich sehr hübsch. Leider vertragen wir beide keine Katzenhaare.«

Kirsten lächelte entschuldigend bei ihren Worten. Sebi versuchte neutral zu gucken, aber Rosa konnte er nicht täuschen. Sie wusste genau, dass er sich in seiner Katzenhaarphobie bestätigt fühlte. Dadurch büßten Leander und Kirsten bei ihr gleich ein paar Sympathiepunkte ein. Doch auch Sebi hatte kurz darauf allen Grund, seinen Frühstücksvorstoß zu bereuen. Amüsiert hörte Rosa zu, wie er sich zu einer Tennis-Schnupperstunde breitschlagen ließ. Leander hatte für Kirsten und sich einen Außenplatz in der Tennisanlage am Vareler Wald reserviert, doch nun plagte Kirsten eine Nackenverspannung. Ob Sebi nicht Lust habe, spontan einzuspringen? Sebis abwehrendes Geständnis, er habe noch nie im Leben Tennis gespielt, ließ Leander nicht gelten.

»Ein Grund mehr, mal in den weißen Sport reinzuschnuppern.«

Während Sebi sich noch wand und weitere Ausflüchte vorbrachte, schlug Kirsten vor, einen entspannten Frauen-Lesenachmittag auf der Terrasse zu verbringen, wenn die Männer Tennis spielten. Für die Idee konnte Rosa sich erwärmen. Sebi gab seine Gegenwehr auf und die Sache war abgemacht.

Fünf Minuten vor der verabredeten Uhrzeit beobachtete Rosa, wie Sebi hektisch im Kleiderschrank wühlte und dann mit einem Bündel Klamotten im Bad verschwand. Als er wieder herauskam, hatte er sich tennistauglich gekleidet – das war jedenfalls seine Meinung. Rosa teilte diese nicht. Zum kanariengelben ausgeleierten Poloshirt trug er eine geblümte Jersey-Bermuda, die nach Schlafanzughose aussah, und an den Füßen über wadenlangen weißen Socken die Racer. »Da hättest du auch dein Hawaiihemd anlassen können«, kommentierte sie das unkonventionelle Outfit.

»Für eine Probestunde reicht es allemal«, versicherte Sebi im Brustton der Überzeugung. »Jetzt ist ohnehin keine Zeit mehr, mich noch mal umzuziehen. Bestimmt wartet das Grafenpaar schon auf uns.«

Beim Betreten der Terrasse erblickte Rosa das elegante Kontrastprogramm zu Sebi in Gestalt von Leander und fühlte sich in ihren Zweifeln bestätigt. Leander trug natürlich klassisches Weiß. Gentlemanlike verlor er kein Wort über das Erscheinungsbild seines Schnupper-Partners. Kirsten winkte aus der Sitzmuschel, die sie bereits mit einem Nackenkissen und ihrer Lektüre bezogen hatte. »Dann mal viel Spaß«, wünschte Rosa.

»Danke, euch auch«, schnurrte Leander und ging federnden Schrittes voraus, nachdem er sich mit einem Wangenkuss von seiner Frau verabschiedet hatte.

Sebi führte seinen Mund dicht an Rosas Ohr. Er raunte: »Das wird ein Riesenspaß.« Dann folgte er Leander mit einem Gesichtsausdruck, der das Gegenteil besagte.

»Die Männer sind beschäftigt, wunderbar. Jetzt haben wir unsere Ruhe«, frohlockte Kirsten. Rosa setzte sich in den Korbsessel neben der Sitzmuschel, holte ihr Tablet aus der Handtasche und schaltete es ein, was Kirsten den Kopf schütteln ließ. »Diese E-Books, damit kann ich mich wohl nie anfreunden.«

Sie hielt ihr Taschenbuch hoch und zeigte das düstere Cover. »Gestern habe ich den ersten Band ausgelesen. Jetzt bin ich gespannt auf die Fortsetzung.«

Die Krimireihe war Rosa bekannt, aber für ihren Geschmack zu blutrünstig. Ausweichend antwortete sie: »Ich lese auch gerade einen Krimi. Einen skandinavischen.«

Kirsten lächelte höflich. Indem sie direkt danach ihren Nacken wieder auf das stabilisierende Kissen legte und das Buch aufschlug, signalisierte sie, dass die Konversation fürs Erste beendet war. Rosa gelang es nicht, sich aufs Lesen zu konzentrieren, weil sie gedanklich abschweifte. Olis jähes Ende, es ließ ihr einfach keine Ruhe. Plötzlich begann ihre Kopfhaut zu kribbeln. Dieses Kribbeln kannte sie. Es stand immer in Zusammenhang mit einer Erkenntnis. Zuletzt hatte sie es vor ein paar Wochen verspürt, als ihr klar wurde, wer als Erzeuger von Rudi und Ruby infrage käme. Doch Sebi hatte recht. Sie sollte wirklich keine Energie mehr in die Sache stecken. Angesichts des pulverförmigen Aggregatzustands, in dem Oli sich befand, war es nun zu spät für jegliche Erkenntnis im Zusammenhang mit seinem Tod. Sie dachte an den Morgen, an dem sie zusammen gewalkt waren und Oli, damals noch quicklebendig, ihr einen Schluck aus seiner Flasche angeboten hatte. *Löwenzahn, Petersilie und Pfefferminze. Lecker, gesund und sehr belebend. Kann ich nur empfehlen.*

Ihr E-Book interessierte sie nicht mehr. Sie öffnete die Foto-App auf ihrem Handy, um noch mal einen Blick auf die Laboranalyse zu werfen. Achim hatte nichts dagegen einzuwenden gehabt, dass sie das Blatt fotografierte. Die lateinischen Namen sagten ihr nichts, aber auf jeden Fall waren es mehr als drei. Rosa googelte die lateinischen Bezeichnungen. Tatsächlich stimmten die Hauptbestandteile der Teeprobe mit Olis Aufzählung überein. Mentha × piperita war Pfefferminze, Taraxacum sect. Ruderalia Löwenzahn und Petroselinum crispum Petersilie. Rosa überlegte, was Achim noch erwähnt hatte, und erinnerte sich an Birkenblätter und Honig. Beides tauchte ebenfalls auf: Betulae folium und Mel. Fünf weitere Inhaltsstoffe waren aufgelistet, deren lateinische Namen für Wacholder, Katzenbart, Klettenwurzel, Schachtelhalm und Brennnessel standen.

»Klettenwurzel, Schachtelhalm, Brennnessel ... reinigt in deinem Krimi jemand sein Blut?«, meldete sich Kirsten unerwartet aus der Sitzmuschel.

Rosa guckte überrascht hoch. Ihr wurde bewusst, dass sie offenbar ganz in Gedanken die Namen der Kräuter laut aufgesagt hatte. Wie peinlich. »Nein, ich lese mir nur die Zusammensetzung eines Tees durch.«

»Ach, dann willst du bestimmt entschlacken. Ich bin ja seit vielen Jahren eine Anhängerin der Naturmedizin. Im Frühjahr mache ich immer eine Kur mit Tee aus der Naturapotheke. Es geht nichts über harntreibende Kräuter zum Durchspülen der Nieren, zur Blutreinigung und zur Entgiftung des Körpers.«

Das leichte Kribbeln unter Rosas Haarspitzen wurde intensiver.

»Stimmt, meine Mutter neigt zu geschwollenen Beinen und dagegen trinkt sie Brennnesseltee. Entwässern Klettenwurzel und Schachtelhalm auch?«

Als Kirsten nickte, nannte Rosa ihr die anderen Kräuter und fragte, ob ihr deren Wirkungen ebenfalls bekannt waren.

»Bei Petersilie und Birkenblättern bin ich mir nicht sicher, aber ich meine, dass alle anderen auch Wasser ausschwemmen. Ich kann dir aber auch gern die Rezeptur meines Tees schicken, wenn wir morgen wieder zu Hause sind«, bot Kirsten an.

»Dankeschön, aber ich recherchiere nur rein theoretisch und nicht für mich. Ich habe noch nie entschlackt. Wenn man so einen Kräutertee trinkt, muss man also häufig Wasser lassen?«

»Genau«, bestätigte Kirsten. »Er spült die Nieren durch, regt den Stoffwechsel an und verstärkt die Wasserausscheidung aus dem Körper. Reichlich trinken ist nämlich der Schlüssel zum Entwässern! Bei meinen Kuren trinke ich täglich drei Liter Tee und zusätzlich zwei Liter stilles Wasser.«

»Fünf Liter? Da hat die Blase ja unglaublich viel zu tun.«

»Allerdings«, bestätigte Kirsten. »Mich treibt es dann jede halbe Stunde zur Toilette.«

Während sie weiter von ihrer Entschlackungskur erzählte, googelte Rosa nach Petersilie, Birkenblättern und den anderen Kräutern. Tatsächlich waren alle harntreibend, einige mehr, andere weniger. Moritz Engel hatte beobachtet, dass Oli viel trank und ständig in die Büsche musste, und Nele rätselte, warum Oli dehydriert war, obwohl er bestimmt ausreichend Flüssigkeit zu sich genommen hatte. Das wäre die Erklärung, nach der Nele gesucht hatte. Man brauchte nur eins und eins zusammenzählen, um herauszufinden, wie beides zusammenpasste: Wenn man die ganze Zeit diesen Kräutertee in sich hineinschüttete, schied man alles wieder aus. Je mehr man trank, umso größer der Flüssigkeitsverlust. Ob Malte die harntreibende Wirkung der Kräuter nicht bekannt gewesen war? Er hatte laut Achim Oli auf den Teetrip gebracht. Jetzt begleitete er plötzlich die Watt-Walkies und stattete Nele Hausbesuche ab. Alles aus reiner Nettigkeit, oder vielleicht auch, um sein schlechtes Gewissen zu beruhigen? Es konnte aber auch sein, dass Oli sich die Kräuter selbst zusammengemischt hatte. Doch warum sollte er nur entwässernde ausgewählt haben. Zufall? Absicht? Wollte er auch entschlacken? Oder litt er wie ihre Mutter an Wasseransammlungen in den Beinen? Die verschiedenen Erklärungsstränge drohten sich in ihrem Hirn miteinander zu verknoten. Es gab nur eine Möglichkeit, das Ganze zu entwirren: Sie musste mit Malte reden. Aber erst einmal musste sie aufs Klo. Kein Wunder, da ihre Gedanken seit über einer Stunde überwiegend um Nieren- und Blasenfunktionen kreisten.

»Ich gehe mal kurz ins Zimmer, bin gleich wieder zurück«, ließ sie Kirsten wissen. Die war schon wieder in ihr Buch versunken, schaute nur kurz hoch und nickte.

Beim Durchqueren des Flurs sah Rosa durch die geöffnete Hoftür einen Lieferwagen. Die Hände in die Hüften gestützt stand Agnes daneben, während der Fahrer Gemüsekisten auslud. Sie winkte von draußen, und Rosa ging weiter. Die Rezeption war verlassen. Ihr Blick fiel auf die Kladde, die offen auf der Theke lag. Agnes hatte wohl gerade etwas eingetragen, bevor sie die Lieferung annahm. Wiebke war nicht in Sicht. Wenn sich so unverhofft eine Gelegenheit bot, musste sie sie ergreifen! Rosa lief zur Theke und beugte sich über die Kladde. Zwischen den Seiten lag ein geöffneter roter Fineliner. Damit hatte Agnes in ihrer runden Handschrift für den morgigen Freitag *Trauertee 16:30 Uhr, Terrasse* notiert.

Trauertee? Wahrscheinlich für Oli. Hätte sie das früher gewusst, wäre vielleicht eines der schrecklichen Kleider bei Popken in Betracht gekommen. Doch was sie viel mehr interessierte als Wiebkes Pendant zum Trauerkaffee, war die Übersicht der kommenden Woche. Rosa blätterte weiter. Am Samstag nach ihrer Trauung stand kein Hinweis auf eine späte Abreise. Genau das hatte sie geahnt. Seltsamerweise war die Abreise gar nicht vermerkt. Sie starrte auf die Kalenderübersicht, aus der auch keine Zimmerreservierungen hervorgingen. Stattdessen war bis Sonntag alles rot durchgestrichen. Ihr klang noch Wiebkes Stimme im Ohr, wie sie am Telefon Gäste abgewiesen hatte, weil sie angeblich ausgebucht sei. Die Pension verfügte über vier Doppel- und ein Einzelzimmer, Wiebke wohnte in einem Anbau. Im Erdgeschoss des zur Pension umfunktionierten Reetdachhauses befanden sich das Hafenzimmer und das Wattzimmer. Im ersten Stock lagen das Deichzimmer und das Strandzimmer. Unter dem Dach gab es noch die Nordseekammer für Alleinreisende. Bis auf das Hafenzimmer, in dem Sebi und sie logierten, und das Deichzimmer, in dem die Grafs untergebracht waren, standen alle Räume derzeit leer. Rosa blätterte zur übernächsten Woche. Von *ausgebucht* konnte keine Rede sein. Irgendetwas stimmte hier nicht.

Aus dem Flur hörte sie Schritte. Schnell legte die den Stift wieder zwischen die Seiten, doch Agnes kam schon mit der Gemüsekiste um die Ecke. Auf frischer Tat ertappt.

»Ich sah gerade zufällig den Eintrag mit dem Trauertee. Da kommen morgen sicher die Friesenfüße?«, ging Rosa in die Offensive.

Doch Agnes klärte sie auf, dass nur der kleine Kreis der Walkinggruppe des Verstorbenen bei Tee und Gebäck gedenken würde. Danach beeilte Rosa sich, ihr Zimmer zu erreichen, denn der Druck auf der Blase war inzwischen keine Einbildung mehr.

Sebi war beim Tennis mächtig ins Schwitzen geraten. *Locker in den Schultern! Stell dich seitlich zum Ball! Gewicht jetzt auf den vorderen Fuß! Ellenbogen auf Höhe der Nase!* Mit Kommandos hatte Leander nicht gegeizt. Aber Sebi war zufrieden, denn er hatte sich auf dem Platz weniger ungeschickt angestellt als befürchtet. »Dafür, dass du noch nie einen

Tennisschläger in der Hand gehalten hast, waren deine Vorhand und dein Aufschlag super«, lobte Leander ihn während der Rückfahrt nach Dangast. »Vielleicht hättest du Spaß an einem Crash-Kurs für Einsteiger? Die werden auch ohne Vereinsmitgliedschaft angeboten.« Mit einem Grinsen fügte er hinzu: »Und ohne Dresscode.«

»Ich glaube, das ist nichts für mich«, wehrte Sebi ab, was Leander nicht daran hinderte, schon weitere Schnupperstunden zu planen. »Leider endet der Aufenthalt für Kirsten und mich morgen früh. Aber wenn wir das nächste Mal zur selben Zeit hier Urlaub machen, müssen wir das unbedingt wiederholen.«

Mit einem vagen Nicken ließ Sebi die Anregung in einer weit entfernten und hoffentlich nie eintretenden Zukunft stehen.

Nachdem sie in der Pension angekommen waren und die Terrasse leer vorfanden, wollte er sich schnell verabschieden. »Dann springe ich jetzt direkt unter die Dusche und wünsche euch noch einen schönen letzten Urlaubsabend.«

»Danke sehr. Lass uns doch Handynummern austauschen. Dann können wir uns urlaubstechnisch besser kurzschließen.«

Was blieb ihm anderes übrig, als Leanders nett gemeinten Vorschlag anzunehmen? Zwar war er keinesfalls darauf erpicht, zukünftige Aufenthalte mit dem Grafenpaar abzustimmen, aber er gab ihm seine Nummer und machte sich schleunigst davon. Weit kam er jedoch nicht. Wiebke fing ihn ab. Sie musste gerade eben erst an der Rezeption Stellung bezogen haben, denn beim Reinkommen war niemand dort zu sehen gewesen.

»Moin, Sebi. Sag mal, bleibt es dabei, dass ihr morgen am Strand übernachtet? Für Samstag sind nämlich schwere Gewitter angesagt.«

»Ja, weiß ich. Aber laut Wetter-App erst ab mittags. Das betrifft uns also nicht. Wenn das Unwetter hier ankommt, sind wir längst wieder bei dir im Trockenen.«

»Na, dein Wort in Gottes Gehörgang. Wann wollt ihr aufbrechen? Morgen kommen die Watt-Walkies um halb fünf zu einer stillen Gedenkstunde. Nur der harte Kern, Ulla, Fridbert, Dortje, Uwe und Beeke-Luise. Was ist mit euch, seid ihr dabei? Ihr seid doch auch mitgewalkt und habt ihn gekannt.«

Leider, dachte Sebi, *leider haben wir ihn gekannt. Ich hätte auf diese Bekanntschaft sehr gern verzichtet und möchte am liebsten nie mehr daran denken. Und außerdem ist eine stille Gedenkstunde ganz sicher nicht die geeignete Einstimmung auf einen romantischen Abend und eine bevorstehende Trauung*. Da er das, was er dachte, nicht laut sagen konnte, setze er ein bedauerndes Lächeln auf. »Bleibt ihr mal unter euch. Ich wollte Rosa schon vorher an den Strand entführen.«

»Wie schade. Von mir aus könnte der Kreis größer sein. Ich habe den Friesenfüßen, die ich kenne, Bescheid gegeben. Aber nur Malte versucht, es zeitlich irgendwie einzurichten. Jupp konnte ich nicht erreichen, die anderen haben abgesagt. Sogar Achim und Nele. Ich verstehe das nicht«, jammerte Wiebke.

Was Nele und Achim anbelangte, verstand Sebi umso besser, warum sie der Veranstaltung fernbleiben wollten. Er musste unbedingt verhindern, dass Rosa von der Gedenkstunde erfuhr. »Rosa ist immer noch etwas neben der Spur. Sei so gut und sag ihr nichts davon, sonst ist sie nur wieder betrübt«, bat er Wiebke sicherheitshalber noch.

Sie versprach es ihm hoch und heilig. Sebi konnte endlich seinen Weg Richtung Hafenzimmer fortsetzen. Inzwischen sehnte er sich wirklich nach der Dusche, denn das Poloshirt fühlte sich unangenehm klamm an. Kaum hatte er die Tür geöffnet, fiel sein Blick auf Rosa. Seine Freude, sie im Sessel sitzen zu sehen, währte jedoch nur kurz, denn sie legte ihr

Tablet auf dem Tisch ab und begrüßte ihn mit einer Neuigkeit: »Sebi, endlich! Du, ich glaube, ich weiß jetzt, wer für Olis Tod mitverantwortlich sein könnte: Malte!«

13
Sportsfreunde

Das Gewitter zog früher heran, als die Wetter-App und Wiebke vorhergesagt hatten. Sehr viel früher. Sebi befürchtete das Schlimmste, zumal es sich um ein Unwetter der speziellen Art handelte. Wenn es eskalierte, war nicht nur die Übernachtung am Strand akut gefährdet, sondern schlimmstenfalls sogar die Heirat. Er traute Rosa zu, dass sie noch auf den letzten Metern einen Rückzieher machte. Und das nur, weil er nach dem Tennis-Ausflug den kapitalen Fehler begangen hatte, das Bad aufzusuchen. Zugegebenermaßen ohne das Ende ihres Redeflusses abzuwarten, aber bestimmt nicht in der Absicht, sie zu kränken. Die Dusche hatte er dringend gebraucht – auch, um nach ihrer überfallartigen Begrüßung die Neuigkeiten sacken zu lassen. Danach war er innerlich gerüstet, sich noch ein letztes Mal mit Oliver Dauers Dahinscheiden auseinanderzusetzen. Doch Rosa ließ ihn ihre Verärgerung spüren.

»Nun erzähl doch mal von Anfang an. Wie bist du auf Malte gekommen?«, hatte er eben gefragt und nur eine schlecht gelaunte Kurzantwort erhalten. Den Rest musste er sich selbst zusammenreimen. Er konnte das dunkle Wolkengebilde, das sich drohend über seinem Kopf zusammenballte, zwar nicht sehen, aber es war präsent. Rosa wirkte wie eine zornige Donnergöttin. Jetzt nur nichts Falsches sagen, sonst würde sie einem Blitz befehlen, in den Sessel einzuschlagen, auf dem ihr Gegenüber Platz genommen hatte.

»Schatz, ich stimme dir definitiv zu, was die dehydrierende Wirkung des Kräutertees anbelangt. Bei einem Läufer könnte das fatale Folgen haben. Nicht nur wegen der Wasserausscheidung über die Nieren, sondern weil beim Schwitzen zusätzlich Wasser und darin gelöste Mineralstoffe verloren gehen.« Er hoffte, die richtigen Worte gewählt zu haben, um Rosa versöhnlich zu stimmen. Aber weit gefehlt.

Schnippisch antwortete sie: »Stell dir vor, das weiß ich. Ich habe mich ausführlich mit der Materie befasst. Schon bei milden Temperaturen kann locker ein Liter Schweiß pro Laufstunde fließen. Bei Hitze sogar mehr, abhängig von der Intensität und dem individuellen Trainingslevel.«

So ungern Sebi es sich eingestand, regten sich bei ihm inzwischen auch leise Zweifel an den Todesumständen. Bisher hatte er Dauers Kollaps als gottgegeben hingenommen. Doch die offenen Fragen sah nun auch er. Er glaubte allerdings nicht an Vorsatz oder böse Absicht. »Schatz, dann lass uns bei Gelegenheit Malte auf den Tee ansprechen.«

Endlich guckte Rosa etwas freundlicher und Sebi entspannte sich. Leider versetzten ihre nächsten Worte ihn direkt wieder in Unruhe. »Eine Gelegenheit könnte sich morgen ergeben. Nachmittags soll auf der Terrasse ein Trauertee mit den Watt-Walkies stattfinden. Malte hat sich der Gruppe neulich angeschlossen, vielleicht nimmt er teil.«

Woher um alles in der Welt wusste sie von der Zusammenkunft? Verwirrt räusperte Sebi sich mehrmals, bevor er antwortete. »Wiebke hat mir eben im Vorbeigehen davon erzählt. Aber ich finde, wir sollten das stille Gedenken keinesfalls stören.«

»Dann eben vorher oder nachher. Ich muss unbedingt herausfinden, was es mit der Zusammensetzung des Tees auf sich hat.«

Sebi dachte über Möglichkeiten nach, Malte schnellstmöglich zu kontaktieren. Je schneller, desto besser. Besser für Rosas Seelenfrieden, die Harmonie bei der Strandübernachtung und den Verlauf des restlichen Urlaubs. »Meinetwegen erledigen wir das sofort«, schlug er vor. »Aber leider kenne ich weder Maltes Nachnamen noch seine Handynummer oder Adresse. Ich weiß nur, dass er in Wilhelmshaven wohnt.«

Rosa sprang auf. »Da kann uns Wiebke vielleicht weiterhelfen. Ich werde mal gucken, ob sie ausnahmsweise irgendwo in ihrer Pension aufzufinden ist und sie danach fragen.« Bevor sie das Zimmer verließ, drehte sie sich noch einmal zu ihm um: »Danke, Sebi. Es tut mir echt leid, dass ich eben so garstig zu dir war.«

»Ist schon in Ordnung«, antwortete Sebi, glücklich über das Vorbeiziehen des dräuenden Unwetters. Rosas Worte hatten die Wolken in Sekundenschnelle weggepustet und die Sonne schien wieder. Jetzt musste ihm nur noch etwas einfallen, wie er sie morgen zum Strandkorb entführen könnte, ohne die Überraschung zu verraten. Aber wenn er erst einmal den Besuch bei Malte hinter sich gebracht hätte, würde ihm schon eine zündende Idee kommen.

Malte hieß mit Nachnamen Andres und wohnte am Banter Weg in Tonndeich nahe der Wilhelmshavener Innenstadt. Wiebke hatte sie vorgewarnt, das sei eine verrufene Ecke. Tatsächlich wirkte die Gegend schmuddelig und heruntergekommen. Während Sebi über die kaputten Straßenbeläge schimpfte, fielen Rosa die leer stehenden Geschäfte auf, an denen sie vorbeifuhren. Der Modernisierungsbedarf vieler einstmals schöner historischer Gebäude war nicht zu übersehen. Sie fühlte sich an den Berliner Platz in Oberbarmen erinnert. Er wies einen ähnlichen Grad der Verwahrlosung auf und galt als Kriminalitätsschwerpunkt in Wuppertal.

Nach längerem Herumkurven in einem Gewirr aus Sackgassen setzte das Navi sie sonor in Kenntnis, dass sie ihr Ziel erreicht hätten. Die Hausnummer, die Malte Rosa bei ihrem Telefonat genannt hatte, gehörte zu einem älteren Mehrfamilienbau, der aussah wie alle anderen rings herum.

Kaum hatten sie geklingelt, wurde der elektrische Türöffner betätigt. Im Hausflur liefen sie direkt auf Malte zu, der sie vor seiner Wohnungstür im Erdgeschoss in Empfang nahm. Äußerlich war er ein unauffälliger Durchschnittstyp, der bei Rosa keinen bleibenden Eindruck hinterlassen hatte. Sie betrachtete ihn zum ersten Mal genauer. Er schien jünger zu sein als die meisten anderen Friesenfüße, schätzungsweise Mitte dreißig. Mittelgroß, mittelblond, blauäugig – und wie alle Ultraläufer, die sie kennengelernt hatte, sehr schlank.

»Moin. Geht schon mal geradeaus durch«, bat er sie herein. »Ich bin gleich bei euch, muss nur noch die Raubtiere füttern, damit sie uns in Ruhe reden lassen.«

Auch ohne die Raubtiere gesehen zu haben, war Rosa beim Anblick der Abenteuerlandschaft im Wohnzimmer klar, dass es sich um Katzen handeln musste. Darauf deutete der umlaufende Catwalk unter der Zimmerdecke hin. Er war über drei Kletterbäume erreichbar, die aussahen wie echte schlanke Baumstämme. Sie stieß Sebi begeistert an. »Guck mal! So was will ich auch für Ruby und Rudi.«

Sebis Reaktion fiel verhalten aus. »Scheint mir Marke Eigenbau zu sein. Du kennst doch meine bescheidenen Qualitäten als Heimwerker.«

Auf Nachfrage bestätigte Malte kurz darauf, dass er den Catwalk selbst gezimmert hatte. Nachdem die Stubentiger sich in Windeseile die Bäuche vollgeschlagen hatten, kletterten sie an den Baumstamm-Imitationen hoch und legten sich über ihren Köpfen auf dem Laufsteg zur Ruhe. Es waren stattliche Maine-Coon-Mixe, drei an der Zahl, alle schwarz mit weißen Pfötchen und typischen Luchspinseln auf den großen Fledermausohren. Sie stammten aus einer aufgelösten Massentierhaltung. Über eine Bekannte hatte Malte erfahren, dass dringend eine Pflegestelle bis zur Vermittlung gesucht wurde. Er wollte sie nur vorübergehend aufnehmen und hatte sie dann behalten. Rosa bedauerte es sehr, sich nicht ausschließlich über die Katzen unterhalten zu können. Leider waren sie aus einem anderen Grund hier. Außerdem wirkte Sebi bereits etwas zappelig und warf ihr bedeutungsvolle Seitenblicke zu. Sie wollte gerade auf das eigentliche Thema zusteuern, als Malte ihr zuvorkam.

»Was genau führt euch denn eigentlich zu mir?«

»Es geht um deinen Kräutertee«, begann Rosa.

Maltes Gesicht drückte aus, dass er überhaupt keine Ahnung hatte, wovon sie sprach. »Kräutertee?«, wiederholte er.

»Ja, der Tee, den du selbst eine Zeit lang beim Laufen getrunken und auch Oli empfohlen hast«, präzisierte Rosa. »Waren da immer die gleichen Kräuter drin?«

»Meinst du den Pfefferminztee? Ich soll den empfohlen haben? Unsinn.«

»Dein Sportsfreund Achim sagte, du hättest Oli auf den Kräuterteetrip gebracht.«

»Nee. Das ist Jupps Marotte.«

Rosa war irritiert. »Jupp? Wie kommt Achim dann auf dich?«

»Vielleicht habe ich ihm mal von dem Tee erzählt, und er dachte, der wäre auf meinem Mist gewachsen. Keine Ahnung, dann hat er das auf jeden Fall missverstanden. Den Tee braut Jupp sich seit dreißig Jahren zusammen. Oli hat davon Wind bekommen und spaßeshalber gefragt, ob das ein geheimer Wundertrank sei. Jupp meinte dann, nee, nur Tee, und bot an, uns mitzuversorgen. Ich habe immer Sodbrennen davon bekommen, aber Oli fuhr voll darauf ab.«

Sebi, der die ganze Zeit misstrauisch nach oben geschaut hatte, als ob zu befürchten stand, dass eine der Katzen ihm jeden Moment auf den Kopf springen könnte, war plötzlich ganz Ohr. »Ah, jetzt verstehe ich. Deswegen hat Jupp nach dem Kanister gefragt und wollte ihn bei dir abholen.«

Malte lachte. »Noch so eine Marotte von Jupp. Den Kanister habe ich total vergessen, der liegt immer noch im Kofferraum. Darf ich jetzt mal erfahren, was los ist? Was ist so interessant an Jupps Tee?«

Auf Rosa machte Malte einen durch und durch anständigen Eindruck. Einem Mann, der ein Herz für Notfallkatzen hatte, traute sie einfach keine bösen Absichten zu. Plötzlich erschienen ihr sämtliche Mutmaßungen hanebüchen. Nicht nur, dass Malte mit der Sache nichts zu tun hatte, sondern auch der Tee musste harmlos sein, wenn Jupp ihn seit dreißig Jahren trank. Sie schaute Sebi in der Hoffnung an, dass er Malte die Erklärung für ihren Argwohn liefern würde. Sebi verstand sofort, auch ohne Worte. In Momenten wie diesen zeigte sich, dass sie ein gut eingespieltes Team waren. Aber obwohl er über die anfänglichen Verdachtsmomente von Moritz und Nele schwieg und sich kurzfasste, wurden Maltes hellblaue Augen vor Erstaunen so kugelrund, dass Rosa unwillkürlich an Rudis und Rubys Murmelaugen denken musste.

»Da wir bis eben davon ausgegangen sind, dass du der Experte in Sachen Tee bist, wollten wir fragen, ob dir die Wirkung der Kräuter bekannt ist«, beendete Sebi seinen Bericht.

Malte schüttelte den Kopf. »Wie gesagt, ich habe den Tee eine Zeit lang auch getrunken. Entwässernd ... nee, bei mir nicht. Ich habe nur immer dieses saure Aufstoßen davon bekommen. Könnte sein, dass mein Magen empfindlich auf Minze reagiert.« Nach einer kleinen Denkpause schlug er vor: »Fahrt doch über Sande zurück und klärt das direkt mit Jupp. Um diese Zeit ist der zu Hause und es wäre für euch nur ein kleiner Umweg.«

Zu Rosas Verwunderung stieß die Idee bei Sebi sofort auf Zustimmung. »Warum nicht? Dann können wir auch gleich den Kanister bei ihm abliefern.«

Der Versuch, Jupp vorher anzurufen, schlug fehl. Laut Malte besaß er kein Smartphone, sondern nutzte ein Nokia aus den Anfängen der Mobiltelefonie, das angeblich unverwüstlich war. Es schien aber ausgeschaltet zu sein, jedenfalls konnte Sebi ihn unter der Nummer nicht erreichen. Nachdem sich auf dem Festnetz auch nur der Anrufbeantworter meldete, meinte Malte, sie sollten trotzdem vorbeifahren.

»Es ist Abendbrotzeit. Er kann wahrscheinlich gerade nicht ans Telefon gehen, weil er Mämmche füttert.«

Wie sich herausstellte, war Mämmche weder Hund noch Katze, sondern Jupps hochbetagte Mutter. Er wohnte mit ihr zusammen, seit sie vor fünf Jahren nach dem Tod ihres Bruders dessen Haus geerbt hatte. Da sie ihre Kindheits- und Jugenderinnerungen mit Friesland verband, war es ihr Wunsch gewesen, von Köln zurück in die alte Heimat zu ziehen. Schon damals weit über achtzig und hinfällig, war sie inzwischen dauerhaft bettlägerig. Aber als ehemaliger Patientenbegleiter in einer Kölner Klinik für Geriatrie kannte Jupp sich mit Altenpflege aus, hatte seinen Beruf an den Nagel gehängt und kümmerte sich rund um die Uhr aufopferungsvoll um Mämmche. Nur wenn er länger unterwegs war, nahm er den Pflegedienst in Anspruch, wusste Malte zu erzählen, während sie zusammen zum Parkplatz gingen. Nachdem Sebi den Kanister in seinen Kofferraum geladen hatte, verabschiedeten sie sich.

Malte war schon fast am Hauseingang war, als Rosa etwas Wichtiges einfiel. Sie öffnete die Beifahrertür und rief ihm hinterher: »Wie heißt Jupp mit Nachnamen? Wir wissen gar nicht, bei wem wir schellen müssen.«

»Hackenschmitt mit Doppel-t, Vorname Josef. Aber keine Sorge, ihr hättet ihn gefunden. Es ist ein winziges Siedlungshaus, da gibt's nur eine Klingel. Grüßt ihn schön von mir.«

Sebi fluchte, weil das Navi die Adresse nicht fand. »Was hast du denn eingegeben?«

»Na, was Malte gesagt hat. An der Lehmbalje in Neustadtgedöns.«

»Nicht Neustadtgedöns«, kicherte Rosa. »Neustadtgödens.«

»Ach so.«

Nachdem Sebi ge-döns in gö-dens geändert hatte, berechnete das Navi die Route. Er startete den Motor und fuhr los. Keine zwei Minuten später lenkte er den Wagen aber schon wieder an den Straßenrand. Bevor Rosa fragen konnte, was los war, nahm er seinen Thermobecher aus der Halterung und stieg aus. Als Nächstes öffnete er den Kofferraum und machte sich darin zu schaffen. Ein Plätschern ließ Rosa ahnen, was er tat. Sie drehte sich in ihrem Sitz nach hinten und rief Sebi zu: »Füllst du Jupps Gebräu ab?«

»Ja, eine Probe vom Bodensatz. Der Kanister ist fast leer.«

»Was hast du damit vor?«, fragte sie nach.

Sebi antwortete erst, als er wieder eingestiegen war und den verschlossenen Becher an seinen Platz in die Halterung gestellt hatte. »Bei Bedarf ließe sich anhand der Probe feststellen, ob der Tee aus der Flasche genauso zusammengesetzt ist wie der aus dem Kanister.«

»Wow«, entfuhr es Rosa. »Du besitzt ja mehr kriminalistischen Instinkt als ich dachte.«

Sebi zuckte die Schultern und warf Rosa einen belustigten Seitenblick zu. »Du solltest mich nicht immer so maßlos unterschätzen. Vielleicht hast du mich mit deinen Spekulationen angesteckt. Aber mal im Ernst, wahrscheinlich schütte ich das Zeug später einfach weg. Vorher hören wir uns an, was Teebraumeister Jupp zu seiner Verteidigung vorbringt. Vielleicht wären ein paar frisch gezapfte Kölsch unterwegs bekömmlicher gewesen als seine Plörre.«

Keine zehn Minuten später erreichten sie Sande. Hier hatte das Unheil seinen Lauf genommen. Gerade mal eine

Woche war das her. Der Kreisverkehr kam Rosa bekannt vor, aber sie fuhren jetzt aus der entgegengesetzten Richtung auf ihn zu und dann geradeaus weiter auf die B436 nach Neustadtgödens. Südlich erstreckte sich eine renaturierte Sandentnahmestelle. Bei ihrem ersten Urlaub in Dangast hatte Wiebke ihnen einen Ausflug dorthin schmackhaft machen wollen. Das Gebiet stehe unter Naturschutz und von der Plattform aus habe ihr verstorbener Mann Henning mit einem Fernglas wunderbar die Vogelwelt beobachten können.

Im Gegensatz zu Henning waren weder Rosa noch Sebi ornithologisch besonders interessiert, sodass sie sie heute zum ersten Mal an einer Windmühle vorbei auf die Ortschaft zufuhren. Jupps Häuschen war das letzte in einer ruhigen Anliegerstraße, ein schlichter Nachkriegsbau aus den Fünfzigern. Sie parkten davor und sahen sich um. Unter dem Vordach stapelten sich leere Kanister. Jupp war auf das Exemplar, das Malte am See mitgenommen hatte, bestimmt nicht angewiesen. Er hatte genug davon gehortet, um sämtliche Friesenfüße mit Tee zu versorgen.

»Na denn man to.« Nach diesem aufmunternden Spruch, den Sebi aus Wiebkes Repertoire übernommen hatte, stapfte er mit dem Kanister in der Hand voran. Rosa folgte ihm. Sie schellten und warteten, aber nichts tat sich. »Scheint wohl doch unterwegs zu sein«, vermutete Sebi.

»Warte mal.« Rosa meinte, etwas aus dem Haus gehört zu haben. Sie lauschte. Das Geräusch klang so, als ob jemand eine Zwischentür auf- oder zuschlösse. Kurz darauf war eine schemenhafte Bewegung durch die zwei trüben, in die alte Holzhaustür eingelassenen, Glasscheiben zu erkennen. Nachdem erneut ein Schlüssel zum Einsatz gekommen war, wurde die Tür einen Spalt weit geöffnet. Ein halbes Gesicht lugte heraus: Jupp, mit finsterer Miene. Erst, als er seinen Besuch identifizierte, öffnete er die Tür ganz und verwandelte sich von einer Sekunde auf die andere in den lustigen Kerl, den sie kannten.

»Moin und Tach zesamme«, begrüßte er sie grinsend.

Sebi schwenkte den Kanister. »Moin, Jupp. Entschuldige den Überfall. Aber wir waren gerade in der Gegend und bringen dir den hier zurück, mit besten Grüßen von Malte.«

»Das nenn ich Service«, zeigte sich Jupp erfreut, nahm ihm den Kanister ab und stellte ihn auf die anderen. »Kommt doch rein.«

»Gern, aber nur kurz. Malte meinte, dass du um diese Zeit wahrscheinlich deine Mutter versorgst, wir wollen nicht stören.«

Jupp winkte ab. »Nä, schon erledigt. Die schläft jetzt tief und fest.«

Sie traten ein und standen in einem winzigen Vorraum mit einer Treppe nach oben, von dem aus Jupp sie durch eine weitere Tür in den Flur lotste. Rosa musste genau hinschauen, um zu erkennen, dass es sich bei der Wandverkleidung nicht um eine scheußliche Fototapete handelte, sondern um einzeln laminierte und mit Heftzwecken befestigte Laufurkunden. Rodgau, Schwäbisch Gmünd, Röntgenlauf, Harzquerung, Kölnpfad, Ebershausen, Brocken, Biel ... es mussten hunderte sein. Eine Schuhkommode aus Eichenholz diente als Altar für einige goldglänzende Pokale. Fehlte nur noch eine Leuchte, die das ewige Licht spendete.

Sebi schien ähnliche Assoziationen zu haben. Rosa spürte seinen Mund dicht an ihrem Ohr, als Jupp vorausging. »Heiliger Bimbam«, raunte er ihr zu. »Die Dinger könnte man auch als Kelche fürs Abendmahl verwenden.«

Die anbetungswürdigen Gegenstände im Flur waren indes nur der Vorgeschmack auf das, was sie im Wohnzimmer erwartete. Gerahmte Urkunden an der Wand und eine mit Pokalen und Medaillen vollgestopfte Glasvitrine zeugten davon, dass Jupps gute Stube zugleich das Allerheiligste für die wichtigsten Auszeichnungen war. »Meine Güte!«, entfuhr es Rosa entsetzt. Der Besitzer der Devotionalien lächelte geschmeichelt. *Meine Güte* schien er als einen spontanen Ausruf der Bewunderung aufzufassen.

»Ja, ich staune auch immer wieder, wie viel im Laufe der Jahre zusammenkommt. Möchtet ihr Tee? ... Kaffee?«

Da sowohl sie als auch Sebi beides dankend ablehnten, verschwand Jupp in Richtung Küche, um eine Tasse für sich selbst zu holen. Kaum war er aus der Tür, bat Sebi flehentlich: »Lass uns schnell abhauen.«

Den Fluchtreflex konnte Rosa in Anbetracht seiner Klaustrophobie nachvollziehen. Zwar war der Raum nicht besonders klein oder dunkel, aber das Ambiente mutete erdrückend an. Außerdem war die Luft abgestanden. »Ja, ich frage ihn noch kurz nach den Teekräutern und dann verschwinden wir direkt wieder. Er scheint messiehafte Tendenzen zu haben.«

Normalerweise hätte sie Sebi empfohlen, zur Ablenkung durch das Fenster neben der Terrassentür nach draußen in den kleinen Garten zu schauen. Der war allerdings auch nicht unbedingt eine Augenweide. Hohe Zypressenhecken grenzten ihn ringsum von der Nachbarschaft ab, sodass Jupps Gartenelend im Verborgenen blühen konnte. Der Rasen war übersät mit schwarzen Müllsäcken, Gerümpel, Schrott und Schutt. Überall lagen Scherben von zersprungenen Blumenkübeln. Das Einzige, was einigermaßen gepflegt aussah, war das gewaltige, komplett mit Kräutern bepflanzte Hochbeet. Es wurde durch ein rundherum auf Metallbögen gespanntes tunnelförmiges Gemüsenetz geschützt.

Gerade als Rosa sich fragte, ob Mäuse oder Ratten, die durch den Müll angelockt wurden, auch Kräuter anknabberten, sah sie das Schaf. Zuerst dachte sie, ein großer Haufen Schafwolle läge am Rande des Gartens an der Hecke. Bei näherer Betrachtung erkannte sie den Kopf, der aus dem verfilzten Fell des platt auf dem Boden liegenden Tieres herausschaute. Es musste anstrengend sein, sich in diesem Haufen Wolle zu bewegen.

»Meine Güte, der braucht ewig!« Sebi rutschte unruhig im Sessel herum. Dann sprang er auf, ging ein paar Schritte durch den Raum und blieb vor der Vitrine stehen. Letzteres deutete Jupp, der endlich mit dem Tee zurückkehrte, als Interesse für seine Ausstellung.

»Guck dich gern um«, sagte er ermunternd. »Die Medaille ganz vorne ist vom Rennsteiglauf 1990. Der erste gesamtdeutsche Lauf. Vom langen Kanten hast du bestimmt schon mal gehört.«

»Jaja«, behauptete Sebi, während er sich eilig von der Vitrine entfernte und wieder Platz nahm.

Rosa deutete in den Garten. »Du hältst ein Schaf?«

Jupp schüttelte den Kopf. »Das ist Boris. Der lebt hier nur vorübergehend. Malte hat kürzlich drei Hammel gerettet, die nach der letzten Schur der Schlachthof erwartet hätte. Zwei sind schon an einen Gnadenhof vermittelt, und ich will hoffen, dass er für Boris bald auch eine neue Weidefläche findet. Das Biest ist scharf auf meine saftigen Kräuter.«

Damit waren sie beim Thema. »Du scheinst den grünen Kräuterdaumen zu haben. Die gedeihen prächtig«, gab sich Rosa begeistert. »Alles für deinen Tee?«

»Nit alles. Aber die Pfefferminze.«

»Ach so? Nur Pfefferminze?«

»Je nach Jahreszeit auch zwei, drei andere Kräuter und etwas Honig. Aber Hauptbestandteil ist Pfefferminze.«

»Wegen des Geschmacks?«, versuchte Rosa ihm mehr zu entlocken.

»Nit nur.« Breit grinsend tippte Jupp mit dem Zeigefinger auf seine schmale Brust. »Guck mich an. Ich laufe und laufe. Pfefferminze ist jut für Motivation und Stimmung, Das wusste ich schon Jahrzehnte vor den Amis. Die haben die positiven Effekte erst vor zwei Jahren in Studien nachgewiesen. Hätten sie mal mich gefragt.« Rosa sah, wie Sebi die Augen verdrehte.

»Aber Pfefferminztee entwässert doch?«, erkundigte sie sich.

Für einen Moment wirkte Jupp irritiert. Erst nach einer Pause sagte er: »Nä, nit, wenn man Salz dazugibt. Warum?«

»Ach, ich habe doch gewettet, nächstes Jahr den Gorch-Fock-Halbmarathon zu schaffen. Vielleicht wirkt dein Wundertrank auch bei mir Wunder. Wenn er entschlackt, umso besser fürs Abnehmen. Würdest du mir etwas Tee zum Testen mitgeben?«

Während Sebi sie mit halb offenem Mund von der Seite ansah, als würde er an ihrem Verstand zweifeln, rief Jupp: »Selbstverständlich! Ich habe heute einen größeren Vorrat frisch zubereitet. Gekühlt hält der drei Tage.« Unverzüglich marschierte er in Richtung Küche.

»Was um alles in der Welt ...«, brummte Sebi, als Jupp außer Sicht war.

Da Rosa nicht wusste, ob er sich auch außer Hörweite befand, legte sie ihren Finger auf den Mund und sagte mit gedämpfter Stimme: »Ich erkläre es dir später.« Spielraum für einen weiteren Austausch gab es ohnehin nicht, da Jupp bereits mit einem bis zur obersten Markierung gefüllten Kanister zurückkehrte.

»Oh. So viel wäre doch nicht nötig gewesen«, presste Sebi heraus.

Jupp flötete frohgemut: »Von nix kütt nix. Trinkt reichlich! Du läufst doch auch, ist genug für euch beide. Und wenn ihr Nachschub braucht, meldet euch.«

Sebi stand auf, um die Gabe entgegenzunehmen. »Danke schön, das ist sehr spendabel.«

Sein Tonfall verriet, dass seine Dankbarkeit sich in Grenzen hielt. Es wurde höchste Zeit, ihn zu erlösen. Nachdem sie sich ebenfalls bedankt und dann demonstrativ auf ihre Armbanduhr geguckt hatte, sprang Rosa auf. »So spät schon! – Jupp, so leid es mir tut, wir sind noch verabredet und müssen uns beeilen.«

14
Ultra-Marathoni

Während er sich nebenbei aufs Fahren konzentrierte, versuchte Sebi, Rosas Gedankengänge nachzuvollziehen. Es fiel ihm schwer. »Im Kaffeebecher ist doch schon etwas von dem Zeug«, wendete er ein. »Kaum sind wir den einen Kanister losgeworden, transportieren wir den nächsten im Kofferraum. Ehrlich. Ich kapiere nicht, warum. Wenn mit dem Tee etwas nicht stimmen würde, hätte Jupp sich sicher eine Ausrede einfallen lassen und ihn uns nicht literweise abgefüllt.«

Rosa gab ihm recht. »Ja, genau, der Tee ist okay, das glaube ich auch. Das ist das Original. Der, den er trinkt. Pfefferminztee mit zwei oder drei anderen Kräutern, Honig und Salz. Aber in Achims Probe wurden erstens viel mehr Bestandteile identifiziert und zweitens kein Salz. Hast du seine Reaktion bemerkt, als ich die entwässernde Wirkung angesprochen habe?«

Sebi überlegte, ob ihm etwas aufgefallen war. »Er hat verwirrt geguckt.«

»Mehr als das. Er wirkte von jetzt auf gleich so finster, wie zuerst an der Tür, und brauchte ein paar Sekunden, um sich zu fangen. Seine Antwort mit dem Salz war der Beweis, dass er die Wirkung kennt. Salz bindet Wasser im Körper.«

»Schatz, der Mann ist mir auch nicht ganz geheuer. Allerdings aus anderen Gründen. Er tapeziert das Haus mit Laufurkunden. Dazu diese Trophäensammlung! Nach außen macht er auf bescheidene kölsche Frohnatur, aber in seinen vier Wänden sonnt er sich im Glanz der eigenen Leistungen. Schon ein absonderlicher Typ.«

Ein rascher Seitenblick zu seiner Beifahrerin zeigte, dass sie schon wieder eifrig nickte. Ihm zuzustimmen und eigentlich auf etwas ganz anderes hinauszuwollen, schien Rosas neue Masche zu sein.

»Sehe ich ähnlich. Er erinnert mich an den irren Tierarzt. Irgendetwas stimmt mit Jupp nicht. Das sagt mir mein Gefühl.«

Sebi seufzte. »Gefühle zählen in dieser Sache nicht. Fassen wir doch mal zusammen: Im Krankenhaus bestand kein Zweifel an Dauers natürlicher Todesursache, und da er bereits eingeäschert wurde, lässt sich nichts Gegenteiliges mehr feststellen. Somit müsste man schon belastbare Beweise oder ein sehr überzeugendes Motiv anbringen, um behördliche Ermittlungsschritte einzuleiten.«

»Du meinst die hiesige Polizei hinzuziehen?«, fragte sie nach.

»Den Gedanken hatte ich tatsächlich, als ich die Probe entnommen habe. Aber nach dem Besuch bei Jupp stellt sich die Sache für mich folgendermaßen dar: Er kocht seit ewigen Zeiten Pfefferminztee und schmeißt nach Lust und Laune ein paar zusätzliche Kräuter hinein. Vor dem Extremlauf am See möglicherweise ein paar mehr als sonst, nach dem Motto viel hilft viel. Kann sogar sein, dass der Mix Dauer nicht so gut bekommen ist. Vielleicht hat Jupp den Anflug eines schlechten Gewissens deswegen. Aber umgebracht hat der Tee den Dauer sicher nicht. Wir müssen die Sache nun auf sich beruhen lassen.«

Keine Antwort war auch eine Antwort. Nach längerem Schweigen sagte Rosa: »Als Moritz Engel mit dem Verdacht um die Ecke kam, Achim habe etwas mit Dauers Tod zu tun, habe ich Artikel über Todesfälle beim Laufen recherchiert. Davon gibt es erstaunlich viele. Warum gehen die Ärzte den Todesursachen nicht in jedem Fall durch eine Obduktion auf den Grund?«

»Das wird nicht zuletzt eine Kostenfrage sein«, vermutete Sebi. »Krankenhäuser sind keine sozialen Einrichtungen, sondern Wirtschaftsunternehmen, die nach ökonomischen Kriterien entscheiden. Wenn die Obduktion ärztlicherseits als notwendig erachtet und angeordnet wird, muss das Krankenhaus auch die Kosten tragen.« Er überlegte, in welchen Fällen abseits der Gerichtsmedizin überhaupt obduziert wurde. »Zur Qualitätssicherung und zur ärztlichen Fortbildung werden klinische Sektionen wohl auch vorgenommen. Vorausgesetzt, die Verstorbenen oder deren Angehörige willigen ein.«

»Die Verstorbenen ja wohl kaum«, monierte Rosa.

»Ich meine vorher. Also zu Lebzeiten. In einer Patientenverfügung kann jeder solche Dinge vorsorglich regeln.«

»Ach so, verstehe.« Obwohl Rosa nichts weiter dazu sagte, wirkte sie unzufrieden. Endlich kam das gelbe Ortseingangsschild *Nordseebad Dangast* in Sichtweite. Sebi war fix und fertig vom vielen Herumfahren, dem Besuchsmarathon und dem Gespräch, das sich im Kreis drehte. Rosa sah auch erschöpft aus. Außerdem hatten sie noch nicht zu Abend gegessen. »Was hältst du davon, wenn wir eben noch schnell Pizza und eine Flasche Rotwein bei Mamma Mia holen und es uns damit im Zimmer gemütlich machen?«

Zu seiner Freude hielt Rosa sehr viel davon. Wahrscheinlich knurrte ihr Magen genauso nachdrücklich wie seiner.

Wie sich nach den letzten knusprigen Randkrumen seiner Speciale und ihrer Frutti di Mare herausstellte, verstand Rosa unter Gemütlichkeit, sich in die Leseecke zurückzuziehen und ihr iPad einzuschalten, das auf dem Sekretär lag.

»Muss ich hier den Rest des Abends einsam verbringen?«, erkundigte sich Sebi, nachdem er schon über zehn Minuten vergeblich gewartet hatte, dass sie sich zu ihm setzte. Sie schaute nur kurz auf. »Gleich.«

Gleich konnte erfahrungsgemäß lange dauern. Vor allem, wenn Monika neue Katzenfotos geschickt hatte. Da er das Sofa noch auf ungewisse Zeit für sich allein beanspruchen durfte, streckte er seine Beine darauf aus, bevor er den Wein probierte. Das Tröpfchen schmeckte. Nicht herausragend, aber durchaus genießbar. Er nahm noch einen Schluck und stellte das Glas ab. Jetzt ein kleines Powernapping. Das wäre genau das Richtige, um seinen leeren Akku wieder aufzuladen. Doch als er sich zwei Kissen unter den Kopf schob, kam ihm plötzlich eine Idee. Er zog sein Handy aus der Hosentasche und tippte eine WhatsApp-Nachricht.

Mein lieber Schatz, pack bitte morgen Vormittag Schwimmzeug zusammen – und das Allernötigste für eine Übernachtung auswärts. Stell keine Fragen und lass dich überraschen. Dein Sebi ♥

Nachdem der Text abgeschickt war, lehnte er sich wieder zurück und schloss die Augen, nur um sie sofort wieder zu öffnen. Aus der Leseecke hörte er ein lautes »Ich werd' verrückt!« Er hätte gar nicht erwartet, dass Rosa sofort aufs Handy sah. Aber anscheinend hatte sie die Nachricht direkt gelesen und war entzückt.

Leider stellten sich beide Annahmen einen Atemzug später als falsch heraus, denn es folgte ein weiterer Ausruf: »Guck mal, Sebi!«

Endlich stand sie auf und kam zu ihm, aber nur, um ihm das iPad unter die Nase zu halten. Er musste das Bild erst größer ziehen, um zu erkennen, was oder vielmehr wer darauf zu sehen war: In jüngeren Jahren, doch unverkennbar, nicht nur wegen der lila-pinken Laufhose mit Rautenmuster, die sich immer noch im Besitz des Trägers befand.

»Jupp? Stalkst du Jupp im Internet?«

»Du hast es erfasst. Josef Hackenschmitt, Ultra-Marathoni«, las Rosa ungerührt die Bildunterschrift vor. »Es hat mir keine Ruhe gelassen. Ich habe eben noch mal nach den Berichten über Todesfälle bei Laufveranstaltungen gesucht. Ein paar hatte ich am Morgen danach grob überflogen, als du Moritz Engel nach Hause gebracht hast. Das Bild habe ich erst jetzt entdeckt. Es gehört zum Blogartikel *Kollaps beim Köln Marathon.* Ist von 2004.«

Sie tippte auf das Foto. »Und jetzt halt dich fest. Was glaubst du, warum Jupp dort erscheint?«

Gehorsam griff Sebi nach seinem Weinglas und gab zu, keine Ahnung zu haben. Rosa lieferte die Erklärung geradezu triumphierend. »Jupp ist mit einer kleinen Gruppe von Ultra-Marathonis am Start gewesen. Das war auch so ein spezielles, von Jupp initiiertes Ding. Die sind eine Woche lang täglich einen Marathon gelaufen.«

»Dieses Ultralaufvolk wird mir langsam unheimlich. Wenn ich die Friesenfüße nicht kennengelernt hätte, täte ich mich schwer damit, das zu glauben.«

»Ach, es geht noch viel verrückter. Ein Oberösterreicher wollte ein Jahr lang jeden Tag einen Marathon laufen. Dazu gab es auch einen Artikel in diesem Laufblog.«

»Das wären dann 365 multipliziert mit 42 ... über 15.000 Laufkilometer«, überschlug Sebi im Kopf und verspürte gleichzeitig das Verlangen, sich an selbigen zu fassen. Sobald er seine fünf Kilometer beim Wuppertaler Volkslauf hinter sich gebracht hätte, würde er ernsthaft darüber nachdenken, ob Laufen der richtige Sport für ihn wäre.

»Es stand aber nicht dabei, ob er es geschafft hat. Am Sonntag in Köln sollte dann der letzte Marathon der Woche absolviert werden«, kam Rosa wieder auf Jupp zurück. »Einer aus der Gruppe hat sich auf der Strecke mehrmals übergeben und ist dann zusammengeklappt. Verstehst du? Das war der besagte Kollaps! Tauchte bei den Todesfall-Artikeln auf, wahrscheinlich, weil es im Blogbericht auch um Todesfälle ging, aber dieser Läufer ist nicht gestorben. Es gab nur einen Sanitätereinsatz.«

»Und warum ist da Jupps Foto zu sehen und nicht das des kollabierten Läufers?«

»Weil Jupp zum Thema *Wie viel Laufsport ist noch gesund*? interviewt wurde und im Blog schlaue Tipps gegeben hat, wie man derartige Vorfälle verhindert.« Sie scrollte weiter runter. »Hier ein Jupp-Zitat: *Gerade als Extremläufer sollte man Warnsignale seines Körpers ernst nehmen und nie unterschätzen. Nur kein falscher Ehrgeiz.*«

»Lass mal sehen.« Sebi nahm das Tablet und begann zu lesen, während Rosa ihm über die Schulter sah.

Es fiel ihr sichtlich schwer, zu warten, bis er fertig war. Ungeduldig versuchte sie ihm eine Reaktion zu entlocken. »Was sagst du dazu?«

»Jupp und Dauer scheinen ihre Laufweisheiten mit denselben Löffeln gefressen zu haben. Die Sprüche kommen mir alle bekannt vor.«

»Sebi! Stell dich doch nicht dumm.«

Rosas Wangen röteten sich, obwohl sie den Wein noch nicht angerührt hatte. »Es ist nicht zum ersten Mal bei einem von Jupps Privatläufen jemand umgekippt. Findest du nicht auch, dass die Proben untersucht werden müssen? Es geht hier gar nicht mehr nur um Oli. Wer weiß, wer der oder die Nächste ist? Malte? Achim? Nele? Wenn du nichts unternimmst, gehe ich morgen früh eben selbst mit dem Kanister und dem Kaffeebecher zur Polizei.«

Sollte er sie darauf hinweisen, dass sie beides ziemlich weit schleppen müsste? In Dangast gab es keine Wache, bis zum zuständigen Polizeikommissariat in Varel waren es mindestens sieben Kilometer. Nein, das würde sie nur noch mehr aufregen. Doch bei aller Liebe, zwischen dem Kollaps in Köln und dem am Sander See lagen vierzehn Jahre, was eher auf eine zufällige Duplizität der Ereignisse als auf eine Serie mit Jupps Zutun hindeutete. Außerdem fehlte immer noch das Motiv. Aber Sebi wusste nur zu gut, dass sie in ihrer momentanen Aufgeregtheit keinen dieser berechtigten Einwände gelten lassen würde. Nach kurzem Überlegen war die Entscheidung gefallen. Er sagte zu, sich darum zu kümmern, und reichte ihr das Weinglas.

»Aber versprich mir, es nicht hinauszögern. Gleich als Erstes nach dem Frühstück.«

»Ehrenwort. Ich will das schnellstmöglich erledigt haben. Check doch mal deine Nachrichten auf WhatsApp.«

Als Rosa am nächsten Morgen die Augen öffnete, war Sebi bereits aufgestanden und verließ soeben den Raum. Ein verschlafener Blick auf die Uhr zeigte, dass es noch keine halb sieben war. Was mochte er vorhaben? Vielleicht hatte es etwas mit der per WhatsApp angekündigten Überraschung zu tun? Sie blieb liegen und lauerte gespannt auf seine Rückkehr. Lange musste sie sich nicht gedulden. Schon wenige Minuten später kam er wieder zur Tür herein.

»Hallo Frühaufsteher«, begrüßte sie ihn. »Wo bist du gewesen?«

»Oh, habe ich dich geweckt? Das wollte ich nicht.« Er setzte sich auf die Bettkante und gab ihr ein Guten-Morgen-Küsschen.

»Alles gut, du hast dich auf sehr leisen Sohlen rausgeschlichen. Ich bin von allein aufgewacht.«

»Dann bin ich beruhigt. Ich habe Agnes um zwei Schraubgläser gebeten. Etiketten hat sie mir auch organisiert. Mit Kanister und Kaffeetasse wollte ich nicht unbedingt auf der Wache vorsprechen.«

»Warum *ich*? Wir fahren doch gleich zusammen?«

Wie sich in einer kleinen nachfolgenden Diskussion herausstellte, hatte er die Sache tatsächlich im Alleingang regeln wollen. Aber das kam gar nicht infrage, Rosa bestand darauf, ihn zu begleiten. Widerstrebend gab er unter der Bedingung nach, dass sie kein Wort über seine Tätigkeit als Privatermittler sagte. Wie er nur zu gut wusste, hegten so manche bei der Polizei eine Abneigung gegen Schnüffler, die ihnen in die Arbeit pfuschten.

In Abwesenheit von Wiebke brachten sie das Frühstück ohne den üblichen Plausch und ohne Spezialkaffee schnell hinter sich. Rosa nahm inzwischen an, dass sie ihr absichtlich aus dem Weg ging, um keine Auskunft über das Equipment für die Hochzeitsüberraschung geben zu müssen. Unfassbar! Was war so schwer daran, einen Beamer zu organisieren? Am Ende musste sie selbst noch einen kaufen! Das Grafenpaar hatte sein Zimmer schon geräumt. Es herrschte gähnende Leere im Raum, kein anderer Tisch war gedeckt. Sebi und sie schienen tatsächlich die einzigen Gäste der Pension zu sein. Das hatte Rosa in all den Jahren noch nie erlebt. Anschließend gingen sie direkt zum Auto. Sebi holte den Thermobecher heraus und kippte den Inhalt in ein Glas. Dann öffnete er den Kofferraum und goss etwas Tee aus Jupps Kanister in das zweite Glas. Nachdem er beide fest zugeschraubt hatte, beschriftete er die Etiketten, klebte sie auf und betrachtete sein Werk zufrieden.

1) Probe Bestand Josef Hackenschmitt
2) Probe Verpflegung Oliver Dauer

Rosa spendierte ihm das Lob, das er verdiente. »Super Idee, perfekt umgesetzt.«

»Danke. So blamieren wir uns nicht komplett und ich kann die Kollegen vielleicht eher dazu bewegen, die Flüssigkeiten untersuchen zu lassen.«

Das Polizeikommissariat befand sich in einem rot verklinkerten Bau an der Bahnhofstraße. Die Schutz- und Kriminalpolizei für Varel, Dangast sowie für die friesischen Gemeinden Bockhorn und Zetel-Neuenburg waren hier unter einem Dach untergebracht. Vor ihrem Aufbruch hatte Sebi die Öffnungszeiten recherchiert. Die Dienststelle war rund um die Uhr besetzt. Es sprach also nichts dagegen, bereits frühmorgens auf der Matte zu stehen.

Vier Stufen führten zum Eingang des Gebäudes. Rosa ließ Sebi den Vortritt, passend zu ihrer Zusicherung, sich auch verbal im Hintergrund zu halten. Ein blutjunger Uniformierter schmetterte ihnen ein fideles *Moin* entgegen. Sebi grüßte zurück und nannte seinen Namen, ließ durchblicken, dass er ein ehemaliger Kollege aus Wuppertal sei und in einer speziellen Angelegenheit komme, die es erfordere, mit jemandem von der Kripo oder am besten direkt mit der Dienststellenleitung zu sprechen. Ob Sebis bestimmter Ton Wirkung zeigte oder ob ihnen einfach das Glück hold war, konnte Rosa schlecht einschätzen. Jedenfalls telefonierte der Beamtenjüngling, und danach wurden sie von einer weiblichen Uniformierten in den zweiten Stock zum Zimmer des Ersten Polizeihauptkommissars geführt. Er leitete das Kommissariat und sah so aus, als würde er das bereits sehr lange tun. Teschen, wie er sich vorstellte, hatte die sechzig sicher überschritten und erinnerte Rosa sofort an Sebis früheren Chef Bernd Ammermann. Rundliche Statur, rundes Gesicht, wenig verbliebenes Haar. Im Unterschied zum Wuppertaler Polizeirat genoss Teschen jedoch noch nicht seinen Ruhestand.

Sebi schilderte nach der Begrüßung, was sie hierher führte. Er fasste sich kurz. Teschen hörte aufmerksam zu, ohne Zwischenfragen zu stellen. Als Sebi zum Schluss gekommen war, stellte er die beschrifteten Gläser auf den Schreibtisch. Der Polizeihauptkommissar lehnte sich in seinem Stuhl vor. Seine folgende Feststellung war als Frage verpackt. »Ihnen ist bewusst, dass laut § 164 StGB falsche Verdächtigungen als Straftat gewertet werden?«

»Das ist mir bewusst, ja. Darum äußere ich nur eine Vermutung. Vielleicht ziehe ich falsche Schlussfolgerungen. Eine Untersuchung des Inhalts dieser Gläser könnte die Vermutung bestätigen oder entkräften. Gern schnellstmöglich.«

Teschen sagte nach einigen Sekunden des nachdenklichen Schweigens: »Kollege Fink, bei uns im südlichen Friesland lebt man recht sicher. Jährlich verzeichnen wir nur rund dreitausend Straftaten und tausend Verkehrsunfälle.« Er schob die Brille tiefer auf die Nase und musterte über deren Rand hinweg mit gefurchter Stirn die Einmachetiketten auf den Schraubgläsern, bevor er seine Entscheidung traf. »Wenn unsere Kriminaltechniker sich um Ihre Vermutungen und Schlussfolgerungen kümmern sollen, kommt jetzt Papierkram auf Sie zu. Personalien und so weiter, Sie kennen das. Die Kollegen unten übernehmen. Die sichern auch das Handyfoto mit den Ergebnissen der privaten Laboruntersuchung. Wie lange sind Sie und Ihre Frau noch in Dangast?«

Rosa fand, dass sie lange genug nichts gesagt hatte. Teschen hielt sie wahrscheinlich für Sebis stummes Anhängsel. Obwohl er nicht sie, sondern ihn gefragt hatte, gab sie die Antwort: »Bis zu unserer Trauung in einer Woche am 14. September. Ich bin zwar Frau Fink, werde aber erst seine Frau. Wir heiraten Freitag zum zweiten Mal.«

Schlagartig hellte sich Teschens Miene auf, die Stirnfalten glätteten sich auf wundersame Weise und er lachte schallend. »Sie sind also die Finks, die ihren Trauungstermin unbedingt auf meinen Geburtstag legen wollten. Na, dann werde ich mal Dampf machen, dass die Ergebnisse aus dem Labor vor der Trauung da sind.«

Rosa guckte ratlos vom heiteren Hauptkommissar zu Sebi. In Anbetracht Rosas offensichtlicher Verwirrung beeilte sich Teschen, die Sache zu erklären. »Ich bin der Vater von Marie

Teschen, der Standesbeamtin, die Sie trauen wird. Der verstorbene Mann Ihrer Zimmerwirtin war ein guter Freund von mir und Maries Patenonkel. Da konnte meine Tochter Wiebke den Wunsch natürlich nicht abschlagen, obwohl sie wegen meiner Feier eigentlich keine Termine an diesem Freitag machen wollte.«

»Warum unbedingt dieser Freitag?«, wunderte sich Rosa. Erneut wich Sebi ihrem fragenden Blick aus. »Sagtest du nicht, es sei kein anderer Termin mehr frei gewesen?« Jetzt bemerkte sie Schweißtröpfchen, die von seinen Schläfen perlten. Erstaunlich, denn er neigte nicht zum Transpirieren. Ohne auf ihre Frage einzugehen, wendete er sich an Teschen und kommentierte dessen überraschende Mitteilung mit einem kurzen »Na so was! Die Welt ist wirklich klein.« Abrupt stand er auf. »Dann erledigen wir mal zackig die Formalitäten. Das kann da unten mit dem Protokoll dauern, und da wir nicht den ganzen Tag Zeit haben, müssen wir uns ranhalten.«

15
Kuschelmuschel

Sebi konnte die misstrauischen Seitenblicke, die Rosa ihm während der Rückfahrt nach Dangast zuwarf, geradezu körperlich spüren. Sie wollte wissen, was es mit dem Wunschtermin auf sich hatte.

»Wiebke hat mich wohl falsch verstanden«, versuchte er sich herauszureden. »Du weißt, ich war zu spät dran, in unseren Urlaubswochen standen kaum noch Termine zur Auswahl. Ich habe sie einfach nur gebeten, mir noch irgendeinen Trauungstermin auf dem Standesamt zu organisieren. Welcher Tag, war mir egal.«

Erstaunlicherweise gab Rosa sich mit der Ausrede nicht nur zufrieden, sondern lieferte sogar selbst eine für sie plausible Erklärung. »Allmählich mache ich mir Sorgen um Wiebke. Sie wirkt arg zerstreut in letzter Zeit. Neulich habe ich gehört, wie sie eine Reservierungsanfrage abgelehnt hat. Angeblich ausgebucht, obwohl bis auf unser Zimmer alles frei ist. In ihren Organizer trägt sie auch nichts mehr ein. Darin war sie doch immer so sorgfältig. Hoffentlich sind das keine Anzeichen einer beginnenden Altersdemenz oder Alzheimererkrankung. Vielleicht wird sie nur tüddelig.«

Sebi ging nicht auf die Spekulationen über Wiebkes Tüddeligkeit ein, da er es besser wusste. Alles war Teil eines großen Ganzen, nämlich des gemeinschaftlich ausgeheckten

Geheimplans für die Trauung. Zum ersten Mal seit Beginn des Urlaubs wünschte er, Rosa würde sich wieder auf den Tod von Oliver Dauer konzentrieren. Bisher hatte der sie mehr interessiert, als ihre bevorstehende Eheschließung. Auf keinen Fall sollte sie nun damit anfangen, ihre Aufmerksamkeit auf Wiebke zu richten. Die hatte nämlich alle Hände voll zu tun mit den letzten Vorbereitungen, die im Hintergrund liefen.

»Wahrscheinlich wissen wir schon Anfang nächster Woche Bescheid über die Zusammensetzung der Teeproben«, lenkte er das Gespräch darum von sich aus auf das Dauerthema. »Inoffiziell natürlich. Teschen benachrichtigt mich höchstpersönlich, sobald die Laborergebnisse vorliegen.«

»Aber nur, weil die Welt ein Dorf ist, wir bei Wiebke wohnen und seine Tochter uns traut. Das hat uns Vorteile verschafft«, ging Rosa auf sein Ablenkungsmanöver ein. Bevor er wusste, wer wir sind, war er ziemlich reserviert. »Ich bin gespannt, was dabei herauskommt.«

Bis zur Ankunft an der Pension sprach sie über nichts anderes mehr. Zuletzt mutmaßte sie sogar, ob die Polizei Kontakt mit dem Läufer aufnehmen würde, der in Köln kollabiert war. So viel Engagement erwartete Sebi eher nicht. Er steuerte den Wagen auf den Hof, stieg aber nicht aus.

»Ich muss noch etwas erledigen. Dauert nicht lange, vielleicht eine Stunde«, kündigte er an.

»Tippe ich richtig, dass du mir nicht sagen wirst, was du erledigst, weil es zur Überraschung gehört?« Sebi musste nicht antworten, sein Nicken reichte ihr.

»Dann suche ich schon mal ein paar Sachen zusammen. Du musst mir aber wenigstens verraten, in welche Richtung ich garderobenmäßig denken muss. Soll ich mich schick anziehen?«

»Nein, einfach nur etwas Bequemes.«

»Und wann geht es los?«

»Nachmittags. Gegen vier.« Normalerweise hätte er den Strandkorb mit Rosa erst etwas später beziehen wollen. Aber das stille Gedenken sollte um halb fünf beginnen und er wollte auf keinen Fall der Trauerteegesellschaft begegnen.

Nachdem er Rosa abgesetzt hatte, fuhr er auf direktem Wege wieder zurück nach Varel. Wäre Rosa nicht so erpicht darauf gewesen, ihn ins Kommissariat zu begleiten, hätte er sich die doppelte Fahrerei sparen können. Jetzt musste er noch mal los, um für die Übernachtung am Strand einen extragroßen Duo-Schlafsack zu kaufen. Dieses Unterfangen hatte er sich recht einfach vorgestellt, da es in Varel eine Einkaufsstraße mit vielen Läden gab. Doch eine Stunde später erkannte er seinen Irrtum. Stoffstübchen, Strickstuuv, Wäsche, Damenmode, Juwelier, Buchhandlung, Glaskunst, Fahrradhaus ... Schnell hatte er alle Geschäfte abgeklappert und keines führte Schlafsäcke. Es würde ihm wohl nichts anderes übrig bleiben, als ein weiteres Mal nach Wilhelmshaven zu fahren. Beim Einsteigen ins Auto fiel Sebi das Einrichtungszentrum abseits der Innenstadt ein. Er war daran vorbeigekommen, als er den übermüdeten Moritz Engel nach Hause gefahren hatte, der in der Nähe wohnte. Dieses große Möbelhaus war seine letzte Hoffnung, eine neuerliche Exkursion nach Wilhelmshaven zu vermeiden.

Wenig später fand er dort in der Abteilung mit Heimtextilien genau das, wonach er suchte. Fröhlich pfeifend verstaute er den kuschelig warmen Doppelschlafsack, der laut Etikett aus winddichtem und wasserabweisendem Material bestand, im Kofferraum. Dabei fiel ihm auf, dass der Kanister auch noch darin lag, trotz der Probenentnahme randvoll mit Tee. Bei der Vorstellung, von dem Zeug zu trinken, befiel Sebi eine leichte Übelkeit. Nein, heute sollte Schampus fließen, der bei Pieper bestimmt vorrätig war. Die hatten *all wat du brückst* – was dort nicht im Sortiment war, brauchte man angeblich auch nicht. Weg mit Jupps Wundertrank. Er goss damit die mageren Sträucher am Rande des Parkplatzes und warf den leeren Plastikbehälter anschließend wieder in den Kofferraum. Eine kräftige Windböe zerrte an dem dünnen Baumwollstoff seines Hawaiihemds, und die nächste brachte es ins Flattern. Das waren doch hoffentlich nicht die Vorboten des von Wiebke prognostizierten Gewitters? Prüfend schaute er zum Himmel. Der klarte auf, immer wieder blitzte die Sonne zwischen den harmlos wirkenden Wölkchen hervor, und es sah nicht so aus, als ob ein Unwetter über dem Jadebusen aufziehen würde. Zum Glück, denn bei einer Gewitter- oder Sturmwarnung durfte der Schlafstrandkorb nicht genutzt werden. Ein Kontrollblick auf die Wetter-App beruhigte ihn. Wiebke hatte sich mit dem Schietwetter um einen Tag vertan. Erst im Laufe des Samstags sollte es ungemütlich werden.

Die Einkaufstour hatte weit über eine Stunde gedauert. Es ging schon auf Mittag zu, als Sebi mit einer Flasche Prosecco unter dem Arm die Pension betrat. Champagner wäre ihm zur Einstimmung auf das Übernachtungsabenteuer lieber gewesen, der gehörte aber, wie er hatte erfahren müssen, nicht zu *all wat du brückst*. Nun ja, Hauptsache Schaumwein und es perlte. Wiebkes Bürotür an der Rezeption stand offen.

»Moin, Wiebke, lange nicht gesehen. Wo geiht di dat?«

Wiebke schaute von dem Stapel Post auf, der vor ihr lag, und lachte. »Moin, Sebi. Mi geiht dat good. Und et löppt bei dir. Bald nimmt man dir den gebürtigen Friesen ab.«

»Jo! Ich gebe mir Mühe. Trifft sich gut, dass du im Büro bist. Kannst du den Prosecco kaltstellen und später mit in den Picknickkorb legen? Gegen vier hole ich den ab.«

Sofort verschwand der Frohsinn aus Wiebkes Gesicht. »Ich würde an deiner Stelle den Plan in den Wind schießen. Lass es dir gesagt sein, bei dem Wetter werdet ihr kein Auge zutun.« Energisch setzte sie den Brieföffner an und schlitzte einen Umschlag damit auf, während sie ihre Warnung mit einem Hinweis auf das Sturmtief Herwart unterstrich. Herwart hatte im letzten Herbst viel stärker als angekündigt über dem Jadebusen getobt und Opfer gefordert. »Zwei Camper wurden zwanzig Kilometer von hier in Seestadt außendeichs von der Sturmflut überrascht. Einer konnte sich noch an einem Mast festhalten, den anderen haben die Wassermassen mit sich gerissen. Der konnte später nur noch tot geborgen werden.«

»Wie schrecklich.« Sebi holte sein Handy hervor, um die Wetter-App zu öffnen. »Aber ich habe die Wettervorhersage immer griffbereit, es besteht kein Grund zur Sorge.«

Wiebke schüttelte den Kopf. »Tanterlatant. Ich vertraue da mehr auf meine Erfahrung.«

»Du glaubst doch nicht allen Ernstes an eine Sturmflut, die ohne vorherige Warnung im Anmarsch ist?«

»Nein, so heftig wird es nicht werden. Aber heftig genug für euch. Egal, ihr wisst, wo ihr Zuflucht suchen könnt. Stell die Buddel einfach hinter den Tresen, ich packe sie gleich in den Kühlschrank.«

»Danke sehr. Dann also bis später.« Sebi war schon im Gang zum Hafenzimmer, als sie ihm hinterher rief: »Fast hätte ich's vergessen! Beim Abholen ihrer Sachen aus Olis Wohnung hat Nele den Ausdruck eines Belastungs-EKGs gefunden, das vor zwei Jahren gemacht wurde.«

Sebi machte kehrt und ging zurück zur Rezeption. »Tatsächlich? Interessant. Irgendwelche Auffälligkeiten?«

»Ja. Es zeigt leichte Herzrhythmusstörungen an.«

»Soso. Das würde die vom Krankenhaus angegebene Todesursache untermauern. Also doch eine unerkannte Schädigung des Herzens zusammen mit Überanstrengung, Hitze und Dehydration. Gut zu wissen …«

Wiebke erzählte beflissen weiter. »Nele ist mit dem Diagramm zu Olis Hausarzt gegangen, um von ihm mehr zu erfahren. Aber der beruft sich auf die ärztliche Schweigepflicht.«

»Ja, das muss so. Die besteht auch über den Tod hinaus. Jetzt sollte ich aber ...«, setzte Sebi zum zweiten Versuch an, sich zu verabschieden.

»Was wolltet ihr denn eigentlich bei der Polizei?«

Sebi fluchte lautlos in sich hinein, bevor er sagte: »Du bist ja bestens informiert. Weißt du das von Rosa?«

»Nein, die habe ich heute noch gar nicht gesehen. Direkt nach Nele rief Jasper Teschen an. Zum Grund eures Besuchs hat er sich aber eisern ausgeschwiegen. Er wollte mir nur unter die Nase reiben, dass der Freitagstermin für die Trauung wohl doch nicht hätte sein müssen.«

Sebi ließ Wiebke wissen, dass er ihr nicht mehr verraten durfte als Hauptkommissar Teschen.

»Nicht mehr von nichts bedeutet, du verrätst mir – nichts?«

Wiebkes Schlussfolgerung war korrekt, denn Klatsch verbreitete sich nicht zuletzt durch sie hier in Windeseile. Vielleicht konnte er die Kunde von dem Wuppertaler Detektiv, der harmlose Kräuterteeproben bei der Polizei ablieferte und auf einer Untersuchung bestand, noch bis zur Abreise hinauszögern.

Kategorisch stellte er klar: »So leid es mir tut, für den Moment bedeutet es genau das.« Die Enttäuschung stand Wiebke ins Gesicht geschrieben, doch sein bestimmter Tonfall wirkte. »Na denn«, gab sie sich seufzend zufrieden und wendete sich wieder der Bearbeitung ihrer Post zu.

Rosa liebte Strandkörbe. Vor Wind und Wetter geschützt den Blick aufs Meer oder bei Niedrigwasser aufs schwarz glänzende Watt zu genießen, Salzgeruch in der Nase und das Schreien der Möwen im Ohr, das war für sie der Inbegriff von Nordsee-Feeling. Sie hatte es immer bedauert, dass die Strandkorbvermietung am kilometerlangen Dangaster Sandstrand entlang der Deichlinie erst ab Mai begann und ihre

Osterurlaube außerhalb der Strandkorb-Saison lagen. Umso mehr freute sie sich, als Sebi ihr um kurz vor vier endlich verriet, dass die Überraschung in einem Strandkorb beginnen würde. Vielleicht ging es von dort aus in ein Wellness-Hotel, wo sie sich Schlickpackungen, Sauna und Ganzkörpermassagen gönnen konnten. Beim Gedanken an eine wohltuende Massage fiel ihr sofort der bedauernswerte Oli ein, der neben seinen ehrenamtlichen Beschäftigungen als Watt-Walkie und Frauenschwarm hauptberuflich als Masseur tätig, und, wie Sebi ihr berichtet hatte, in der Tat herzkrank gewesen war. Sebi war der Gang zur Polizei inzwischen peinlich.

Den Aufbruch hatte Sebi extra so gelegt, dass sie keine Gefahr liefen, den trauernden Watt-Walkies zu begegnen. Womit er nicht rechnen konnte, war, dass diese in geschlossener Formation eine halbe Stunde zu früh anrückten. Genau in dem Moment, als Wiebke Sebi an der Rezeption einen großen Picknickkorb aus Weidengeflecht aushändigte, bimmelte das Glöckchen an der Eingangstür. Eine schwarz gewandete Beeke-Luise stapfte herein, dahinter im schwarzen Gänsemarsch Ulla, Friedbert und Dortje, ohne ihren Uwe. Wie Dortje detailreich kundtat, war Uwe unglücklich über das quer durchs Wohnzimmer gespannte Kabel gestolpert, als sie Staub gesaugt hatte, und musste nun seinen Knöchel schonen.

Rosa blieb nicht verborgen, dass Sebi die Pension lieber jetzt als gleich verlassen hätte. Nur der Höflichkeit halber wartete er mit wachsender Unruhe den passenden Moment ab. Dieser hätte sich eine Viertelstunde später beinahe ergeben, wenn sie nicht beim Hinausgehen in der Tür auf Malte getroffen wären – und auf Jupp. Dem geschäftsmäßigen Anzug mit Krawatte nach zu urteilen, kam Malte direkt aus dem Büro. Jupp trug wie immer Sportklamotten. Sie mussten die beiden wenigstens kurz begrüßen. Jupp quatschte sofort drauflos. »Malte hat mich mitgenommen, aber zum Abendbrot muss ich zurück sein. Bis dahin kümmert sich eine Nachbarin um meine Mutter. Ich laufe dann nach Hause, sind zwanzig Kilometer, zwei Stunden. Darum kann ich nur kurz bleiben, aber …«

»Wir können leider auch nicht bleiben und sind jetzt quasi weg«, würgte Sebi ihn ab. Mit der einen Hand schnappte er sich den Picknickkorb, mit der anderen Rosas Hand. Dankbar, Jupp zu entkommen, ließ sie sich ohne Widerstand zur Tür ziehen.

»Was sagt ihr zum Tee? Schmeckt jut und tut jut?«, rief Jupp ihnen noch nach. Sebi drehte sich halb um, reckte seinen Daumen hoch und zog ihn gerade noch rechtzeitig zurück, bevor die Tür zuschlug.

»Was ist das eigentlich für eine Tasche?«, versuchte Rosa Sebi auszufragen. Sie war sich sicher, dass dieses riesige schwarze Ding, das er nach ihrer Flucht aus der Pension dem Kofferraum entnommen hatte, beim Start in den Urlaub nicht darin gewesen war.

»Warte ab, Schatz. Du wirst es gleich wissen.«

Am Picknickkorb hatte er offenbar schwerer zu schleppen als an der Tasche. Was sich darin befand, schien voluminös, aber leicht zu sein. Sie näherten sich dem Strandabschnitt beim Campingplatz. Weithin leuchteten die verschiedenfarbig lackierten und nummerierten Strandkörbe. Alle waren belegt.

Kurz vor einem himmelblauen Korb mit der Nummer 78 blieb Sebi stehen. »Wir sind da.«

Ratlos betrachtete Rosa das Paar, das im blauen Strandkorb döste. Zwei Mädchen hockten davor. Das ältere versuchte, das jüngere im Sand einzugraben und hatte es fast geschafft.

»Es sieht nicht so aus, als ob die Familie gerade dabei wäre, ihr Domizil zu verlassen«, stellte sie fest.

Sebi zog aus seiner Hosentasche einen Schlüssel hervor. »Müssen sie auch nicht. Wir nehmen die Kuschelmuschel da hinten in zweiter Reihe.«

Erst als Rosa sich reckte, erhaschte sie einen Blick auf das, was Sebi als Kuschelmuschel bezeichnete. Ein graues, komplett verriegeltes und verrammeltes Ungetüm, das mit einem Strandkorb nur entfernte Ähnlichkeit aufwies. Im ersten Moment wusste sie nicht, was sie davon halten sollte. Dann ging ihr ein Licht auf.

»Ist das etwa der Schlafstrandkorb?«

»Ja, Liebling. Das ist unser Bett für diese Nacht«, bestätigte Sebi zufrieden lächelnd. »Ich habe nicht vergessen, dass du einmal diesen Wunsch geäußert hast.«

Rosa war gerührt. Nie hätte sie erwartet, dass er ihr zuliebe eine Übernachtung am Strand organisieren würde.

Anderthalb Stunden später rollte Sebi die schwarze Tasche auseinander. Jetzt verstand Rosa, warum die auch zur Überraschung gehörte. Sie ließ sich in einen riesigen Schlafsack verwandeln. Ihre mit zwei Vorhängeschlössern verriegelte Strandschlafkoje hatte Sebi erst einmal im Schweiße seines Angesichts bezugsfertig machen müssen. Anscheinend war das Faltdach schwerer als es aussah, und es bis ans Kopfende zurückzuklappen, hatte sich sogar für einen starken Kerl wie ihn als Herausforderung erwiesen. Nach reichlich Fluchen, Ächzen und Stöhnen war es ihm endlich gelungen. Danach brauchte er dringend eine Pause.

Rosa seufzte glücklich. Das kuschelige Strandambiente war ganz nach ihrem Geschmack. Die Glücksgefühle hielten an, bis Sebi sich neben ihr auf der Liegefläche ausstreckte, und sie bemerkte, wie eng es wurde. Zwei Ölsardinen in der Dose. Aber egal, der gute Wille zählte. Von der Enge abgesehen gefiel ihr die Kuschelmuschel besser als jedes Wellnesshotel. Seine Überraschung war ihm wirklich gelungen. Als Übernachtungsgäste durften sie die sanitären Anlagen des

Campingplatzes nutzen, hatten freien Eintritt ins Quellbad und die Schlickpackungen warteten nur ein paar Meter entfernt. Im Moment war das Watt noch weitgehend überflutet, doch das Wasser zog sich schon wieder zurück. Das traf auch auf die Menschen um sie herum zu. Der himmelblaue Strandkorb vor ihnen leerte sich gegen halb sechs ebenso wie die anderen, was vielleicht am auffrischenden Wind lag, der immer dichtere Wolken vor die niedrig stehende Sonne trieb. Eben noch watteweiß in luftiger Höhe, wurden sie zusehends schwerer und grauer. Sie drückten sich aufs Wasser, als wollten sie mit dem Meer verschmelzen. Die Chance auf ein glutrotes Sonnenuntergangsspektakel im Meer lag bei null. Rosas guter Laune tat das keinen Abbruch, und auch Sebi ließ sich die Stimmung nicht vermiesen. Ein schelmisches Grinsen malte Grübchen in seine Wangen, als er auf eine Taschenlampe und zwei Piccolos in der Ablage am Kopfende zeigte. »Alles von Haus aus in Reichweite. Hätte ich das vorher gewusst, wäre ich mit leichterem Gepäck hierher marschiert.«

Er setzte sich auf und beugte sich zum Fußende, um die Matratze im unteren Bereich ein Stück anzuheben. Dort verbarg sich ein geräumiges Fach, groß genug für ihre Rucksäcke. Auch den Picknickkorb hatte Sebi unter der Matratze verstaut. Aus dem fischte er jetzt die eigene Mini-Taschenlampe, die ihm bereits beim Katzenfall gute Dienste geleistet hatte, und eine Powerbank zur Stromversorgung für die Handys. Beides fand Platz in der Ablage neben ihren Köpfen. Zuletzt zauberte er noch eine Flasche Prosecco, zwei Gläser, mehrere Lunchboxen mit Häppchen und ein Windlicht hervor.

Rosa lächelte. »Du hast an alles gedacht. Wir werden weder verdursten noch verhungern noch offline im Dunklen sitzen. Oder liegen.« Sie ließ ihren Kopf auf ein Kissen sinken. »Liegen lässt es sich wunderbar, solange du sitzt. Und jetzt lass mal den Korken knallen.«

»Lieber nicht!« Sebi nahm die Flasche in die linke Hand und drehte mit der rechten den Korken ganz langsam heraus. »Viel Prickeln erfordert viel Gefühl. Plötzlicher Druckverlust führt zum Überschäumen, die Kohlensäure entweicht und dann prickelt es kaum noch im Glas.«

Er füllte die Gläser. »Auf uns, Schatz.«

Zum Anstoßen setzte Rosa sich wieder hin, Schulter an Schulter mit Sebi. Sandkörner enterten den Schlafsack. Rosa lauschte konzentriert dem Rauschen des Meeres. Es klang trotz beginnender Ebbe näher. Und laut. Den Meerblick konnten sie für sich allein genießen, der Strand war völlig menschenleer. Als der Wind kurz abebbte, meinte sie, es aus dem Watt knistern und glucksen zu hören. Doch kurz darauf übertönte das Pfeifen des Windes alles andere, auch das Geräusch des Wassers von oben. Wie elektrisiert sprang Sebi auf. »Wir müssen die Haube schließen!«

Rosa half ihm, so gut es ging. Sie schafften es gerade eben, ihre Kuschelmuschel komplett abzudichten. Wenig später lagen sie bäuchlings auf der Matratze, tranken perfekt perlenden Prosecco und schauten durch die seitlichen Bullaugen auf den regennassen Strand. Geschlossen glich der Schlafstrandkorb einem Kokon. Die Luft darin erwärmte sich durch ihre Körper rasch, es war richtig muckelig. Nacheinander wechselten sie die Position, da es unmöglich war, sich gleichzeitig umzudrehen. Aus der Rückenlage konnten sie durch einen transparenten Einsatz über ihren Köpfen ein Stück wolkenverhangenen Himmel sehen. Der Regen, der ungefähr zehn Minuten heftig aufs Dach getrommelt hatte, ließ ebenso wie der Wind allmählich nach. Anscheinend war das Gröbste überstanden, was Sebi zum Anlass nahm, den Arm um sie zu legen und ihr für einen Kuss noch näher zu kommen.

»Pass auf, du zerquetscht mich«, mahnte Rosa. »Außerdem, was ist, wenn jetzt ein Spanner vorbeikommt?«

»Kein Problem. Lässt sich bei Bedarf alles von innen abdichten«, flüsterte Sebi. Er schickte sich an, genau das auf seiner Seite in die Wege zu leiten, als Rosa durch das vordere große Bullauge am Strand eine Bewegung bemerkte. Jemand lief durchs Schlickwatt und sank in dem feinen Sediment immer wieder tief ein.

Rosa tat sich schwer, etwas zu erkennen. Es dämmerte und auf ihre Augen war bei einsetzender Dunkelheit kein Verlass. Auf jeden Fall wirkte die Gestalt klein und schmal. »Guck doch mal raus. Ich glaube, da irrt ein Kind ganz allein im Watt herum«, rief sie in heller Aufregung.

Sebi starrte hinaus, bis Rosa ihn anstieß. »Nun mach schon! Wie kommen wir schnell aus diesem Ding raus?«

Endlich regte Sebi sich. »Schatz, ich glaube, wir bleiben besser hier drin.«

Rosa konnte nicht glauben, dass er so etwas Herzloses wirklich gesagt und gemeint hatte. Schockiert schaute sie ihn an. »Aber wir müssen helfen!«

Sebi grinste. Was war nur mit ihm los? Wie konnte er angesichts dieser Notsituation grinsen? Die Antwort gab er in diesem Moment selbst. »Das ist kein Kind, Schatz. Das ist Jupp.«

16
Romantikkiller

Bislang hatte Sebi gegen Jupp keine persönliche Antipathie gehegt. Er hielt ihn nur für einen komischen Kauz, dessen Kräuterteemischungen sich als harmlos herausstellen würden. Zur Polizei war er mit den Teeproben eigentlich nur gegangen, damit Rosa Ruhe gab. Doch nun hasste er ihn aus tiefster Seele. Mit der Romantik war es vorbei. Warum musste Jupp ausgerechnet heute bei Schietwetter immer weiter ins Watt hineintappen! Nach einigen Minuten, in denen er Jupps unkoordinierte Bewegungen zusammen mit Rosa durch das Bullauge beobachtet hatte, konnte auch Sebi die offensichtliche Orientierungslosigkeit nicht mehr ignorieren. Natürlich musste er helfen. Äußerst ungern lockerte er die mühsam befestigte Plane wieder, faltete das Dach ein Stück auf, krempelte die Hosenbeine hoch und rannte barfuß aufs Watt hinaus. Prompt trat er auf etwas Scharfkantiges. Er biss die Zähne zusammen und kämpfte sich weiter vor. Noch bevor er Jupp erreichte, hörte er ihn kölsch singen. Irgendein Karnevalslied wahrscheinlich. Sebi verstand nur *sulangmernochamlläävesin*, der Rest war lallendes Gegröle. Da Jupp ihn nicht wahrnahm, schrie er ihn an: »Jupp! Um Himmels willen, das ist die falsche Richtung. Was treibst du überhaupt hier, wolltest du nicht längst zu Hause sein, bei deiner Mutter?«

Mit glasigem Blick stierte Jupp an ihm vorbei auf das zurückweichende Wasser. Doch die Frage schien zumindest teilweise zu ihm vorgedrungen zu sein. Er nuschelte: »Ich möch zu Mämmche.«

Er führte eine Halbliterflasche Friesengeist zum Mund, die Sebi jetzt erst bemerkte. Daraus nahm er einen kräftigen Schluck und setzte sich wieder torkelnd in Bewegung, um weiter aufs Watt hinauszulaufen. Sebi bekam ihn soeben noch am T-Shirt zu fassen. Er zog den sich sträubenden Jupp ohne nennenswerten Krafteinsatz zurück, woraufhin der erst die Flasche und danach sich in den Schlick fallen ließ. Sebi rüttelte ihn, aber er war nicht mehr zum Aufstehen zu bewegen. Hatte Wiebke zum Tee etwa Friesengeist gereicht? Wenn ihn seine Erinnerung nicht trog, hatte Jupp bei der Friesenfeier überwiegend alkoholfreies Bier getrunken. An hochprozentige Kräuterauszüge war er vermutlich nicht gewöhnt. Das Zeug hatte einen Alkoholgehalt von über fünfzig Prozent, was in Kombination mit seinem geringen Körpergewicht bedeutete, dass er für einen Vollrausch nur wenig davon brauchte. Sebi griff nach der Flasche. Nachdem er sie aus dem Modder befreit hatte, erklärte sich Jupps Zustand. Die Hälfte fehlte. Wenn er die halbe Pulle intus hatte, war er kurz vorm Koma. Auf jeden Fall aber sturzbetrunken.

Rosa rief etwas, doch gegen das Heulen des wieder auffrischenden Windes kam ihre Stimme nicht an. Wie es aussah, wollte sie aus dem Strandkorb klettern. Sebi brüllte so laut er konnte: »Bleib da, ich komme zurück!« Sie hatte ihn anscheinend verstanden. Als Nächstes zog er Jupp hoch. Der war bei Bewusstsein, konnte jedoch kaum auf den Beinen stehen und drohte, wieder umzufallen. Also stützte er ihn und bugsierte ihn langsam zum Strandkorb, in dem Rosa ungeduldig wartete. Besorgt fragte sie: »Meine Güte, was ist denn los mit ihm?«

»Schnapsleiche.« Anstelle weiterer Erklärungen griff Sebi in seinen Hosenbund, um die Flasche hervorzuziehen, die er mangels anderer Transportmöglichkeiten darin verstaut hatte.

»Minmämmche«, lallte Jupp. Dann übergab er sich in den Strandkorb. Zum Glück verfehlte er Rosa, die rechtzeitig zur Seite sprang.

»Igitt! Unsere schöne Kuschelmuschel«, jammerte sie. »Alles auf den Schlafsack. Ich glaube, ich will jetzt nicht mehr darin übernachten.«

»Ich bringe ihn um.« Sebi musste sich sehr beherrschen, um der Drohung keine Taten folgen zu lassen.

Gleichzeitig überlegte er, was sie nun mit Jupp machen sollten. Am liebsten hätte er ihn einfach in den Strandkorb geworfen und wäre mit Rosa zur Pension zurückgegangen. Das Hafenzimmer zogen sie jetzt wohl beide dem nach Erbrochenen stinkenden Schlafsack vor. Aber Jupps Mutter! Die Nachbarin konnte sicher nicht die ganze Nacht bei ihr verbringen. Darum war es keine Option, dass Jupp seinen Rausch hier ausschlief. Sie mussten ihn nach Hause schaffen, dort nach dem Rechten sehen und dem Pflegedienst Bescheid geben. Fahren konnte er nach einem Glas Schaumwein noch.

Rosa teilte seine Meinung. Sie holten den Schlafsack aus dem Strandkorb und legten Jupp darauf ab. Verunreinigt war der Stoff ohnehin schon, da war es egal, wenn Jupp noch seine Ganzkörper-Naturschlickpackung darauf verteilte. Danach zogen sie ihre Schuhe an und packten alle Sachen zusammen. Zuletzt schloss Sebi das Dach und versperrte es mit den Schlössern. Jupp bis zur Pension zu schleifen, würde ewig dauern, weshalb sie ihn vorerst auf der Decke liegen ließen. Rosa blieb bei ihm, während Sebi den Kilometer bis zur Pension joggte, um das Auto so nah wie möglich heranzuholen. Seine Fußsohle brannte. Das scharfkantige Ding eben könnte eine Scherbe gewesen sein.

Es war zwei Minuten vor acht. Ohne malerisches Farbspektakel ging die Sonne von Wolken verdeckt unter.

Von der Rückbank aus sah Rosa, wie Sebi den Blinker aktivierte, um von der Autobahn Richtung Sande und Neustadtgödens abzufahren. Sie hatte sich nach hinten gesetzt, um Jupps Kopf stützen zu können. Nur vom Sicherheitsgurt gehalten, pendelte sein Körper neben ihr hin und her. Alle paar Minuten sackte der Kopf wie bei einem schlafenden Kleinkind nach vorn und sie brachte ihn dann wieder in eine halbwegs gerade Position.

Neustadtgödens mit war ein hübsches Dörfchen mit auffallend vielen Kirchen und zwei Windmühlen. Unter anderen Umständen hätte Rosa mehr Sinn für den Reiz dieser ländlichen Idylle gehabt. Doch ihr Sitznachbar lenkte sie zu sehr ab.

Wenig später erreichten sie die Wohnsiedlung. Rosa versuchte die Schnapsleiche aufzuwecken. »Wo sind deine Schlüssel?«

Jupp gab nur ein Grunzen von sich. Obwohl er angeschnallt war, kippte er seitlich weg, bis seine Wange an der Fensterscheibe Halt fand.

»Lupf mal sein T-Shirt. Der trägt eine kleine Bauchtasche über der Hose«, rief Sebi. »Bananenförmig.«

Mit spitzen Fingern wühlte Rosa widerwillig unter Jupps schlammbesudeltem T-Shirt. Tatsächlich konnte sie darunter ein Täschchen mit Reißverschluss ertasten. Sie öffnete es und holte den Schlüsselbund heraus. Der war mit einem Band so fest umwickelt, dass sich die drei Schlüssel nur mit Mühe herausschälen ließen. »Hab sie. Kannst du mir mal sagen, warum er Klettband drumherum gebunden hat?«

»Bestimmt ein ultracooler Lifehack aus dem Survival-Handbuch unseres Ultra-Urgesteins. Damit es beim Laufen nicht ständig klimpert.« Sebi bremste auf Schritttempo ab. Dann bog er in die gepflasterte Anliegerstraße, an deren Ende ihr komatöser Fahrgast wohnte, und parkte wieder direkt vor der Tür. Zu den anderen Siedlungshäusern führten eigene Zufahrtswege, in unmittelbarer Nachbarschaft standen nur zwei Häuser. Aus deren Fenstern drang trotz geschlossener Jalousien Licht. Bei Jupp war alles dunkel. Eine Außenbeleuchtung gab es nicht, doch dank Sebis Taschenlampe gelang es Rosa, den richtigen Schlüssel zu finden und die Haustür aufzuschließen. Sebi zerrte Jupp aus dem Auto und schleifte ihn über die Türschwelle. Auch die Zwischentür war abgesperrt.

»Hallo?«, rief Rosa, ohne eine Antwort zu erhalten. Wahrscheinlich schlief die Mutter, und die Nachbarin hatte nicht länger bleiben können. Schließlich war es jetzt anderthalb Stunden später als mit Jupp vereinbart. Das Einsperren der schlafenden alten Frau im Haus fand Rosa unverantwortlich.

Trotz des Deliriums schien Jupp die vertraute Umgebung wahrzunehmen. Plötzlich kam wieder etwas Leben in ihn. Er löste sich von Sebi, durchquerte torkelnd den Flur mit dem aparten Wandschmuck und schaffte es bis zum Wohnzimmer, wo er auf die Couch sank.

»Ist das Zimmer deiner Mutter unten oder oben?«

Jupp wirkte wieder völlig weggetreten und gab keine Antwort. Egal, das Haus war übersichtlich. Im Erdgeschoss gingen vom Flur außer der Tür zum Wohnzimmer nur zwei weitere ab. Rosa hörte, wie Sebi eine der beiden öffnete. Direkt danach rüttelte er an einer Klinke.

»Abgeschlossen«, rief er, »ich schaue oben nach!«

Während er die Treppe hochstürmte, ging sie in den Flur. Die Tür, die offenstand, führte ins Bad. Sie pochte laut gegen die andere, verschlossene. Als sich nichts regte, holte sie Jupps Schlüsselbund. Ein Schlüssel für die Haustür, einer für die Zwischentür ... vielleicht gehörte der dritte zu dieser. Tatsächlich, er passte. Rosa drückte die Klinke nach unten. Nachdem sie das Licht angeknipst und einen kurzen Blick in den Raum geworfen hatte, schrie sie: »Sebi!«

Es polterte auf der Treppe. »Komme schon. Oben ist niemand, sie muss unten sein!«

»Nein. Ist sie nicht!«

Einen Moment später stand Sebi neben ihr in der Tür. Auch eine genaue Besichtigung jedes Winkels führte zu keinem anderen Ergebnis, obwohl dies offenkundig der Raum war, in dem Jupps Mutter sich hätte befinden müssen. Bilder von ihr an den Wänden, frische Blumen auf einem Frisiertisch, ein Rollstuhl, ein Nachttisch mit Medikamentenspender und leerem Wasserglas, zentral positioniert das von allen Seiten zugängliche seniorengerechte Bett. Aber es war leer. Nur eine ordentlich ausgebreitete geblümte Tagesdecke mit Rüschen lag darauf. Sebis Blick nach zu urteilen, suchte er ebenso krampfhaft wie sie nach einer Erklärung. »Vielleicht musste die Nachbarin dringend nach Hause, wollte Jupps Mutter nicht alleine lassen und hat sie mitgenommen.«

Rosa zeigte auf den Rollstuhl. »Wie denn? Huckepack?«

»Oder ihr Zustand hat sich verschlechtert und die Nachbarin hat den Krankenwagen gerufen.«

»Und dann das Bett gemacht?«

»Eher unwahrscheinlich«, gab Sebi zu. Ratlos sahen sie sich an. Die einzige Möglichkeit, die ihnen einfiel, war, dass Jupp die Mutter vor seinem Aufbruch nebenan abgeliefert hatte.

»Lauf du doch eben rüber zu den Nachbarhäusern und frag nach«, schlug Rosa schließlich vor. »Ich versuche in der Zwischenzeit, irgendetwas aus Jupp herauszubekommen.«

Nachdem Sebi losgezogen war, nahm Rosa das Glas vom Nachttisch, füllte es im Bad mit Leitungswasser und ging damit zu Jupp. Wasser half beim Ausnüchtern, da es die Konzentration des Alkohols im Blut etwas verdünnte. Notfalls würde sie ihm die Flüssigkeit eintrichtern. Wie sie feststellte, war er aus dem Halbkoma erwacht und sogar ohne ihre Unterstützung in der Lage zu trinken. Er soff so schnell wie eine durstige Bergziege und verlangte nach mehr. Sie füllte das Glas nach.

Während er den Inhalt hinunterkippte, fragte sie: »Wir suchen deine Mutter. Ist sie bei der Nachbarin?«

Jupp ließ das leere Glas fallen. Zum Glück landete es einigermaßen weich auf dem verschlissenen Perserteppich und zerbrach nicht. Mit leerem Blick zeigte er aufs Fenster, stand dann ungelenk auf und nahm taumelnd Kurs auf die Glastür zum Garten. Dabei brabbelte er irgendetwas vor sich hin. Mämmche war das einzige Wort, das Rosa eindeutig heraushörte, bevor das Gebrabbel in ein wehklagendes Jaulen überging. Sie schaute hinaus in den unbeleuchteten Garten. In der Dunkelheit war der herumliegende Unrat kaum zu erkennen. Der Hammel Boris ruhte an der Hecke, als hätte er sich seit ihrem ersten Besuch bei Jupp nicht vom Fleck gerührt. Jupp befand sich offenbar gerade geistig in seinem ganz eigenen Film, und Rosa wollte lieber nicht genauer wissen, in welchem. Es könnte sich um einen Horrorfilm handeln. Von düsteren Vorahnungen befallen, versuchte sie Jupps Geheul auszublenden, während sie auf Sebis Rückkehr wartete.

»Niemand hat Jupps Mutter näher gekannt. Sie saß in den ersten Jahren nach dem Einzug oft in ihrem Zimmer am Fenster. Man hat sich gegrüßt, auch Hilfe angeboten. Das wurde von Jupp immer freundlich, aber bestimmt abgelehnt. Sie kämen sehr *jut* zurecht ... alles okay mit dir?«

Sebi machte eine Pause und sah sie prüfend an. Rosa hatte selbst gemerkt, dass ihr bei der Erkenntnis, dass sich niemand aus der Nachbarschaft um Jupps Mutter gekümmert hatte, alle Farbe aus dem Gesicht gewichen war. Ihre ohnehin ziemlich helle Haut, typisch für rotblonde Menschen mit Sommersprossen, sah wahrscheinlich leichenblass aus.

»Geht schon. Und weiter?«

»Als sich ihr Gesundheitszustand vor einem Jahr rapide verschlechterte, schaffte er es mit der häuslichen Pflege nicht mehr und die Mutter musste ins Pflegeheim.«

Rosa atmete mehrmals tief ein und aus. »Aber wie kann das sein? Er pflegt sie doch selbst. Kurz bevor wir ihm den Kanister gebracht haben, hat er sie gefüttert und danach hat sie hier in ihrem Bett tief und fest geschlafen.« Sie erkannte den Denkfehler schon in dem Moment, in dem ihr die Worte über die Lippen kamen.

Sebi schüttelte den Kopf. »Nein, Schatz. Er wollte uns glauben lassen, er hätte sie gefüttert und sie läge im Bett und sie schliefe tief und fest.«

Sie sah zu Jupp, der teilnahmslos vor der Terrassentür kauerte. »Warum nur?«, schrie sie ihn an. »Verdammt, was soll das? Sag was.«

Es brachte nichts, Jupp sagte keinen Ton.

An Sebis gerunzelter Stirn merkte sie, dass er sich ebenfalls schwertat, den Sinn dahinter zu erkennen. »Er hat im Suff andauernd nach seiner Mutter gerufen. Vielleicht verkraftet er es nicht, dass er sie ins Heim geben musste, und klammert sich an die Vorstellung, sie wäre hier und er könnte für sie sorgen.«

Rosa war nicht sicher, ob sie die richtigen Schlüsse zogen. Stimmte das, was Jupp den Nachbarn erzählt hatte? Aber ihr Verstand sträubte sich, andere Erklärungen zuzulassen. »Spinnert genug ist er. Ich bin erst beruhigt, wenn ich weiß, wo sie ist. Hat er den Namen des Heims erwähnt?«

»Nein. Nur, dass es in Jever sein soll.«

»Mist. Da wird es viele geben.« Rosa holte ihr Handy aus der Hosentasche und befragte die Suchmaschine. »An die fünfzig Pflegeheime in und um Jever.«

Sebi kniete sich neben Jupp und packte ihn an den Schultern. Dann setzte er ihn so hin, dass er mit dem Rücken an der Terrassentür lehnte. »Guck mich an, Jupp«, sagte er eindringlich. Tatsächlich gelang es ihm, Blickkontakt herzustellen.

»Jupp, es ist wichtig. Wo ist deine Mutter?«

Jupps Augen wanderten unstet umher. Plötzlich wand er sich aus Sebis Griff und öffnete die Terrassentür. Erstaunlich schnell und nur noch leicht schwankend rannte er hinaus in den Garten, gefolgt von Sebi, der ihn festhalten wollte, aber nicht zu fassen bekam. Rosa eilte hinter den beiden her. Vor der Kräuterzucht endete Jupps Ausflug zwangsläufig, denn dahinter kamen nur noch Boris und die hohe Hecke. Kurz nach Sebi blieb auch Rosa vor dem Hochbeet stehen, an dem Jupp nun kniete und heulte. Sebi zog ihn mit sanfter Gewalt hoch. »Komm rein.«

»Gleich.« Jupp schien einen klaren Moment zu haben, dachte Rosa, revidierte den Gedanken aber direkt wieder, als er weitersprach. »Mämmche ist hier.«

»Jaja.« Sebi schob Jupp vor sich her in Richtung Haus. Rosa blieb wie angewurzelt stehen, denn im Unterschied zu Sebi hatte sie begriffen, was Jupp so magisch zu seinen Kräutern zog.

»Warte«, hielt ihn Rosa zurück. »Ich fürchte, sie liegt im Hochbeet.«

»Nää«, klärte Jupp sie auf. »Nit drin. Drunter.«

17
Mämmche

Die Strandkorb-Romantik hatte Sebi längst geistig abgehakt. Nun machte Jupp durch die grausige Offenbarung auch jegliche Hoffnung zunichte, wenigstens noch etwas Kuschelzeit mit Rosa im gemütlichen Hafenzimmer verbringen zu können. Da gab es nichts zu beschönigen: Seine Flitterpläne für diese Nacht lagen zusammen mit Mämmche unter dem Kräuterbeet begraben.

Unaufgefordert begann Jupp zu erzählen. Sein Sprachzentrum schien nicht mehr vollständig alkoholumnebelt zu sein, da er sein dunkles Geheimnis in erstaunlich klarem Hochdeutsch offenbarte. »Ich war frühmorgens laufen. Zwanzig Kilometer, wie jeden Mittwoch. Um neun wollte ich ihr das Frühstück bringen. Da lag sie kalt und starr im Bett. Erst verfiel ich in Panik. Die Vorstellung, ohne Mämmche zu sein, konnte ich nicht ertragen. Dann kam mir die Idee, sie bei mir zu behalten.«

Sebi schwante Fürchterliches.

»Im Garten wäre sie immer in meiner Nähe. Außerdem ...«

Sein Redefluss geriet ins Stocken.

»Was außerdem?«, ermunterte Rosa ihn.

»Ich habe nicht mehr gearbeitet, seit wir hierher gezogen sind, sondern mich nur um Mämmche gekümmert. Ihr Witwengeld reichte für uns beide. Mein Vater hat als Finanzbeamter sehr gut verdient und ist vor dem Ruhestand verstorben.«

Sebi verstand. »Deswegen sollte Mämmche nicht nur in deinem Herzen weiterleben, sondern auch für alle anderen am Leben sein. Solange keiner von ihrem Tod erfuhr, gingen die staatlichen Zahlungen weiterhin regelmäßig ein.«

Mit einem Nicken bestätigte Jupp Sebis Rückschlüsse. »Für ihr Konto besitze ich eine Vollmacht. Und am nächsten Tag ließ ich mir ein großes Hochbeet und einen Sack Rindenmulch aus Werkers Welt liefern, unserem Baumarkt hier in der Stadt.«

Rosas Pupillen erweiterten sich.

»Die Grube hatte ich schnell ausgehoben. Mämmche war ja ein winziges Persönchen, und der Boden im Garten ist sehr sandig. Ich habe Mämmche gewaschen, angezogen, in eine Decke gewickelt und im Garten zur letzten Ruhe gebettet«, redete Jupp es sich von der Seele.

»Dann hast du das leere Hochbeet auf dem zugeschaufeltem Grab platziert, mit der restlichen Erde und Rindenmulch befüllt, es mit Kräutern bepflanzt und einfach so getan, als ob deine Mutter noch leben würde«, ergänzte Sebi.

»Jeden Mittwoch kaufe ich Blumen und stelle ihr einen frischen Strauß ans Bett«, unterstrich Jupp.

»Hat denn niemand Verdacht geschöpft?« Rosa warf die Arme hoch.

»Nein. Wenn mal jemand zu Besuch kam, hat Mämmche angeblich geschlafen. Nur für die Nachbarn musste ich mir etwas einfallen lassen, weil sie bei gutem Wetter immer am offenen Fenster gesessen hat und es ihnen seltsam erschienen wäre, wenn sie Mämmche dort nicht mehr gesehen hätten. Darum habe ich ihnen mitgeteilt, dass es nun doch nicht mehr ohne Pflegeheim ginge.«

»Aber es muss dir doch klar gewesen sein, dass eines Tages alles auffliegt.«

Jupp wiegte seinen Kopf hin und her. »Liebelein, du kennst doch das Rheinische Jrundjesetz? An die ersten drei Artikel glaube ich ganz fest.«

Andächtig rezitierte er mit geschlossenen Augen: »*Erstens: Et es wie et es. Zweitens: Et kütt wie et kütt. Drittens: Et hätt noch emmer joot jejange.*«

Ein Jahr ging tatsächlich alles gut. Jupp gelang es, den mitunter aufkeimenden Gewissensbissen davonzulaufen und nach außen weiterhin den lustigen kölschen Jung zu geben. Bis der Tod von Oliver Dauer und der Trauertee ihm einen moralischen Zusammenbruch bescherten und im nachfolgendem Alkoholexzess alle Dämme brachen.

Sebi hatte genug gehört. Wenn es zutraf, dass Betrunkene und Kleinkinder die Wahrheit sagten, war Jupps Mutter vor einem Jahr eines natürlichen Todes im Schlaf gestorben. Trotzdem musste jetzt die Kripo übernehmen.

Das Geständnis hatte Jupp offenbar ermattet und er legte sich erst mal aufs Sofa. Wenig später kündigte sein ruhiger werdender, gleichmäßiger Atem an, dass er jeden Moment einschlafen könnte. Sebi versuchte, noch eine Information zu bekommen. »Wenn du schon mal dabei bist, dein Gewissen zu erleichtern: Wir wissen Bescheid über Olis Tee. Hast du ihm absichtlich einen anderen zusammengemischt? Wenn es etwas zuzugeben gibt, kann es nicht schaden, das freiwillig zu tun.«

Jupp unternahm keinen Versuch, irgendetwas abzustreiten. »Ach, das mit Oli«, murmelte er. »Es waren nur harntreibende Kräuter. Er sollte ein bisschen schlappmachen, ja. Aber dass er stirbt ... wer konnte das denn ahnen mit seinem Herzfehler? Hat er nie verzällt. Das habe ich heute erst von Wiebke erfahren.«

Rosa musste sich setzen. »Aber warum? Warum sollte er schlappmachen?«

»Man muss jönne könne, aber Oli hat mich charakterlich schwer enttäuscht. Dem Föttchesföhler hab ich et einfach nit jejönnt, dass er meinen Vierundzwanzigstundenrekord knackt.«

Es war wohl der Erschöpfung geschuldet, dass Jupp wieder in sein kölsches Kauderwelsch verfiel. Auf Nachfrage erklärte er, Föttchesföhler würde so viel wie Pograpscher bedeuten. Obwohl es nur um hobbymäßig betriebenen Sport und nicht um Weltmeistertitel oder hohe Preisgelder ging, konnte Sebi in Anbetracht der Pokale, Urkunden und Medaillen, die im Haus ausgestellt waren, Jupps verquere Sicht der Dinge ansatzweise nachvollziehen. Für ihn war sein persönlicher Rekord wahrscheinlich genauso heilig wie ein Weltrekord und Grund genug, dem charakterlosen Föttchesföhler kurzerhand einen Spezialtee zu mischen.

»Er kann doch erst einmal seinen Rausch ausschlafen«, schlug Rosa zehn Minuten später vor. Jupp waren die Augen zugefallen, der schlaffe Mund stand offen. Laute Schnarchgeräusche ließ keinen Zweifel daran, dass der Schlaf ihn übermannt hatte. »Ich finde, es reicht, wenn wir die Polizei morgen informieren. Um diese Uhrzeit unternimmt bestimmt keiner mehr etwas.«

»Doch. Bei einer Leiche wird nicht gewartet. Wir sollten das unverzüglich melden. Mämmche muss exhumiert und der Gerichtsmedizin übergeben werden. Hat auch den Vorteil, dass wir unsere Aussage direkt vor Ort machen und dann in die Pension zurückfahren können.«

»Du meinst, sie buddeln die sterblichen Überreste heute noch aus?«

»So ist es.«

Das änderte Rosas Meinung. Durch das Panoramafenster könnte sie vielleicht hautnah alles mitverfolgen. Diese Chance durfte sie sich nicht durch die Lappen gehen lassen.

Die Polizeistation am Sander Rathaus war nach acht nicht mehr besetzt. Außerhalb der Dienstzeiten übernahm das Kommissariat in Jever. Das Telefongespräch mit dem wachhabenden Beamten, den Sebi an den Apparat bekam, verlief etwas zäh. Rosa hörte mit. Entweder verstand Polizeimeister Knipping den geschilderten Sachverhalt nicht – oder er wollte ihn nicht verstehen. Sie merkte, dass Sebi zunehmend ungeduldiger wurde.

»Die Streife ist gleich da. Ich schicke noch den Rettungsdienst«, beharrte Sebis Gesprächspartner.

»Hören Sie, ich bin Polizist. Leiten Sie das direkt an die Kollegen von der Kripo und der Spurensicherung weiter. Die werden gleich ausrücken müssen.«

Knipping wiederholte ungläubig: »Sie sind Polizist?«

»Polizeikommissar, um genau zu sein. Nicht mehr im aktiven Dienst, aber lange genug dabei, um beurteilen zu können, dass hier die Kripo und die SpuSi benötigt werden. Zu retten gibt's allerdings nichts mehr.«

Schließlich erklärte sich Knipping bereit, die Kollegen von der Kripo zu informieren. Sebi dankte, beendete das Telefonat und stieß einen Stoßseufzer aus. »Der war aber schwer von Begriff ... was gibt's denn da zu kichern?«

»Du erinnerst mich gerade an den Arzt, von dem du mir letztens erzählt hast. Der die verwesende Leiche im Auto gemeldet hat.«

Ihre Heiterkeit konnte Sebi offenbar nur bedingt teilen, denn sein Grinsen wirkte etwas gequält. »Hoffen wir mal, dass Jupp im Suff nicht fantasiert hat. Sonst wäre die Blamage perfekt.«

Die Türklingel schrillte. »Hat sich die Streife aus Jever hierher gebeamt?«, staunte Rosa.

»Der Wagen war vermutlich in der Nähe unterwegs.«

Sebi stand auf und begab sich zur Haustür. Kurz darauf kehrte er mit einem uniformierten Duo beiderlei Geschlechts zurück. Der männliche Part des Duos war schätzungsweise Mitte zwanzig, seine Kollegin Ende dreißig. Rosa kannte sich als ehemalige Polizisten-Ehefrau mit Dienstgraden aus. Zwei blaue Sterne auf der Schulterklappe des Mannes bedeuteten in Kombination mit dem Namensschild, dass er Polizeimeister war und Drossel hieß. Die Schultern der Polizeiobermeisterin Venske zierten drei blaue Sterne. Als Ranghöhere war sie die Tonangebende. Unbeeindruckt von Urkundentapete, Medaillensammlung, Pokalvitrine und dem schnarchenden Jupp versuchte sie, sich ein Bild von der Lage zu verschaffen. Auch sie tat sich anfangs schwer damit, dem Ganzen Glauben zu schenken, zumal Jupps Alkoholfahne im Raum hing. Schließlich rüttelte sie den Schlafenden unsanft. Es dauerte eine Weile, bis er reagierte. Einmal wach, gab er bereitwillig Auskunft und bestätigte alles, was Rosa und Sebi zuvor geschildert hatten. Nach einer kurzen Begehung des Gartens forderte Venske Verstärkung an und riet Jupp, ein paar Sachen zusammenzupacken. Drossel nahm derweil ihre Personalien auf. Er nutzte zu Rosas Erstaunen einen Laptop. Inzwischen waren also auch die Polizeistreifen im digitalen Zeitalter angekommen. Sebi hatte seinerzeit noch mit Kohlepapier und Block gearbeitet.

»Fink?« Grienend zeigte der Polizeimeister auf sein Namensschild und pfiff dann die Melodie von *Alle Vögel sind schon da*, woraufhin Venske ihn streng ermahnte, derartige Albernheiten im Dienst zu unterlassen. Kaum hatte sie sich wieder Jupp zugewendet, flüsterte Drossel verschwörerisch: »In meiner Freizeit mache ich Comedy auf YouTube. Der Channel geht steil. Kommt sie nicht mit klar.«

»Wie heißt denn der Kanal?«, fragte Rosa. Die Antwort lautete *ER DROSSELT*. Zum ersten Mal in ihrem Leben verspürte sie das dringende Bedürfnis, gleichzeitig mit Sebi die Augen zu verdrehen. Als wenig später die Verstärkung eintraf, rückten Komiker Drossel und seine Kollegin vom ernsten Fach ab. Jupp nahmen sie mit.

Rosa liebte die heiteren Münster-Tatorte mit Thiel und Börne. Hier im Norden war die Realität davon jedoch noch weiter davon entfernt als im Bergischen. Von früher kannte sie ein paar Wuppertaler Ermittler, die ansatzweise Unterhaltungswert besessen hatten oder zum Ausgleich wenigstens attraktiv gewesen waren. Zu ihrer Enttäuschung handelte es sich bei dem hier zuständigen Rempe und seinem jungen Kollegen Sello um zwei übellaunige und reizlose Zeitgenossen. Rempe hatte eine bullige Statur. Borstige schwarze Haare wucherten hinunter bis in den Stiernacken. Rosa nahm an, dass auch große Teile seines Rückens behaart waren. Nachwuchskommissar Sello war hellblond und raspelkurz geschoren. Er hätte gut daran getan, vor der Fahrt hierher eine Zahnbürste zu benutzen, denn ihm hingen noch Reste des Abendessens zwischen den Zähnen. Der ebenfalls eingetroffene Kriminaltechniker hieß Zöller und würdigte sie keines Blickes. Unter dem weißen Kunststoff-Overall sah sie zu wenig, um sich über seine äußere Erscheinung ein Urteil bilden zu können, aber der Hang zur Arroganz war offensichtlich.

»Ich bestelle Sie beide zur Zeugenvernehmung morgen ins Kommissariat. Melden Sie sich bei mir, neun Uhr«, bellte Rempe im Befehlston, während er eine Visitenkarte zückte. Rosa übersah das Kärtchen in der ausgestreckten Hand geflissentlich. Das Spurensicherungsteam schwärmte gerade erst aus – sie wollte sich auf keinen Fall nach Hause schicken lassen.

Sebi nahm die Visitenkarte entgegen. »Es gibt noch einen weiteren Tatverdacht.« Rosa jubilierte innerlich, denn nun wurden die beiden hellhörig und wollten doch an Ort und Stelle mehr erfahren. Sello bleckte vor Aufregung die Schneidezähne, als Sebi berichtete, warum sich bereits Hauptkommissar Teschen in Varel mit dem vorläufig festgenommenen Jupp befasste. Geschickt flocht er dabei seine frühere Tätigkeit bei der Polizei ein.

Rosa ließ die Männer reden, um sich aufs Sofa zurückzuziehen und unauffällig aus dem Fenster zu schauen. Draußen wurde Popcorn-Kino der Extraklasse dargeboten, von Scheinwerfern beleuchtet und mit Ton, da die Tür zum Garten sperrangelweit offenstand. So hörte sie, wie das Team den Aufbau eines Sichtschutzzeltes diskutierte und wieder verwarf, da Zöller dies in Anbetracht des uneinsehbaren Grundstücks für unnötig hielt. Der Versuch, das Hochbeet zu verschieben, scheiterte kläglich. Es bewegte sich keinen Millimeter. Daraufhin gab Zöller die Anweisung, das Pflanzenschutznetz zu entfernen und Erde aus dem Hochbeet herauszuschaufeln. Die einzige Frau im Team schien cleverer zu sein als ihr Chef. Sie schlug vor, das Holz zu zerschlagen oder zu zersägen, was die Sache wesentlich abkürze.

Trotz des mobilen Beleuchtungssystems hatte bisher offenbar niemand von Hammel Boris Notiz genommen. Auch Rosa sah ihn nur, weil sie wusste, dass er reglos unter dem Gebüsch an der Hecke ruhte. Bis zur Freilegung der Kräuter, deren Genuss ihm durch das Netz verwehrt worden war. Mit einem lauten *Möh* kam er auf die Beine und trabte aufs Hochbeet zu. Vergnügt beobachtete Rosa, wie das Team auseinanderstob und Zöller panisch zur Seite hüpfte.

»Warum sagt einem kein Mensch was von diesem Schaf?«, brüllte er.

Alarmiert durch den Lärm eilten die Kommissare zur Tür, Sebi folgte ihnen. Rosa gesellte sich auch dazu. »Ich hätte Sie ja gewarnt. Aber leider hat sich keine Gelegenheit dazu ergeben«, sagte sie mit Unschuldsmiene in Richtung des Kriminaltechnikers.

Der verlor nun vollends die Beherrschung. »So kann ich nicht arbeiten. Schaffen Sie die Zeugen hier weg, Sello. Und das Schaf!«

Während Sello herumtelefonierte, um Boris' Abtransport zu organisieren, gelang es der Frau im Team, den Hammel mit einem Strick zum anderen Ende des Gartens zu führen und dort anzubinden. Unterdessen hatte sich das Team vom Schreck erholt und zerlegte das Hochbeet.

»Sie können jetzt gehen. Wir sehen uns morgen.« Rempes Ton war zwar freundlicher als bei seiner ersten Aufforderung, aber dennoch bestimmt.

Es gab nur eine Möglichkeit, vielleicht einen Blick auf das zu erhaschen, was sich unter dem Hochbeet befand. »Oh Gott, ich muss mich setzen«, sagte Rosa. »Mein Kreislauf. Es ist zu viel. Sebi, hilfst du mir mal eben?« Auf Sebi gestützt wankte sie Richtung Fenster und zischte: »Mir geht's gut. Aber wenn man so etwas schon mal live erleben kann ...«

»Ich kann darauf sehr gern verzichten«, flüsterte Sebi zurück. »Zumal es noch lange dauern wird.«

Dessen ungeachtet setzte er sie behutsam auf dem Sofa ab und sich daneben.

»Was meinst du, finden sie nur noch ein Skelett?«

»Schatz, war ich je bei der Kripo?«

»Komm mir nicht damit. Ich weiß genau, dass du an Weiterbildungsmaßnahmen teilgenommen hast. Wenn auch ungern und nur, weil du dazu verpflichtet warst.«

Sebi zog beim Nachdenken die Stirn in Falten. »Das ist ewig her ... jedenfalls verwesen Leichen in sauren oder sandigen Böden schneller als in schweren, lehmhaltigen. Da der Boden in Jupps Garten sandig ist und es keinen Sarg gibt, der erst verrotten muss, könnte das Körpergewebe sich schon bis zur vollständigen Skelettierung aufgelöst haben. Dann wären von Mämmche nur noch Haare, Fingernägel, Sehnen und Knochen übrig.«

Flehentlich schaute er sie an. »Aber egal was, ich möchte es nicht sehen. Damit sollen sich die Profis befassen. Schatz, in der letzten Urlaubswoche will ich er wirklich nur noch drei Dinge. Erstens ins Bett, zweitens flittern und drittens heiraten.«

»Sollen wir einen Krankenwagen rufen?«, erkundigte sich Rempe, der unbemerkt herangetreten war.

»Ach, nein, es geht schon wieder besser«, beeilte Rosa sich, einen Krankentransport abzuwenden. »Wir fahren gleich. Wäre es wohl möglich, dass Sie mir ein Glas Wasser bringen?«

Rempe nickte und zog ab, um Rosas Bitte nachzukommen.

»Danach verschwinden wir?«, beharrte Sebi.

»Ehrenwort«, versicherte Rosa und nahm sich gleichzeitig vor, in sehr kleinen Schlucken zu trinken.

Eine Viertelstunde später stellte sie das leere Glas ab und stand auf. Boris war in der Zwischenzeit unter empörtem Blöken von einem Tierretter abgeführt worden. Auf dem Schlachthof würde er nicht enden. Die weißen Overalls hatten mit dem Freilegen des Leichnams begonnen, gingen dabei aber bedächtig vor wie bei einer archäologischen Ausgrabung.

Rosa musste eingestehen, dass Sebi recht gehabt hatte: Das konnte noch dauern. Sie hatte einen Eindruck.

Und wollte jetzt lieber ins Bett.

18
Ehehafen

Fast eine Woche war seit Jupps überraschender Beichte vergangen. Der Nachrichtenfluss durch Hauptkommissar Teschen, auf dessen Sprudeln Rosa ihre Hoffnungen gesetzt hatte, glich eher einem zähen Tröpfeln. Teschen gab nur wenig preis. In Wuppertal hätten sie auf Polizeirat a. D. Bernd Ammermann und seine guten Beziehungen bis in die höchste Führungsetage des Polizeipräsidiums zählen können.

Immerhin wussten sie inzwischen, dass die kriminaltechnische Untersuchung der Teeproben tatsächlich eine unterschiedliche Zusammensetzung ergeben hatte. Dem Spezialtee für Oli fehlte das Salz, dafür enthielt er zusätzliche Kräuter, aber keine weiteren Substanzen. Mit dem Kollaps des Kölner Ultraläufers hatte Jupp jedoch nichts zu tun. Der Mann war befragt worden und hatte ausgesagt, sich den Magen verdorben zu haben. Auch zu Moritz Engel, Nele, Achim und Malte hatte die Polizei Kontakt aufgenommen. Es lief ein Ermittlungsverfahren im Zusammenhang mit Olis Tod gegen Jupp, doch mangels hinreichenden Tatverdachts bei zugleich schwieriger Beweislage war eine Einstellung des Verfahrens wahrscheinlich.

Womöglich hatte doch alles einen tieferen Sinn, im Leben und im Tod. Hätte Oli nicht der letale Kollaps bei seiner

Lieblingsbeschäftigung ereilt, wäre Jupp nicht bei dessen Trauerfeier sentimental geworden. Er hätte nicht klammheimlich eine Flasche Friesengeist mitgehen lassen und wäre nicht in hochprozentiger Umnachtung zum Strand und von dort ins Watt gelaufen, um seinem Leben ein Ende zu bereiten. Die sterblichen Überreste seiner Mutter, auf die Rosa leider keinen substanziellen Blick hatte werfen können, würden jetzt nicht in der Gerichtsmedizin, sondern bis auf Weiteres unter dem Hochbeet liegen.

Mit Sebi bei Nachmittagskaffee und Rhabarberkuchen auf der Kurhaus-Terrasse sitzend, las Rosa aus dem Sander Lokalteil der Zeitung vor, die Wiebke ihr beschafft hatte.

Grausiger Fund: Leiche unter Hochbeet
Neustadtgödens. Wie erst heute bekannt wurde, haben Polizisten im Garten eines Grundstückes An der Lehmbalje in Neustadtgödens nach dem Hinweis von Touristen die Leiche von Elise H. gefunden. Die Tote lebte mit ihrem Sohn zusammen, der die auf einen Rollstuhl angewiesene betagte Mutter bis zu deren Tod pflegte. Zum Zeitpunkt des Todes war die Pensionärin 89 Jahre alt. Anstatt den Tod der Mutter bekannt zu geben und die Behörden zu verständigen, vergrub der in Köln geborene Sohn den Leichnam in einem 70 Zentimeter tiefem Loch im Garten. Auf dem Grab der Toten hat er in einem Hochbeet Kräuter gezogen.
Der Leichnam wurde beschlagnahmt und zur Obduktion in die Rechtsmedizin gebracht. Weiteres soll nun die Obduktion klären – insbesondere, ob Elise H. eines natürlichen Todes im Schlaf gestorben ist, wie vom Sohn behauptet. »Ich habe mich immer gut um sie gekümmert«, gab er auf die Frage zu Protokoll, ob die pflegebedürftige Elise H. in einem verwahrlosten Zustand gewesen wäre und die Verständigung eines Arztes unangenehme Fragen produziert hätte.
Der Obduktionsbericht soll in Kürze vorliegen.

»Wenn es stimmt, dass Mämmche eines natürlichen Todes gestorben ist, was hat sich Jupp denn dann genau zuschulden kommen lassen?«, überlegte Rosa laut

Seufzend spießte Sebi das letzte Stück Kuchen auf die Gabel. »Na ja, Störung der Totenruhe vielleicht, obwohl sie ja noch nicht geruht hat. Er wäre aber verpflichtet gewesen, unverzüglich eine Leichenschau zu veranlassen, damit ein Totenschein ausgestellt und die letzte Ruhe in die Wege geleitet werden kann. Todeszeitpunkt und Todesursache werden darin dokumentiert. Die Gesundheitsbehörde muss den Totenschein dreißig Jahre lang aufbewahren. Jupp hat mindestens eine vorsätzliche Ordnungswidrigkeit begangen – mal ganz davon abgesehen, dass er den Leichnam seiner Mutter im Garten verscharrt und die Bezüge kassiert hat.«

»Ich habe eben gelesen, dass in Bremen seit drei Jahren Bestattungen im eigenen Garten erlaubt sind«, trumpfte Rosa mit einer Information auf, die sie Google verdankte.

Sebi schob den leeren Teller beiseite. »Das ist mir neu. Bestimmt sind Urnenbestattungen damit gemeint. Ansonsten gilt deutschlandweit Friedhofszwang und für die letzte Ruhe bedarf es einer würdigen Bestattung. Man darf weder ganze Leichen noch Leichen- und Körperteile, Asche und Ascheреste verstorbener Personen einfach entsorgen, wie man will. Das dient dem Zweck, die öffentliche Sicherheit, Ordnung, Gesundheit und das allgemeine sittliche Empfinden zu bewahren. Stell dir vor, du kaufst ein Haus mit Grundstück und findest beim Blumenpflanzen das Familiengrab früherer Besitzer.« Er seufzte erneut, diesmal voller Inbrunst, und faltete die Hände wie zum Gebet vor der Brust, bevor er sagte: »Schatz, morgen heiraten wir. Freust du dich eigentlich darauf?«

»Aber natürlich freue ich mich. Was dachtest du denn?«

»Nun, manchmal beschleicht mich der Verdacht, dass ich gegen die Todesfälle nicht konkurrenzfähig bin. Denen schenkst du eindeutig mehr Aufmerksamkeit als mir.«

Rosa lächelte. Sie legte eine Hand in seine und sah ihm in die Augen. »Du hast recht, dich zu beschweren. Ich gelobe hiermit feierlich, die Fälle als erledigt zu den Akten zu legen und mich auf dich und unsere Trauung zu konzentrieren. Ab sofort.«

Sebi spitzte freudig die Lippen und drückte ein Küsschen auf ihren Handrücken.

»Bist du dir denn sicher, dass wir nicht doch Wiebke zumindest fragen sollten, ob sie unsere Trauzeugin sein möchte? Ich glaube, sie erwartet, dass wir sie darum bitten.«

»Ach nein, Trauzeugen brauchen wir nicht«, lehnte Sebi sofort ab. Er ließ ihre Hand los und rührte seinen Kaffee um, obwohl es nichts zu rühren gab, da er ihn schwarz trank.

Rosa wunderte sich. Erst bettelte er darum, dass sie sich mit der bevorstehenden Trauung befasste, und war dann so kurz angebunden. Ja, es stimmte, Trauzeugen waren nicht mehr zwingend vorgeschrieben. Sie selbst legte keinen gesteigerten Wert darauf, aber sie hätte Wiebke gern die Freude gemacht.

Sebi schien zu glauben, dass sie sich überhaupt nicht mit der kurz bevorstehenden zweiten Heirat beschäftigte, aber das stimmte nur bedingt. Er wusste ja nichts von dem Video und von dem Beamer, den Wiebke doch noch aufgetrieben hatte und der vorerst in ihrem Büro stand. Außerdem wusste er nichts vom Champagnerkleid, das in greifbare Nähe gerückt war. Das Stück Rhabarberkuchen war die einzige süße Sünde, die sie sich seit der abgebrochenen Strandübernachtung erlaubte. Zusätzlich trank sie seit Anfang der Woche Stoffwechsel-Aktiv-Tee aus dem Reformhaus. Auf dem Beipackzettel hatte sie einige alte Bekannte entdeckt: Pfefferminzblätter, Löwenzahnblätter und Birkenblätter. Was deren mehr oder weniger wohltuende Wirkung betraf, war sie seit diesem Urlaub Expertin. Und wenn das Fett nicht weichen wollte, musste sie eben entschlacken.

Die Sonne stand schon ziemlich tief. Sebi schaute mit gesenktem Blick sich selbst dabei zu, wie er den Kaffee zum Überschwappen brachte. Rosa interessierte sich mehr für das Treiben am Strand. Viele nutzten den späten Nachmittag zum Spazierengehen. Ein älteres Paar erregte ihre Aufmerksamkeit. Sie kniff die Augen zusammen, weil sie für einen Moment meinte, Wiebke erkannt zu haben. Aber mit wem sollte Wiebke Arm in Arm spazieren gehen? Während sie den beiden hinterher sah, wie sie sich in Richtung Hafen entfernten, reifte in ihr die Erkenntnis, dass sie dringend direkt nach dem Urlaub einen Termin zur Überprüfung ihrer Augen machen musste. Sie hatte das immer wieder verschoben, aber nun ging es wahrscheinlich bald nicht mehr ohne Brille.

Als Sebi die Tasse geleert hatte, brachen sie auf und promenierten zurück zur Pension. Dort herrschte emsige Betriebsamkeit. Agnes wies die neue Reinigungskraft Beeke-Luise gerade an, alle Zimmer auf Vordermann zu bringen. Früher war das eine ihrer eigenen zahlreichen Aufgaben gewesen, aber Wiebke hatte wohl eingesehen, dass selbst ein Mädchen für alles nicht alles auf einmal erledigen konnte. Da traf es sich gut, dass Watt-Walkie Beeke-Luise ihre schmale Rente aufbessern wollte.

»Oh, das Haus wird ja doch noch voll?«, erkundigte Rosa sich.

»Jo«, erwiderte Agnes kurz.

Dann rannte sie mit einem Stapel Putzlappen Beeke-Luise hinterher, die bereits mit einem Eimer in der Hand auf die Treppe zumarschierte, bevor Rosa nachfragen konnte, ob die Gäste vor oder nach ihrer Abreise eintreffen würden. Aber im Grunde war das ja auch egal. Hauptsache, sie konnten morgen wie vereinbart ihr erstes Candle-Light-Dinner als Ehepaar in der Pension einnehmen und mussten ihr Zimmer Samstag nicht vor zehn räumen. Kaum waren die beiden nach oben verschwunden, bimmelte das Glöckchen an der

Tür und Wiebke kam hereingehastet. Rosa entging weder ihr seliges Lächeln noch, dass sie sich in Schale geworfen und Lippenstift aufgetragen hatte. Vielleicht war die Brille doch nicht so nötig wie gedacht.

Am Freitagmorgen wurde Rosa von Sonnenstrahlen geweckt. Sebi lag nicht mehr neben ihr, sondern war schon im Bad. An der Garderobe hing eine Kombination aus Anzug und weißem Hemd, die neu sein musste. Freudig nahm Rosa zur Kenntnis, dass er kein Hawaiihemd anziehen würde. Sie stand auf, um den Wandschrank zu öffnen. Ein letzter schneller Test vor dem Duschen, bevor es ernst wurde. Als sie gerade dabei war, das Champagnerkleid überzustreifen, öffnete sich die Badezimmertür und Sebis Kopf lugte heraus. »Einen wunderschönen guten Morgen, Schatz!«, wünschte er ihr. Gleichzeitig rubbelte er die nassen Haare mit einem Frotteetuch trocken. Als er es weglegte, grinste er von einem Ohr zum anderen. »Du verzichtest heute also zur Feier des Tages auf Unterwäsche? Ich bin ein glücklicher Mann.«

»Mach keine dummen Macho-Witze. Hilf mir mal lieber mit dem Reißverschluss.«

Sebi tat, wie ihm geheißen. Rosa musste noch nicht mal die Luft anhalten – das Kleid passte, also war kein Ausweichen auf den Kartoffelsack notwendig. Doch selbst der hätte ihrer guten Laune keinen Abbruch getan. Sie freute sich darauf, Sebi das Jawort zu geben.

Er zog sich an und führte ihr sein neues Outfit vor. »Zu übertrieben?«

»Du siehst fesch aus«, sagte sie wahrheitsgemäß. »Nur die Krawatte – lass mich die binden.«

Seltsamerweise fühlte sie eine leichte Nervosität aufsteigen, obwohl es ja nicht das erste Mal war. Aber sie fand es schon wagemutig, ein zweites Mal denselben Mann zu heiraten.

Ohne Trauzeugen und Gäste würde die Trauung höchstens eine halbe Stunde dauern, eher nur zwanzig Minuten. Sie mussten erst um halb zwölf am Standesamt sein. Genug Zeit also, um spät und ausgedehnt zu frühstücken.

Ihr Tisch auf der Terrasse war festlich gedeckt. Nur die leere Vase irritierte Rosa. Sebi sagte: »Setzt dich schon mal, bin gleich wieder da.« Dann bog er ab in Richtung Küche und kam kurz darauf mit einem wunderschönen Brautssträußchen aus cremefarbenen Rosen und Wiesenkräutern zurück. Der Strauß war handlich gebunden, damit er sich zum Standesamt mitnehmen ließ, und harmonierte farblich wunderbar mit ihrem Kleid.

»Als ob du es geahnt hättest, dass ich dieses tragen würde.«

»Nein, das ist einfach Glück. Ich habe gestern im Blumenladen gebeten, etwas zu binden, das zu allem passt«, gab Sebi zu. »Was sagst du zu meinem Kräuterschmuck?«

Rosa war so auf ihren Strauß konzentriert gewesen, dass sie das grüne Ministräußchen übersehen hatte, das jetzt an Sebis Jackett steckte. Sie stutzte. »Ist das ... Pfefferminze?«

Sebi lachte. »Hat die Floristin auch in deinen integriert, guck mal genau hin. Eine kleine Hommage an unseren gemeinsam gelösten Doppelfall.«

Das Frühstückstablett brachte Agnes, die inzwischen auch gelernt hatte, die French Press zu bedienen und Sebis Kaffee frisch aus extra grob gemahlenem Pulver zuzubereiten. Rosa trank starken schwarzen Tee mit Kluntje und Sahnewolke. Nach friesischem Brauch wurde er nicht umgerührt. Während Sebi sich für den schlichten Rechtsakt im Vareler Rathaus stärkte, als ob eine riesige Zeremonie bevorstünde, schaffte Rosa mit Mühe gerade mal ein Croissant und hielt vergeblich nach Wiebke Ausschau. Wenigstens an diesem besonderen Tag hätte sie sich doch zur Abwechslung morgens blicken lassen können. Rosa war etwas enttäuscht, doch Sebi zuckte die Schultern. Ihm schien es egal zu sein. Als sie die Terrasse verließen, weil es allmählich Zeit, wurde loszufahren, wünschte ihnen lediglich Agnes alles Gute.

Das Vareler Rathaus an der Windallee war ein zweckmäßiger Verwaltungsbau aus den Sechzigern mit einem Trauzimmer für standesamtliche Eheschließungen im kleinen Kreis. Direkt daneben befand sich ein Parkplatz. Hektisch vergewisserte Rosa sich noch einmal, dass sie ihren Personalausweis und Sebi die Ringe dabei hatte. Sebi ging ums Auto, öffnete galant die Tür und reichte ihr die Hand. Nachdem sie ausgestiegen war, hakte er sie unter. Sie gingen auf den Eingang des Gebäudes zu. Rosa bemerkte einen Wagen mit Wuppertaler Kennzeichen und wollte Sebi darauf aufmerksam machen, als plötzlich aus dem Nichts zwei riesige rote Herzballons in Sicht kamen.

Sie hingen an Bändern, die von Wiebke und Bernd gehalten wurden – einem deutlich schlankeren Bernd, der seinen Bauch nicht mehr wie eine Kugel vor sich herschob. Hinter den beiden tauchten noch mehr Ballons auf, und hinter jedem verbarg sich ein bekanntes Gesicht. Rosa war völlig baff. Ihre guten Freundinnen Silke, zugleich ihre Chefin im Leseladen Luise, und Nicole, die ihr den Zweitjob in der Schulbibliothek besorgt hatte, hielten je einen Strauß aus kleinen bunten Ballonherzen. Und da waren auch Monika und Thilo. Über ihnen schwebten zwei heliumgefüllte Ballons in Form von Katzenköpfen. Die Folien mussten eigens angefertigt sein, denn sie sahen aus wie Rudi und Ruby. Sebis bester Freund Maik und dessen Frau Kathrin tauchten dahinter mit weiteren Herzballons auf – und zuletzt eine große Gestalt in goldfarbenem Gewand. Nicht allein wegen ihrer Größe war Katzenzüchterin Alexandra kaum zu übersehen, auch ihr Folienballon in Form einer roten Rose mit Goldblättern war gigantisch.

»Was…?«, stammelte Rosa, bevor sich alle zur Begrüßung auf sie und Sebi stürzten. Als Sebi sich aus Alexandras Umklammerung befreit und verstohlen seine Wangen abgewischt hatte, lachte er vergnügt. »Ohne Familie zu feiern muss ja nicht bedeuten, dass man ohne Freunde feiert. Und selbstverständlich haben wir auch Trauzeugen. Wenn du einverstanden bist, übernehmen diese Aufgabe Wiebke und Bernd.«

Die Puzzleteile lagen nicht mehr einzeln, sondern fertig zusammengesetzt vor Rosa. »Du hast das alles von langer Hand geplant!«

»So ist es. Deswegen auch der späte Hochzeitstermin, damit alle anreisen und übernachten konnten. Wiebke hat keine anderen Gäste angenommen, weil die Bude übers Wochenende voll ist. Im Wattzimmer sind Thilo und Monika untergebracht, im Deichzimmer Nicole und Silke, im Strandzimmer Maik und Kathrin und oben in der Nordseekammer Alexandra.«

Seine Augen wanderten zu Wiebke und Bernd. »Bernd darf im Anbau logieren. Schon seit einer Woche hat sie ihn dort vor dir versteckt. Das erklärt vielleicht, warum sie sich ein bisschen rar gemacht hat. Aber jetzt lass uns erst mal heiraten, wir sind spät dran.«

Es fehlte nicht mehr viel. Gleich würde der wichtigste Part der Trauzeremonie beginnen, und erst dann konnte Sebi sich komplett entspannen. Normalerweise folgte auf die Rede noch die Besprechung des Familiennamens, doch da Rosa seinen Namen nie abgelegt hatte, war das Unterschreiben des Dokuments zur Namensführung nur eine Formsache. Die Worte, die Marie Teschen wählte, ließen erkennen, dass Wiebke sich ausführlich mit ihr unterhalten hatte.

Die Standesbeamtin kam nun zum Schluss. »Gegensätze und Gemeinsamkeiten bieten die Chance, sich in einer Beziehung weiterzuentwickeln. Der eigene Kopf, die Individualität, die Arten und Unarten, die persönlichen Freiräume und die Verbundenheit – daraus kann sich eine ganz besondere Harmonie ergeben. Das wusste bereits der Philosoph Heraklit von Ephesos. Heraklit sagte: Die schönste Harmonie entsteht durch Zusammenbringen der Gegensätze. In diesem Sinne möchte ich das Traupaar nun bitten, sich zu erheben.«

Das bekannte Prozedere nahm seinen Lauf. Zuerst wurde Sebi gefragt, ob er die hier anwesende Rosa Fink, geborene Reiser, heiraten wollte. Nach seinem Ja wurde die Frage an Rosa gerichtet, ob sie den hier anwesenden Sebastian Fink heiraten wollte, die Rosa ebenfalls mit Ja beantwortete.

Marie Teschen erklärte sie zu Mann und Frau. Der Moment des Ansteckens der Eheringe, die sie seit neun Jahren nicht mehr trugen, war gekommen. Sebi öffnete die Schatulle mit den Ringen. Er hatte zusätzlich zum Datum ihrer ersten Trauung das heutige Datum eingravieren lassen. Lächelnd entnahm er ihren Ring, um ihn Rosa anzustecken. Das Lächeln verging ihm sofort, denn im ersten Anlauf misslang der Versuch. Weder er noch Rosa hatten die Ringe noch einmal anprobiert. Sebi drehte und schob, aber es tat sich nichts. Ein Raunen ging durch den Saal. Jemand versuchte mit mäßigem Erfolg, ein Lachen zu unterdrücken, und obwohl Sebi nicht hinschaute, war er ziemlich sicher, dass es Alexandra war, die sich da gerade köstlich amüsierte. Er fühlte leichte Panik in sich aufsteigen, als Rosa ihm die Hand entzog. Sie übernahm die Sache selbst und drehte mit sanfter Gewalt den Ring so lange, bis er an seinem Platz steckte. »Den lege ich nie wieder ab«, sagte sie. »So fest, wie der sitzt.«

Wie sich herausstellte, war der Umfang von Sebis Fingern in den vergangenen Jahren ebenfalls etwas gewachsen, aber schließlich trugen sie beide wieder ihre alten Eheringe.

Sebi gab Rosa einen Kuss und spürte eine überwältigende Freude darüber, dass er nach neun Jahren wieder ihr Mann und sie seine Frau war. Jetzt würden sie mit allen erst einmal in der Pension anstoßen und einen kleinen Imbiss einnehmen. Er war sich ziemlich sicher, dass Rosa auch die letzte Überraschung gefallen würde, die Wiebke und er sich ausgedacht hatten: eine Fahrt in den Sonnenuntergang mit dem Passagierschiff Etta, das seit vielen Jahren zum Nordseebad Dangast gehörte. Wiebke war gut bekannt mit dem Käpt'n. Sie hatte ihn gebeten, bei dieser Ausflugsfahrt seine elegante Kapitänsmütze aufzusetzen, nämlich die weiße mit einem goldenen Anker, und die zwei frisch Getrauten symbolisch in den Ehehafen zu schippern. Weder Rosa wusste davon noch die Hochzeitsgesellschaft – abgesehen von Bernd, der durch Wiebke über alles informiert war.

Auch auf Sebi wartete jedoch noch eine Überraschung. Wiebke hatte die Watt-Walkies mobilisiert, die draußen aufmarschiert waren. Dortje schüttelte eine große Sektflasche, ließ den Korken knallen und verteilte dann den Schaum in Gläser, die Beeke-Luise ihr nacheinander anreichte. Sogar Nele und Malte waren zum Gratulieren erschienen. Eine bange Sekunde lang befürchtete Sebi, dass gleich auch noch Moritz Engel hinter einer Hecke hervorbrechen oder – noch schlimmer – Jupp ein munteres *E Levve lang will ich zo Dir jehüre!* anstimmen würde, was aber zum Glück nicht geschah.

»Was wird denn nun aus dem Video?«, flüsterte Rosa Wiebke zu, bevor sie zum Umtrunk in die Pension zurückfuhren.

»Keine Sorge, die Technik ist startklar. Das wird jetzt gleich vorgeführt. Ich musste heimlich umdisponieren.« Wiebke lachte übers ganze Gesicht. »Glaub mir, das war gar nicht so einfach, in beide Richtungen zu organisieren.«

Als sie später mit der Hochzeitsgesellschaft angestoßen hatten, ließ Agnes die Rollos herunter. »Sebi, ich habe auch eine kleine Überraschung«, kündigte Rosa an und erfreute sich an dessen Gesichtsausdruck, als an der Wand Rosas Eltern und ihr Bruder Thorsten erschienen. Etwas zeitversetzt sprang dessen Lebensgefährtin Saskia ins Bild, die wahrscheinlich das Handy noch auf einem Stativ befestigt hatte. *Doppelt hält besser*, sagte Klaus Reiser, während er den Bügelverschluss zweier Bierflaschen aus dem Wuppertaler Brauhaus öffnete. Den Inhalt verteilte er auf vier Gläser, und nach Glückwünschen von Renate, Thorsten und Saskia prosteten alle den Frischgetrauten zu.

Die nächsten Gratulanten waren Sebis Eltern Waltraud und Heinrich Fink. Sie saßen steif in bester Sonntagskleidung im heimischen Wohnzimmer und verliehen ihrer Freude darüber, dass *die Kinder* es noch einmal miteinander versuchen wollten, zuerst recht verhalten Ausdruck. Zum Schluss der Aufnahme kullerten jedoch zwei Tränen aus Waltrauds Augenwinkeln. »Danke, liebe Rosa, dass du unserem Sohn noch eine zweite Chance gibst«, sagte sie in die Kamera, während sich Sebis Geschwister mit ihren Familien im Hintergrund aufbauten und Heinrich brummte: »Verdient hat er es ja nicht.«

Obwohl Sebi grinste, schienen seine Augen feucht zu sein – und das, noch bevor schließlich Frieda ihr Gedicht vortrug. Zum Schluss winkte sie und sagte: »Tschüss Papa und Rosa. Ich freu mich, bald Opa und Oma wiederzusehen und aufs Schweben im Kaiserwagen.«

Sebi guckte zu Rosa, die ratlos zurückguckte.

Bernd stand auf. In seinen Händen hielt er einen großen Umschlag. »In meiner Funktion als Doppelagent, der in beide Überraschungen eingeweiht war, darf ich euch im Namen der hier anwesenden Gäste und eurer Familien diesen Gutschein als Hochzeitsgeschenk überreichen. Die Idee mit der Kaiserwagenfahrt stammt von Frieda. Den Termin könnt ihr selbst festlegen. Wen ihr mitnehmt, bleibt natürlich euch überlassen. Aber ich sag mal so ... In den Kaiserwagen passen wir alle rein.«

»Willkommen an Bord Jungs und Deerns und Rosa und Sebi«, begrüßte der elegant bemützte Käpt'n nachmittags bei herrlichem Spätsommerwetter seine Passagiere, zu denen auch die kleine illustre Hochzeitsgesellschaft gehörte. Abzüglich Alexandra. Sie weigerte sich, auch nur einen Schritt auf ein schwankendes Schiff zu setzen. Wiebkes Beteuerung, der Jadebusen sei so ruhig wie ein Baggersee, hatte Alexandra nicht umstimmen können. Sie wollte lieber eine ausgedehnte Siesta in der Sitzmuschel auf der Terrasse halten. Sebi konnte es verschmerzen ebenso wie Rosa. Die Erinnerung an das Erlebnis mit Jupps Mageninhalt war noch zu präsent. »Ich brauche es nicht noch mal, dass sich jemand in meine Richtung übergibt«, meinte sie nur, als die Etta den Hafen verließ.

19
Familienbande

Seit knapp einer Woche waren sie wieder zurück in Wuppertal. So sehr Rosa sich über Monikas und Thilos Erscheinen in Dangast gefreut hatte, noch glücklicher wäre sie gewesen, wenn sie die Kätzchen mitgebracht hätten. Aber Katzen liebten nun mal keine Ortswechsel und wurden daher von Monikas Neffen Nick versorgt, der das Wochenende als Katzensitter bei ihr verbrachte. Beim Katzenfall hatte Nick nicht gerade ein Paradebeispiel in Sachen Verantwortungsbewusstsein abgegeben, tat aber nun alles, um sich wieder zu rehabilitieren.

Rosa fieberte der Abholung von Rudi und Ruby entgegen. Nur noch ein Tag! Alles war vorbereitet. Im Küchenschrank stapelten sich Schälchen mit dem von Monika wärmstens empfohlenen Kittenfutter vom Feinsten. Im Badezimmer wartete die Katzentoilette, bereits gefüllt mit biologisch abbaubarer Holzstreu, und neben dem Sofa im Wohnzimmer stand ein Kratzbäumchen. Der große Kletterbaum würde folgen, wenn die Kätzchen etwas älter waren. In der Diele plätscherte ein Trinkbrunnen fröhlich vor sich hin. Sebi hatte erst Rosas Balkon mit einem Netz katzensicher und dann endlich einen Allergietest gemacht. Dieser ergab, dass er nicht im Geringsten zu Allergien neigte. Seine Hausärztin beglückwünschte ihn zu seinem sehr robusten Immunsystem, das weder auf Katzenhaare noch auf Pollen, Staub oder andere getestete Stoffe überempfindlich reagierte. Sebi tat erstaunt, was Rosa ihm nicht abnahm. Fast hätte sie sich gewünscht, dass der Test wenigstens eine klitzekleine Reaktion auf Katzenallergene bestätigt hätte, denn seit er erwiesenermaßen allergiefrei war, lag er ihr mit einer gemeinsamen Wohnung in den Ohren. Sie versprach ihm, darüber nachzudenken, sobald die Katzen sich eingewöhnt hätten. Damit waren die Verhandlungen erst einmal vertagt. So eine Eingewöhnungsphase konnte lange dauern. Und danach würden Rudi und Ruby es vielleicht nicht verkraften, wenn man sie aus ihrer gewohnten Umgebung herausrisse. Was wiederum bedeuten würde, das bewährte Living-Apart-Together-Prinzip noch eine Weile fortzuführen.

Bevor die Katzen morgen genau zum kalendarischen Herbstbeginn bei ihr einziehen würden, musste sie heute noch pflichtschuldig mit Sebi den Lauf um die Ronsdorfer Talsperre hinter sich bringen. Natürlich nicht aktiv, sondern passiv. Ihre Aufgabe bestand darin, zusammen mit Sebis Töchterchen Frieda, die ihren Papa anfeuern wollte, auf dem Pausenhof der Ronsdorfer Gesamtschule erst am Start zu stehen und dann ein paar Meter zurück zum Zieleinlauf zu gehen. Wie praktisch, dass sich in unmittelbarer Nähe des Zieleinlaufkanals unter dem überdachten Teil des Hofes der Verpflegungsstand mit Kaffee, Kuchen und Erfrischungsgetränken befand. Auf einer der Bierbänke hatte sich Bernd niedergelassen, der schon gewandert war. Mit mehr als hundert Wandersleuten hatte er den beträchtlichen Höhenunterschied hinunter ins Zillertal und dann wieder hinauf zur Blutfinke bewältigt – Seite an Seite mit Wiebke.

Bernd und sie waren nun offiziell ein Paar. Nachdem Wiebke in den Wochen zuvor Agnes eingewiesen und Beeke-Luise als Unterstützung engagiert hatte, verbrachte sie acht Urlaubstage in Wuppertal bei Bernd. Als Kind der friesischen Nordseeküste war sie beim Marsch jedoch trotz des Trainings mit den Watt-Walkies an ihre Grenzen gestoßen. Das Bergische Land war für sie Hochgebirge.

Tags zuvor hatte Rosa mit Wiebke in Bernds Küche Friesenfüße zur Stärkung gebacken. Nebenbei war sie mit den neuesten Erkenntnissen zum Doppelfall Dauer und Mämmche versorgt worden. Mämmche war tatsächlich eines natürlichen Todes gestorben. Auch wenn die Untersuchungen noch liefen, zeichnete sich ab, dass Jupp die Mutter zu Lebzeiten nicht vernachlässigt hatte und er somit wirklich nur wegen Ordnungswidrigkeiten und Betrug belangt werden konnte. Kräutertee zu kochen und an Oli weiterzugeben war nicht verboten. In dieser Sache wurde noch ermittelt.

»Aber Jasper Teschen hat mir unter der Hand bestätigt, dass da nicht viel bei herumkommen wird«, berichtete Wiebke. Bernd, der in der Küche einen Keks vom Blech kosten wollte, hatte den letzten Satz gehört und kommentierte augenzwinkernd: »Sag ich doch, die Ermittlungen zum Lauf in Sande werden versanden.«

Wiebke schob ein weiteres Blech in den Ofen, während Rosa sich angesichts der bereits fertigen Friesenfüße fragte, wer diese Menge an Gebäck essen sollte.

Wie sich nun zeigte, war ein Teil als Spende für den Kuchenverkauf des LC Wuppertal gedacht. Mit den restlichen Keksen versorgte Wiebke unter anderem Frieda, die sie mit gesundem Appetit in sich hineinstopfte. Frieda, seit Ende der Sommerferien stolze Gymnasiastin, steckte offenbar in einer Wachstumsphase. Noch zwei Jahre, dann hatte sie Rosa längenmäßig vermutlich eingeholt. Rosa lächelte. Selbst wenn Sebi es je gewollt hätte, seine Vaterschaft ließ sich nicht leugnen. Frieda hatte sein dichtes dunkles Haar geerbt, die braunen Augen, die Wangengrübchen, das ausgeglichene Gemüt – und sie würde bestimmt ziemlich groß werden.

Von der Bierbank aus winkte Frieda ihr zu und rief mit vollem Mund: »Rosa, weißt du, wo Papa ist?«

Rosa schüttelte den Kopf und ging hinüber zur Garnitur aus einem Tisch und zwei Bierbänken. Nachdem sie einmal eine ähnliche Bank durch seitliche Belastung zum Kippen gebracht hatte, achtete sie auf eine gleichmäßige Verteilung des Gewichts. Sie nahm neben Monika und Thilo Platz, die gegenüber von Frieda, Bernd und Wiebke saßen.

»Dein Papa wollte sich mit Maik und Sascha warmlaufen«, informierte sie Frieda. »Aber sie müssten jeden Moment wieder auftauchen, sonst verpassen sie den Start.«

Thilo hielt nichts vom Warmlaufen. »So ein Unfug. Sollen die alten Männer sich mal verausgaben, ich mache nur ein paar Dehnübungen, das reicht.« Er stand auf, sprang ein paar Mal auf der Stelle, dass der Biertisch vibrierte, und ließ – vermutlich um Monika zu beeindrucken – ein paar seltsame Verrenkungen folgen, die seine neu gezüchteten Muskeln zur Geltung brachten.

»Papa«, schrie Frieda. Sebis neongelbe Racer kamen neben Rosa zum Stehen. Er keuchte, als hätte er den Lauf schon beendet. Wahrscheinlich war er wirklich etwas übereifrig gewesen, denn Sascha und Maik atmeten ganz ruhig.

»Sebi, denk an Oli«, mahnte Rosa. »So willst du doch nicht enden. Übertreib es nicht und mach schön langsam. Du hast selbst gesagt, jeder bekommt eine Medaille, auch der Letzte.«

»Nee, Papa, wenn du als Letzter ins Ziel läufst, wäre das voll peinlich!«, ließ Frieda ihn wissen.

Sebi wischte sich mit seinem T-Shirt den Schweiß ab, den ihm eher die Anstrengung und nicht die herbstlich-kühle Temperatur auf die Stirn getrieben hatte. »In diesem Jahr ist hier Melderekord. Mehr als fünfhundert Leute laufen die fünf Kilometer, da wird doch wohl irgendjemand hinter mir sein«, verlieh er der Hoffnung Ausdruck, nicht Letzter zu werden.

Als der Startschuss fiel, sah Rosa erst einmal keinen einzigen Menschen hinter Sebi. Alle außer Maik und einem Dutzend Herren und Damen fortgeschritteneren Alters standen weiter vorn. Sebi hatte sich mit Maik in die allerletzte Reihe gestellt. Den kleinen Thilo konnte sie in der Menge nicht erkennen, Sascha erblickte sie in der dritten Reihe. Der Mann, der von zehn rückwärts gezählt und dann den Schuss abgegeben hatte, brüllte etwas von einem rekordverdächtigen Riesenaufgebot ins Megafon, das heute hier beim 52. Wuppertaler Volkslauf rund um die Ronsdorfer Talsperre am Start sei.

»Hier wird gelaufen! Nicht gewandert!«, trieb er dann ungeduldig das hintere Feld an, das mitsamt Sebi erst Minuten später in Zeitlupe den vorderen Schulhof verließ. Auf diesen ersten Metern galt es bereits einen kleinen Anstieg zu überwinden.

Gazellengleich sprang Frieda mit ihren langen, dünnen Beinen der Läuferschar ein Stück hinterher, bis sie am Ende des Schulhofs umkehrte. Maik war hier schon mehrmals mitgelaufen. Er hatte Sebi vor dem Gedränge zu Beginn und nach dem Abbiegen in den kleinen ungepflasterten Weg gewarnt. Die Renntaktik der beiden sah vor, das Feld von hinten aufzurollen. Langsam und knieschonend bergab, auf die ersten Lücken warten und mit den Kräften haushalten. Sonst liefen sie Gefahr, dass ihnen auf dem zähen Anstieg des letzten Kilometers die Puste ausging. Und die brauchten sie für den Endspurt. Wenigstens auf der Zielgeraden, die über den hinteren Teil des Hofs führte, wollten sie dynamisch aussehen. Doch wann würde der Moment kommen, in dem sie ihrem persönlichen Volkslaufhelden Sebi beim Zieleinlauf applaudieren konnte? Rosa hatte nicht die geringste Ahnung, wie lange man rennend für fünf hügelige Kilometer brauchte und holte sich ein Stück Kuchen, solange die Auswahl noch groß war.

Das Herkommen hatte sich allein schon wegen des Kuchens gelohnt. Alles hausgebacken und spottbillig. Sie entschied sich für ein Stück Apfelstreusel mit Sahne und nahm es mit an einen der Tische. Von Weitem sah sie Frieda, Monika, Wiebke und Bernd, die schon am Zielkanal Position bezogen hatten. Sie würden sich die Beine in den Bauch stehen, denn die Läuferschar war eben erst gestartet. Rosa dachte kurz an ihre sportlichen Ambitionen zurück, die quasi sofort, nach nur einem Training, erloschen waren. Wenigstens hatte Oli die Nichtumsetzung seines ausgeklügelten Trainingskonzepts nicht mehr miterleben müssen.

Lautes Klatschen riss sie aus dem Kuchengenuss und ihren Gedanken. Danach ertönte aus einem Lautsprecher das fiese laute Pfeifen einer Rückkopplung. Verwundert schaute Rosa auf ihren noch nicht mal halb verzehrten Kuchen. »Fabelhafte 18:29«, schrie der Ansager ins Mikro, und gleichzeitig lief ein taufrischer blonder Jüngling ins Ziel, dem Aussehen nach noch keine zwanzig. Direkt danach kam schon der nächste Läufer, deutlich älter und gezeichneter von der Anstrengung. Rosa schlang ihren Kuchen herunter, denn nun ging es Schlag auf Schlag. Nicht mehr jeder wurde namentlich genannt. Sie eilte zu den anderen, stellte sich neben Frieda und spähte in die Richtung, aus der die Läufer kamen. Enthusiastisch kündigte der Sprecher die schnellste Dame an, die nach etwas über zwanzig Minuten noch einmal namentlich erwähnt wurde – und auch, dass sie schon fünfzig war. Sie sah deutlich jünger aus. Alle Achtung, Laufen schlug dem Alter wirklich ein Schnippchen, sofern man nicht zu früh starb.

Als Sebi fünf Minuten später immer noch nicht in Sicht war, sah man Frieda die Enttäuschung an. Mit leicht schmerzendem Nacken vom vielen Kopfhochrecken wies Rosa sie darauf hin, dass auch Thilo, Sascha und Maik das Ziel noch nicht erreicht hatten. Das erste bekannte Fußpaar im Ziel gehörte schließlich Sascha. Thilo schaffte es wie erhofft unter einer halben Stunde, was Monika beeindruckte. Rosas Nacken- und Schulterpartie tat inzwischen nicht mehr nur leicht, sondern höllisch weh. In der Hoffnung, die Muskulatur ein wenig zu entspannen, ließ sie ihren Kopf kreisen. Plötzlich juchzte Frieda: »Da ist er!« Irgendetwas in Rosas Nacken knackte kurz und der Schmerz ließ nach. Sie bekam noch mit, wie Sebi und Maik locker-flockig heranspurteten.

Viele kamen nach ihnen ins Ziel, sodass Frieda mit der Performance ihres Vaters zufrieden war und die Medaille bewunderte, die an einer schwarz-rot-goldenen Kordel um seinen Hals baumelte.

Rosa bewunderte sie ebenfalls. »Der Anfang ist gemacht, wenn du jetzt noch die Urkunde abholst, kannst du anfangen, deine Wand zu tapezieren.«

Sebi lachte, nahm die Medaille ab und hängte sie Frieda um. »Die schenke ich meiner Tochter, als Beweis, dass ihr alter Herr noch ganz gut zu Fuß ist. Die Urkunde lade ich mir zu Hause als PDF runter. Will ja kein Papier verschwenden. Wie sieht es aus, meine Damen, können wir los? Ich brauche eine Dusche.«

Morgens um zehn hatten sie die Kätzchen abgeholt, jetzt war es früher Abend. Rudi und Ruby ließen durchblicken, dass sie ihrem neuen Zuhause ebenso wenig Positives abgewinnen konnten wie ihrer neuen Familie. Sebi beobachtete seit geraumer Zeit, wie Rosa verzweifelt versuchte, die beiden mit Leckerchen, Spielzeug und freundlich-motivierender Ansprache aus der Transportbox zu locken. Seit acht Stunden kauerten sie darin. Mal schienen sie zu schlafen, mal waren ihre großen Murmelaugen entsetzt aufgerissen, mal zu schmalen, misstrauischen Schlitzen verengt, mal gequält geschlossen. Wenn Rosas oder seine Hände ihnen zu nahe kamen, fauchten sie.

»Schatz, irgendwann wird der Hunger größer sein als die Vorsicht. Es ist fast sechs, Wiebke und Bernd kommen gleich. Wir lassen sie am besten jetzt ganz in Ruhe«, schlug er vor.

Rosa war traurig, weil der Familienzuwachs so arg fremdelte. »Wir hätten nicht so lange Urlaub machen dürfen«, gab sie sich die Schuld. »Drei Wochen sind eine lange Zeit. Sie erkennen uns gar nicht mehr.«

»Nein, auch wenn wir sie täglich besucht hätten, wäre es nicht anders. Sie vermissen ihre Mama La Belle und die gewohnte Umgebung. Das Verhalten ist ganz normal. Monika hat es dir prophezeit, dass es etwas dauern kann, bis sie sich eingewöhnt haben.«

Nachdem Rosa noch einmal frische Katzenmilch in die Näpfe gefüllt hatte, war sie endlich bereit, seinem Rat zu folgen und die Tür zum Badezimmer zu schließen. Eigentlich hatten sie wegen des Einzugs der Katzen den Tag ungestört zu zweit verbringen wollen. Dann hatte Wiebke nachmittags angerufen und gefragt, ob sie gegen sechs kurz mit Bernd vorbeikommen könnte, um sich zu verabschieden. Morgen ging es für sie zurück an den Jadebusen.

Pünktlich um sechs schellte es an der Tür. Bernd und Wiebke kamen herein, sie setzten sich zu viert ins Wohnzimmer, sprachen über die Katzen, die Wanderung, den Lauf, das Leben, die Liebe, die Zukunft – der kurze Besuch zog sich in die Länge. Sebi, der seinen Freund und ehemaligen Vorgesetzten seit fast zwanzig Jahren kannte, merkte ihm genau an, dass irgendetwas im Busche war. »Wie geht es denn mit euch jetzt weiter? Habt ihr gemeinsame Zukunftspläne?«, wagte er schließlich den Vorstoß in die, wie er hoffte, richtige Richtung. Das Antworten übernahm Wiebke nach einem kurzen Blickwechsel mit Bernd.

»Also, wisst ihr, deswegen sind wir hier. Es ging mit uns alles ziemlich schnell, aber wir haben ja nun leider auch nicht mehr alle Zeit der Welt. Wir sind beide schon weit über sechzig, und eine Fernbeziehung kommt für uns nicht infrage.«

Sie räusperte sich und schaute hilfesuchend zu Bernd, der ihr aufmunternd zunickte. »So, Kinners, und nun schnacke ich nicht mehr lang drum herum. Ich verkaufe die Pension zum Jadebusen nächstes Jahr und ziehe zu Bernd nach Wuppertal.«

Sebi konnte nicht verhindern, dass ihm die Kinnlade runterfiel. Rosa guckte ähnlich entgeistert, weswegen Wiebke schnell hinzufügte: »Schließlich werde ich nicht jünger und ich habe mein ganzes Leben lang nur gearbeitet. Erst in der Konditorei und dann, nach Hinnerks Tod, in der Pension. Meine Söhne Jörn und Jens sind Döspaddel. Die haben kein Interesse. Ich habe sie natürlich gefragt, ob sie die Pension übernehmen möchten. Aber wie ich mir schon denken konnte, wollen die davon nichts wissen.«

»Das sind aber wirklich Breaking News«, sagte Sebi geplättet. »Also zuerst mal Glückwunsch an euch beide. Wir freuen uns natürlich für euch.«

Dann tat er etwas, was sonst eher Rosa bei ihm machte. Er stieß sie unter dem Tisch mit dem Fuß an, damit sie ihm beipflichtete. Der Trick half, sie erwachte aus ihrer Starre. »Na so was! Herzlichen Glückwunsch – aber ohne dich kann ich mir Dangast gar nicht vorstellen. Bist du dir denn sicher, dass dir die Decke in Wuppertal nicht auf den Kopf fällt?«

»Nun, die Gefahr besteht nicht«, versicherte Bernd augenzwinkernd. »Wir werden nämlich viel reisen. Das ist bei Wiebke immer zu kurz gekommen, und bei mir auch. Wir haben beide nicht viel von der Welt gesehen und entsprechenden Nachholbedarf.«

»Können wir denn dann nächstes Jahr Ostern noch ein letztes Mal Urlaub bei dir machen?«, wollte Rosa wissen.

»Das nehme ich stark an. Ich bin da noch in Gesprächen mit den Käufern.«

Sebi staunte. »Du hast sogar schon Käufer? Das ging aber flott.«

»Ist noch nicht fest. Wir sind in Verhandlungen. Ihr kennt sie übrigens. Leander und Kirsten.«

»Die Grafs?«, entfuhr es Sebi und Rosa wie aus einem Mund.

»Sieht so aus. Wir müssen uns noch über den Preis einig werden. – So jetzt ist die Katze aus dem Sack!«, sagte Wiebke erleichtert. »Apropos: Wo sind denn die Katzen?«

»Die schlafen«, antwortete Sebi, während in seinem Kopf ein Gedankenkarussell Fahrt aufnahm und sich nicht mehr anhalten ließ.

»Wusstest du, dass es früher mein Traum war, Wirt oder Koch zu werden?«, ließ Sebi Rosa ein paar Stunden später an seinen Gedanken teilhaben. »Aber das hätte mein Vater natürlich nie zugelassen. Wer nichts wird, wird Wirt, Hunger ist der beste Koch. Du weißt schon, solche Sprüche. Als Sohn eines Polizisten war mein beruflicher Weg vorgezeichnet.«

»Du hättest dich gegen ihn durchsetzen müssen.«

»Darin war ich schon immer schlecht«, seufzte Sebi.

Rosa schien auf Geräusche zu lauschen. Bevor sie ins Bett gegangen waren, hatte sie die Tür zum Bad geöffnet und nach den Kätzchen gesehen, bei denen sich ein unverändertes Bild bot. Auch Sebi meinte, ein Scharren gehört zu haben. Und direkt danach ein helles Maunzen.

»Schatz?«

»Ja?«

»Könntest du dir vorstellen, mit mir nach Dangast zu ziehen? Was von meiner Erbschaft übrig ist, reicht locker, um das Grafenpaar zu überbieten.«

»Ist nicht dein Ernst!«

»Ich würde dich fürs Büro einstellen. Wenn du Lust hättest, könntest du eine schnuckelige Bibliothek für die Gäste einrichten und Lesungen auf der Terrasse organisieren ... «

Rosa setzte sich auf. »Hör mal! Da kommt etwas angeschnurrt.«

Rubys Köpfchen tauchte auf. Sie maunzte, dann wurde sie von Rudi zur Seite gedrängt, der das Bett und die zwei Menschen darin vorsichtig, aber interessiert beäugte. Rosa versuchte mit hoher Stimme, die beiden herzulocken, und Sebi rechnete nicht mehr mit einer Antwort auf seine Frage. Vielleicht hatte sie eben gar nicht richtig zugehört.

»Sebi?«

»Ja?«

»Was würde denn dann aus der Detektei Fink?«

»So weit habe ich noch nicht gedacht.«

»Na ja, ermitteln lässt sich notfalls auch da oben.«

»Höchstwahrscheinlich würde ich neben der Arbeit in der Küche und allem anderen nicht mehr dazu kommen, auch noch Detektiv zu spielen«, gab Sebi zu bedenken.

»Aber ich! Mit dem bisschen Büroarbeit und ein paar Lesungen wäre ich nicht ausgelastet. Ich lasse mir das mal durch den Kopf gehen.«

Das war mehr, als Sebi zu hoffen gewagt hatte. Die Flausen mit dem Weiterführen der Detektei würde er Rosa später schon noch ausreden. Er wackelte mit dem großen Zeh, was den kleinen Kater motivierte, aufs Bett zu springen. Ruby tat es ihm sofort nach und tapste vom Fußende aus auf Rosas ausgestreckte Hand zu. Während Rudi zärtlich an Sebis Zeh knabberte, ließ Ruby sich von Rosa den Bauch kraulen. Wenig später schnurrten beide Kätzchen im Duett.

»Ihr Süßen, würde euch ein Leben als Pensionskatzen gefallen?«, fragte Rosa.

»Du erwartest aber nicht, dass von ihnen eine Antwort kommt?«

Rosa lächelte selig. »Sie schnurren. Das werte ich als gutes Omen.«

Flinke Friesenfüße

Wiebkes Friesengebäck mit Rum – eine tolle Nascherei nicht nur für Laufbegeisterte

Für den Ultralaufverein hat Wiebke Janssen ihre legendären Drum-Rum-Friesentaler in Flinke Friesenfüße abgewandelt – eine sportliche Nahrungsergänzung der süßen Art. Die gehen nicht nur am Kuchenbuffet von Laufveranstaltungen weg wie warme Semmeln. Ein großzügiger Schuss Rum darf im Originalrezept nicht fehlen. Für eine alkoholfreie Version können Sie statt Rum einfach Rum-Aroma verwenden.

Aus dem Teig lassen sich auch Friesentaler herstellen. Hierfür den Teig zu einer 30 cm langen Rolle formen. Die Rolle in Hagelzucker wälzen, in Scheiben (Taler) schneiden und backen (175 Grad Umluft, 10 bis 15 Minuten).

Zutaten für das Friesengebäck

Für den Knetteig:

- 125 g kalte Butter
- 125 g kalte Meersalz-Butter
- 2 TL Vanillezucker (Bourbon-Vanille)
- 4 EL brauner Rum (z. B. *Der Gute Pott*)
- 2 Eigelb
- 280 g Mehl
- 120 g Speisestärke

- 120 g Rohrzucker
- Hagelzucker (optional)

Zum Ausstechen:
- Keksausstecher in Fußform

Zubereitung des Friesengebäcks

Kalte Butter in Stücke schneiden und eine halbe Stunde bei Zimmertemperatur stehen lassen. Mehl, Speisestärke, Eigelb, Rum, Rohrzucker und Vanillezucker in eine große Schüssel geben, Butterstücke untermischen und alles von Hand zu einer geschmeidigen Teigkugel verkneten. Diese in Klarsichtfolie wickeln und mindestens zwei Stunden in den Kühlschrank legen.

Den Backofen auf 175 Grad Umluft vorheizen und ein Backblech mit Backpapier belegen. Den gekühlten Teig ca. ½ cm dick ausrollen. Füße ausstechen und diese auf das vorbereitete Backblech legen. Falls gewünscht, die Zehen mit Hagelzucker verzieren. Das Blech in den Ofen schieben und ca. 10–15 Minuten backen. Je nach Ofen kann die Backdauer variieren. Die Flinken Friesenfüße sind fertig, wenn sie beginnen, einen sandig-goldenen Farbton anzunehmen. Das Gebäck auf einem Gitter abkühlen lassen und sofort knabbern oder in einer Keksdose aufbewahren.

Guten Appetit!

Danksagung

Liebe Eliane, liebes Team von Piper Digital, vielen Dank dafür, dass Rosa und Sebi nach dem ersten Katzenfall die Puste nicht ausging und sie direkt einen weiteren Fall lösen durften. Mein Dank gilt auch erneut Christiane Geldmacher, die gewohnt stilsicher Lektorat und Redaktion des Manuskripts übernommen, Plot-Ideen beigesteuert und das Ganze rund gemacht hat – vielen Dank für die tolle Zusammenarbeit.

Liebe Autorenkolleginnen Tiffany Crockham, Frieda Papp und Chris Hartmann, ihr wart wieder als Vorableserinnen dabei. Tausend Dank für eure Motivation, die Denkanstöße, die Tipps, die vielen Mails und Sprachnachrichten, die aufbauenden und die kritischen Worte – ich bin so glücklich und dankbar, dass ich auch beim zweiten Fall auf eure Unterstützung zählen durfte. Meinem Krimi-Kollegen Thomas J. Fraunhoffer, der nicht nur Autor, sondern überdies Polizeibeamter ist, verdanke ich neben einigen Informationen zur Polizeitätigkeit einen Schwank aus dem echten Polizeialltag, den ich Sebi in den Mund legen durfte.

Stefan wurde von mir mit Logikfragen belästigt und mehr als einmal dazu genötigt, sich Passagen aus dem Manuskript vorlesen zu lassen. Danke, dass du die Qual tapfer ertragen hast. Dank gilt auch meiner ganzen Familie und dem Freundeskreis für eurer Verständnis, dass ich mich in der heißen Schreibphase leider sehr rar machen musste.

Danke, Ultraläuferin Inga Bernsau. Ursprünglich wollte ich Rosa wetten lassen, beim New York Marathon zu starten, doch der von dir vorgeschlagene Gorch-Fock-Halbmarathon war da etwas realistischer. Jedenfalls in der Theorie, Inga wusste ja damals noch nicht, dass Rosa schon nach dem Walking das Handtuch werfen würde. Ganz viel Dank gebührt den vielen Läuferinnen und Läufern, die mir während meiner sportlich aktiven Jahre auf diversen Volksläufen und Marathonstrecken begegnet und meistens auch vor mir ins Ziel gelaufen sind – ihr wart natürlich alle Inspiration und habt mich auf die Idee gebracht, Rosa und Sebi bei ihrem zweiten Fall auf die Friesenfüße stoßen zu lassen. Ich hoffe, ihr nehmt es mir nicht übel, dass ich das Läufervolk und vor allem die Ultras dem schrägen Fall zuliebe ein wenig auf die Schippe genommen habe. Aber es stimmt schon, je weiter die Strecken, desto verrückter scheinen sie manchmal zu sein. Natürlich trügt der Schein, ist ja klar.

Als Musen waren auch diesmal meine Kater Sam und Snow darauf bedacht, mir sowohl die Stunden am Schreibtisch als auch die Schreibpausen abwechslungsreich zu gestalten.

Zum Schluss

Liebe Leserin, lieber Leser,

danke für die Zeit, die Sie mit Rosa Finks zweitem Fall *Aus der Puste* verbracht haben. Ich hoffe, Sie hatten so viel Spaß beim Lesen wie ich beim Schreiben und sind gespannt auf weitere Fälle. Die Handlung dieses Romans ist frei erfunden, ebenso wie die Personen, Laufvereine und der private Tag-und-Nacht-Lauf in Sande. Sollte es Namensähnlichkeiten mit lebenden Personen oder existierenden Vereinen geben, wären diese rein zufällig. Städte, Orte, Straßen sowie Schauplätze dieses Falls sind real, und natürlich bekannte Laufveranstaltungen wie der New York Marathon, der Gorch-Fock-Lauf und der Köln Marathon. Der 6-Stunden-Lauf um den Sander See wurde ebenfalls jahrelang ausgetragen und der Wuppertaler Volkslauf um die Ronsdorfer Talsperre gehört sogar zu den ältesten Volksläufen Deutschlands.

Todesfälle gibt es bei Laufveranstaltungen leider tatsächlich hin und wieder zu beklagen, ob beim Ultralauf, beim Marathon oder bei kürzeren Distanzen – insgesamt ist die Zahl aber äußerst niedrig.

Herzliche Grüße aus dem Tal der Wupper!
Manuela Sanne